# 情報戦と現代史

## 日本国憲法へのもうひとつの道

加藤哲郎

花伝社

# 情報戦と現代史——日本国憲法へのもうひとつの道◆目次

## 第Ⅲ部　社会主義運動と情報戦――在外日本人のネットワーク　259

# はしがき　「短い二〇世紀」の脱神話化

## 「極端な二〇世紀」における正常と異常

二〇世紀は、「短い二〇世紀、極端の時代」(歴史家エリック・ホブズボーム)で、「人類がこれまで抱いた最高の希望を打ち出し、同時に幻想も理想もすべて打ち砕いた」(音楽家ユーディ・メニューヒン)といわれる。

たしかに、二つの世界戦争に冷戦を加えた核兵器を含む暴力装置の増殖と人為的行使、生態系を破壊しつつ地球を限りなく一つに近づけた科学技術と経済市場の発展は、同じコインの表裏であった。

ホロコーストとヒロシマ――二〇世紀のなかでドイツと日本の軌跡を特異なものとした二つの「極端な」体験は、それが「正常」の延長上での「極端」であったがゆえに、必ずしも「異常」ないし「非合理」と割り切れないものがある。

事実、一〇〇年の長さで見ると、一九四五年以前の前半期に「異常な病理」を体験した二つの国が、第二次世界大戦後の後半期における「正常な」経済発展の優等生となった。そこに例外や断絶だけをみるのは無理があるから、一方に「ファシズムの近代化効果」「全体主義」「開発独裁」や「一九四〇年体制」「貫通史」の議論が生まれ、他方で反科学主義、ディープ・エコロジーの思想も生じた。二〇世紀の枠内で対立物と映っていたものが、人類史の尺度で測ると、双生児にも見えてくる。

だが、二〇世紀の実相は、まだ総括できるほどには、明確ではないのではないか。二一世紀に入って、むしろようやく冷静に振り返ることが可能な、とば口についたばかりではなかろうか？

ホロコーストが非道な国家犯罪と認められたのは比較的早かったが、その全体像が明らかになったのは、実はその記憶が風化した「ベルリンの壁」の崩壊後、旧東独史料の収集・公開によってであった。ヒロシマ体験に発した日本の平和運動が、「加害者責任」をも併せもつ視点を常識とするには、戦後生まれ世代が過半を占めるまでの歳月を要した。

ホロコーストと併行したスターリン粛清にいたっては、「短い二〇世紀」が終わって、ようやく史資料が現れてきた。

## ホロコーストは日常性のなかから始まった

おまけに二〇世紀には、その「極端さ」ゆえに、様々な神話や伝説がつきまとってきた。神話や伝説の影に隠されていた史実を再現するのは、そう容易なことではない。

この間モスクワやベルリンで、ワシントンやニューデリーで、一九二〇—四〇年代の記録を収集してきた。主として日本人の在外ネットワークに関係する外国語資料だが、多くの日本語資料も、世界の公文書館で閲覧できる。そこでは正常と異常が併存し、合理主義の極に非合理があったように、民衆の日常生活のなかに人種差別があり、戦争願望があり、指導者崇拝がビルトインされていた。

ホロコーストの端緒は、ベルリンでは、一九三三年一月ヒトラー政権直後に、はじめは「正常な」日常性のなかで始まった。現地のシナゴーグ（ユダヤ教寺院）で手に入れたユダヤ教弾圧史の研究は、それを淡々と日誌にする。三三年二月一七日、ナチ突撃隊の一団がたまたま試験中の国立美術学校に乱入し、何人かのユダヤ人教授を追いだし、教授を守ろうとした学生たちを殴打した。その「突発的」出来事が、四月一三日にはベルリン大学に及び、右派学生のドイツ学生団が大学からの「非ドイツ的精神」追放を決議し、ユダヤ人教授の講義ボイコットに入る（W.Gruner, Judenverfolgung in Berlin 1933-45, Edition Hentrich, 1996）。

コブレンツ連邦文書館所蔵の独日協会関係資料では、当時の親日派にはユダヤ人科学者や実業家が多かったのに、まずはドイツ側の役員からユダヤ人がはずされ、やがて協会事務文書の末尾に「ハイル・ヒトラー」と書かれるようになる。それは「敬具」にあたる当時のナチスの定型コミュニケーション様式で、「非アーリア名誉白人」扱いの在独日本人も、そうした雰囲気に次第になじんでゆく。

## 日本現代史の見直しはこれから

二〇世紀の日本にも、様々な神話があった。たとえばモスクワのロシア現代史史料保存研究センター（旧ソ連マルクス・レーニン主義研究所コミンテルン史料館、現ロシア国立社会政治史文書館＝ルガスピ）でみつけた、一通の英文文書。一九二二年九月の日付があり、大きな朱印が押され、荒畑寒村・堺利彦が署名した、日本共産党の創立綱領だった。二〇世紀に信じられていたところでは、この頃モスクワでは、ブハーリンの指示で天皇制廃止をうたった綱領草案がつくられ、創立期日本共産党はそれをめぐって紛糾し、権力に弾圧され、『獄中十八年』の英雄が生まれたはずだった。だがこの創立綱領には、君主制についての記述はなかった（本書第Ⅰ部一）。

あるいは、ワシントン郊外の米国国立公文書館（NARA）で見つけた、戦時米国情報機関戦略情報局（OSS、戦後中央情報局CIAの前身）資料中の、「日本計画」と題する三二頁の機密解除文書。一九四二年六月、日本の太平洋戦争開戦半年後のその三頁のダイジェスト版には、「日本の天皇を、慎重に名前を挙げずに、平和のシンボルとして利用すること」と明記してあった。通常、敗戦前年のグルー前駐日大使ら米国国務省知日派に発想の起源を持ち、GHQ占領・日本国憲法制定期の日本側「国体護持」派とマッカーサー司令部主導の憲法第九条「戦争放棄・戦力放棄」とのバーターとして語られてきた「象徴天皇制」は、すでに真珠湾攻撃直後の、米国側の戦勝を見通した戦後日本の変革シナリオの中に書き込まれていた（本書第Ⅰ部二）。

日本の信州の山奥の旧家の蔵にも、奇妙な中国語文書が残されていた。それは実は、一九四四年―四五年、中国延安で毛沢東・周恩来の庇護の下にあった日本共産党の野坂参三が、天皇制廃止を前提としない自分の戦後日本構想を述べ、毛沢東からは好意的な、蔣介石からは儀礼的でクールな、返事をもらっていた。戦後「愛される共産党」に連なるその原文が、小さな茶封筒の中に、無造作に眠っていた。一緒の綴りには、GHQが当時の大蔵官僚池田勇人らに調べさせた、英語の皇室財産一覧表も入っていた。どうやら敗戦直後に合法化された日本共産党が、その戦略・戦術策定のために収集した一級資料で、朝鮮戦争時に非合法化されたさいに保管責任が曖昧になり、ある女性資料室員が生命を賭けて守り抜いた最高機密だったようだ（本書第Ⅰ部三）。

## 鳥の眼の世界像と、虫の眼の実証性と、人間の尊厳と

本書は、先に花伝社より刊行した前著『情報戦の時代――インターネットと劇場政治』の姉妹編を成すもので、著者の情報政治学研究の現代史編である。前著と同じく、いくつかの論文は、すでに著者のホームページ「ネチズンカレッジ」http://www.ff.iij4u.or.jp/~katote/Home.shtml)のデータベース中に収録されているが、本書収録にあたって、いずれも加筆修正してある。

著者のウェブサイトでは、ナチス台頭期在独日本人の消息や旧ソ連粛清日本人犠牲者の情報を掲げてご遺族を捜す「国際歴史探偵」のボランティア活動を行い、現代史の諸事件についての史資料と情報提供を求める「情報収集センター」を開設してきた。本書の多くは、そうした著者自身のインターネットを活用した情報戦の記録であり、成果である。そうした中で、著書の現代史への視角は、内容的にも変化し、深化してきた。

二〇世紀の一〇〇年で生まれた歴史のねじれを解きほぐすには、人類史のタイム・スパンでのマクロな構想力と、一つ一つの出来事のミクロな検証の、双方が必要とされる。鳥の眼と虫の眼を併せもち、鳥瞰図と虫瞰図を一緒に作らなければならない。

そして、二〇世紀の脱神話化とは、鳥と虫の間に人間の眼をおき、人間の尊厳と自由・人権の立場から、日常性のなかに併存した正常と異常、合理と非合理の境界線を引き直す作業にほかならない。叙事詩や英雄伝が書かれるのは、その後でも遅くはない。社会的・政治的時間は、類としての人間が定め、刻みつづけるものであるから。

# 序章　日本国憲法へのもうひとつの道

## 1　社会民主党の夢と日本国憲法での現実化

### 日本国憲法へのもうひとつの道とは

本書において、日本国憲法への「もうひとつの道」と述べる場合、私は、二重の筋道を想定している。ひとつは、フランス革命の「自由・平等・友愛」から二〇世紀の世界人権宣言、国連人権規約、女性差別撤廃条約、こどもの権利条約にいたる民主主義・社会主義・平和主義の思想が日本国憲法には流れ込んでおり、それは、人類史の歩みにおける不可逆的流れとして、二一世紀の世界史の大道となっている。日本国憲法は、ドイツ・ワイマール憲法からの「生存権」や、一九二八年不戦条約を直接のルーツとする第九条の戦争放棄・戦力放棄、「平和に生きる権利」をも含み込んでいる。

いまひとつは、第一条の象徴天皇制に示される、世界史の流れへの逆行ともいえる君主制の一種を残し、それが、第一の流れに抗して、旧来の伝統や差別・偏見にとらわれる排外的ナショナリズムや閉鎖的愛国主義が繰り返し現れる温床となっていることである。本書では、象徴天皇制の歴史的起源を、第二次世界戦争中の連合国、特にアメリカの戦後対日政策に見いだすが、同時に、当時の旧ソ連共産主義も、世界の反ファッショ勢力も、日本については天皇制と軍部を区別し、後者のみを打倒目標とし攻撃を集中する特殊な位置づけをしていたことに留意している。

この両者の関わりで、現代日本における民主主義を、総じて「天皇制民主主義」と捉えている。それは、グローバル化と情報化が進む世界の中では、特異なものである。ただし、「天皇制打倒」と声高に叫ぶつもりはない。「天皇制がある以上、日本に民主主義はない」という立場もとらない。しかし、天皇制は君主制の一種であり、世襲の君主制が残されたかたちの民主主義は、世界史の大きな流れからみれば、異質なものである。

## 二〇世紀の出発点としての一九〇一年社会民主党宣言

本書は、二〇世紀日本における「もうひとつの道」の出発点に、一九〇一年五月の社会民主党宣言を据える(山泉進責任編集『社会主義の誕生――社会民主党一〇〇年』論創社、二〇〇一年)。安部磯雄、片山潜、木下尚江、幸徳秋水、河上清、西川光二郎による日本における最初の社会主義政党であるが、結成直後に解散された社会民主党の宣言は、自由民権運動期の植木枝盛や中江兆民の思想と共に、日本国憲法の源流のひとつとなる。ただし一九〇一年の非合法の社会民主党と、二一世紀日本の社会民主党とは、直接のつながりはない。

社会民主党宣言は、「人種の差別政治の異同に拘わらず、人類は皆同胞たりとの主義を拡張すること」

以下八つの「理想」＝最大限綱領と、「全国の鉄道を公有とすること」以下二八項目の「綱領」＝最小限綱領を掲げた。形式はドイツ社会民主党のエルフルト綱領に似るが、内容は、当時の米国キリスト教社会主義の影響を強く受けて、普通公正選挙や治安警察法・新聞条例廃止、普通義務教育・労働時間短縮など「民主主義」に力点をおいた社会改良の方策がならぶ。

「階級制度を全廃」して「生産機関として必要なる土地及び資本を悉く公有すること」を「理想」に掲げ、「資本家及び地主」の支配を批判するが、「資本主義」という体制概念はみられない。

社会民主党宣言のメッセージは、通常「経（縦糸）」の社会主義と「緯（横糸）」の民主主義の結合とされる。しかしそこには、もうひとつの原理が含まれていた。それは、平和主義である。「純然たる社会主義と民主主義に依り、貧富の懸隔を打破して全世界に平和主義の勝利を得せしめん」と宣言し、「万国の平和を来す為には先ず軍備を全廃すること」を「理想」＝最大限綱領の第二に掲げた。日本国憲法第九条に連なる、戦力放棄の思想である。

日本の社会主義は、社会主義、民主主義と共に平和主義を出発点にした。松尾尊兊が注意しているように、この「平和主義」は、「軍国主義」にではなく「軍隊主義」「軍備拡張」に反対した。日清戦争後の三国干渉による遼東半島返還を屈辱的なものとみる「臥薪嘗胆」の「帝国」ナショナリズムに対する、キリスト教平和主義の抵抗線だった（松尾尊兊「社会民主党の歴史的位置」『日本最初の社会主義政党　社会民主党一〇〇年』同志社大学人文科学研究所、人文研ブックレット第一三号、二〇〇一年九月）。

## 「貴族主義・個人主義・軍隊主義」に抗する「民主主義・社会主義・平和主義」

社会民主党宣言は、たとえ戦争に勝っても、「軍隊主義」は「野蛮の遺風」で「文明主義」に反し、問題だという。

戦争は素これ野蛮の遺風にして、明に文明主義と反対す、若し軍備を拡張して一朝外国と衝突するあらんか、其結果や実に恐るべきものあり、我にして幸いに勝利を得るも、軍人は其功を恃みて専横に陥り、終に武断政治を行ふに至るべし。

社会民主党宣言は、「見るべし社会主義は個人的競争主義、唯我的軍隊主義に反対するものにして、民主主義は人為的貴族主義の対照なることを、之を概言すれば社会民主党は貴賤貧富の懸隔を打破し、人民全体の福祉を増進することを目的となすものなり、噫これ世界の大勢の趣く所にして人類終極の目的にあらずや」と結ばれた。

つまり、もともとフランス革命の「自由・平等・博愛」を「文明主義」として継承した一九〇一年社会民主党の「民主主義、社会主義、平和主義」という三理念=メッセージは、「貴族主義、個人主義、軍隊主義」に対抗するものであった。

それは、当時の社会主義インターナショナル（第二インターナショナル）の「国際主義」にも沿ったものだった。第二インターナショナルは、第一次世界大戦勃発時に、中心にあったドイツ社会民主党主流派が軍事公債に賛成し分裂するため、後にレーニンの「戦争を内乱へ」戦略の陰に隠れ排外主義・戦争支持勢力とさえ見なされるようになるが、二〇世紀初頭の時点では、国際大会毎に平和決議を発して、当時の帝国主義世界で最も有力な平和勢力であった。

社会民主党結成の頃に、幸徳秋水『廿世紀之怪物帝国主義』（一九〇一年四月）、片山潜・西川光二郎『日本の労働運動』（同五月）が刊行され、『平民新聞』第五三号（一九〇四年一一月）に幸徳秋水・堺利彦訳『共産党宣言』が訳載されたのは、そうした国際的流れを「世界の大勢」とみて合流する動きだった。

## 二〇世紀日本のメッセージ、日本国憲法

こうした二〇世紀初発の思想＝理想の日本における到達点を、本書は、一九四六年の日本国憲法に見いだす。二〇世紀に日本が世界に発した数々のメッセージのなかで、グローバリゼーションの進行する二一世紀の今日でも、なお世界史と交感し繰り返しうるものがあるとすれば、それは、日本国憲法憲法の「前文」である。

日本国民は、正当に選挙された国会における代表者を通じて行動し、われらとわれらの子孫のために、諸国民との協和による成果と、わが国全土にわたつて自由のもたらす恵沢を確保し、政府の行為によつて再び戦争の惨禍が起ることのないやうにすることを決意し、ここに主権が国民に存することを宣言し、この憲法を確定する。そもそも国政は、国民の厳粛な信託によるものであつて、その権威は国民に由来し、その権力は国民の代表者がこれを行使し、その福利は国民がこれを享受

する。これは人類普遍の原理であり、この憲法はかかる原理に基くものである。われらは、これに反する一切の憲法、法令及び詔勅を排除する。

日本国民は、恒久の平和を念願し、人間相互の関係を支配する崇高な理想を深く自覚するのであつて、平和を愛する諸国民の公正と信義に信頼して、われらの安全と生存を保持しようと決意した。われらは、平和を維持し、専制と隷従、圧迫と偏狭を地上から永遠に除去しようと努めてゐる国際社会において、名誉ある地位を占めたいと思ふ。われらは、全世界の国民が、ひとしく恐怖と欠乏から免かれ、平和のうちに生存する権利を有することを確認する。

われらは、いづれの国家も、自国のことのみに専念して他国を無視してはならないのであつて、政治道徳の法則は、普遍的なものであり、この法則に従ふことは、自国の主権を維持し、他国と対等関係に立たうとする各国の責務であると信ずる。

日本国民は、国家の名誉にかけ、全力をあげてこの崇高な理想と目的を達成することを誓ふ。

それは、第九条において、戦争放棄と戦力放棄を宣言する。社会民主党の理想の実現である。

日本国民は、正義と秩序を基調とする国際平和を誠実に希求し、国権の発動たる戦争と、武力による威嚇又は武力の行使は、国際紛争を解決する手段としては、永久にこれを放棄する。前項の目的を達するため、陸海空軍その他の戦力は、これを保持しない。国の交戦権は、これを認めない。

ただし日本国憲法は、国民主権、基本的人権の尊重、恒久平和主義という二〇世紀民主主義の世界史的趨勢には相容れない、一つの制限を内在している。その第一条、象徴天皇制である。

天皇は、日本国の象徴であり日本国民統合の象徴であつて、この地位は、主権の存する日本国民の総意に基く [The Emperor shall be the symbol of the State and the unity of the people, deriving his position from the will of the people with whom resides sovereign power]。

## 2　日本国憲法に「押しつけ」られた天皇制民主主義

### 「押しつけ」ではない日本国憲法の獲得

かつて、日本国憲法を変えようとする人々は、これを日本人自身が作ったものではなく、占領軍による「押しつけ」であるとして、新たな憲法が必要だとした。今日、自民党・公明党の安倍晋三内閣は、「戦後レジームからの脱却」を憲法改正で完成しようとし、自衛隊を軍隊として公認し海外にも派遣して、それを「美しい国」だという。

だが、日本国憲法六〇年の歴史の中で、敗戦をもたらした日本のアジア太平洋戦争の行程や、憲法制定史の詳細も明らかになってきた。

思想史の山室信一は、日本国憲法の平和主義を、(1) 戦争放棄・軍備撤廃、(2) 国際協調、(3) 国民主権、(4) 平和的共存権、(5) 非戦の五つの基軸の思想的凝集と位置づけた。その思想連鎖の源流をたどり、サン・ピエール、カントらの西欧恒久平和主義の水脈と、横井小楠の戦争廃止論、小野梓の世界大合衆政府論、植木枝盛の万国共議政府等、幕末・維新からの日本のコンスティテューション（憲法制定）構想の合流を見いだした（山室『憲法九条の思想水脈』朝日新聞社、二〇〇七年）。

法制史の小西豊治は、日本国憲法の「国民主権」も「象徴天皇」も、敗戦直後の高野岩三郎、森戸辰男、鈴木安蔵らの憲法研究会案に孕まれており、明治憲法制定時の植木枝盛らの自由民権運動や日本人自身による立憲主義、大正デモクラシー運動の成果も盛り込まれ、GHQによって参照されていたという（小西『憲法「押しつけ」論の幻』講談社現代新書、二〇〇六年）。

憲法二五条の生存権「すべて国民は、健康で文化的な最低限度の生活を営む権利を有する」は、もともとGHQ草案にもなかったもので、国会での審議過程で森戸辰男、鈴木義男らにより加えられたものだった（高橋彦博『日本国憲法体制の形成』青木書店、一九九八年）。

原秀成は、日本国憲法のすべての条文に、そうした世界と日本の民主主義・平和主義の思想水脈が流れていると考え、膨大な文献資料の探索の中から、その一つ一つを確定しつつある（原秀成『日本国憲法制定の系譜』全五巻、日本評論社、二〇〇四年〜）。

二〇世紀日本の戦争は、「天皇の軍隊」による「天皇のための戦争」であったといわれてきた。しかし、軍部指導者や戦時政治家の言説とは裏腹に、神風特攻隊員からBC級戦犯まで、残された多くの兵士たちの遺書には、「天皇陛下万歳」と書かれていたわけではなかった。父母や妻子、友人・知人への言葉が圧倒的だった。その中には、朝鮮や台湾から徴兵・徴用された人々も含まれていた。そうした軍国主義と帝国主義への反省と自戒も、日本国憲法には含まれている。

## 二〇世紀は民主主義の時代になった

本書は、二〇世紀を「民主主義の時代」ととらえたうえで、そこでの世界史的対抗を、資本主義的市場経済を基礎とした自由民主主義と、狭義の社会主義・共産主義を含む社会民主主義の対立・抗争・妥協に見いだす。

どちらも欧米帝国主義国家の国民統合のなかから生まれ、二つの世界戦争のインタールードにファシズムという極端な抑圧体制に抵抗し、第二次世界戦争後は、ケインズ主義的資本主義対ソ連型共産主義という対抗・競争形態をとったが、一九八九年冷戦崩壊以降の新自由主義的グローバリゼーションの台頭によって、両者とも翻弄されている。日本国憲法に制度化された日本の民主主義も、二〇世紀世界史の、こうした流れの中で定着してきた。

ここでの「民主主義」とは、文字通りの「民衆（demos）の権力（kratia）」であり、人民主権・民衆統治の流れである。原義は「治者と被治者の同一性」を意味し、人々が自分自身の支配のあり方、政治のあり方を決めるシステムを指す。

このような思想は、奴隷が奴隷主によって売買され、土地所有者が農民を拘束し、君主が世襲により統治するのが当たり前であった時代には、想像すらできないユートピアだった。古代ギリシャにその端緒があるとはいえ、それは奴隷を所有する男性市民のみの都市共同体であった。西欧近代の幕開けにあたって、イギリス市民革命、アメリカ独立革命、フランス革命の中で再発見され、広がった政治形態である。

フランス革命の「自由、平等、博愛」は、それを象徴する。

## ポリアーキーへのさまざまな道

ただし、今日六〇数億人により構成される地球全体で民主主義を考える際には、いかに情報交通体系が発達しインターネットが普及しても、民衆が直接統治する一つの統治形態ではありえない。実際の民主主義は、国家単位ないしは地域単位で、さまざまな代表形態と組み合わせて行われる。

二〇世紀の政治学における支配的な理論としては、ロバート・ダールの有名な「ポリアーキー」モデルがある。縦軸に「公的異議申立の権利」、つまり政治的自由がどれだけ認められているかをとり、横軸に「包括性＝参加」、つまりどれだけの人が政治に加わっているかを置いて、縦軸・横軸ともに最高値になる右斜め上の交点を「ポリアーキー」という理想的なデモクラシー状態と措定する。各国、地域のデモクラシーの状態をそのグラフ上に示して、どの程度ポリアーキーに近づいているのかを計る、というものである（ダール『ポリアーキー』三一書房、一九八一年）。

端的に言えば、民主主義＝デモクラシーとは民主化＝デモクラタイゼーションのプロセスであり、完全な民主主義は世界中のどこにも存在しない、しかしそれに近づく努力は、世界中で行われている。

実際二〇世紀になると、ほとんどの国が「民主主義」を標榜するようになった。金正日独裁の北朝鮮＝朝鮮人民民主主義人民共和国でさえ、国名に「民主主義」が入っている。旧社会主義圏の国々も、「プロレタリア民主主義」とか「人民民主主義」と規定していた。二〇世紀後半に二〇〇近くにまでふくらんだ国民国家は、民主主義と名乗り、ポリアーキーを志向する限りで、またその限りでのみ、民主主義国家だった。

一九世紀に支配的だった自由主義は自由民主主義に、対抗思想として生まれた社会主義も社会民主主義へと転態した。

## 現代日本の天皇制民主主義

では、日本の民主主義はどうか。私を含む何人かは、「日本の民主主義はインペリアル・デモクラシー（天皇制民主主義）ではないか」という議論をしている。

もともとは、アメリカの歴史学者アンドリュー・ゴードンが、大正デモクラシー期の日本に対して提起した概念であった。当時、一方で君主制はそのままにしながら、大日本帝国憲法を美濃部達吉の天皇機関説で解釈し、吉野作造は「民本主義」を唱え、政党政治、男子普通選挙権の実現等、ある程度の民主化が進展した。

それを応用して、歴史学者の中村政則は、戦後日本の民主主義も、天皇制の問題を十分に議論しないままに進めた民主化、デモクラタイゼーションだから、これも「天皇制民主主義」だと主張した（『明治維新と戦後改革』校倉書房、一九九九年）。

ジョン・ダワーは、ピューリッツアー賞を受賞した『敗北を抱きしめて――第二次大戦後の日本人』（上下巻、三浦陽一・高杉忠明訳、岩波書店、二〇〇一年、増補版、二〇〇四年）というベストセラーの中で、一九四五年八月の敗戦の後、占領軍と日本の旧支配勢力、民衆との間で行われたさまざまな駆引き、抱き合い（embracing）の結果としてつくられたのが戦後民主主義であり、「天皇制民主主義」と呼ぶのがふさわしいという。

私も『象徴天皇制の起源――アメリカの心理戦「日本計画」』（平凡社新書、二〇〇五年）の中で、「天皇制民主主義」という言葉を使った。たしかに日本の戦後民主主義は、それまでの君主主権に対して国民主権の国家をつくったという意味で、大きな政治体制の変換だった。しかし、そこにビルトインされた象徴天皇制は、日本の民衆自身の手で作られたものではなく、アメリカ占領軍を中心とした連合国の思惑によって形成された。

## 天皇制維持・国体護持により失われたもの

しかも、一九四二年六月、つまりミッドウェー海戦で日本がまだ勝利に酔っている時期に、アメリカのOSS（現在のCIAの前身である戦略情報局）は、「日本の政治体制」についての詳細な分析と戦後シミュレーションによって、「天皇を平和のシンボルとして利用する」と提言していた。

一九四五年に実際に日本に入ってきた占領軍は、OSSの基本的な構想に沿って、天皇制を残して日本国憲法第一条に書き込み、その代わり、第九条で日本の非軍事化を行って、新しい日本の民主主義国家体制をつくりあげた。

日本側では「国体護持」、天皇制が存続できるかどうかが、当時の天皇自身を含む戦争指導部の最大の関心事だった。一九四五年に入ると、すでに敗戦は明らかだった。四五年五月には同盟国ドイツも無条件降伏した。しかし日本の指導部は天皇制存続・国体護持のために敗戦の決定を八月一四日まで延ばし続け、その間に、東京や大阪の大空襲があり、沖縄戦では米軍が上陸し直接占領した。八月六日、九日には広島・長崎に原爆が投下された。

こうした問題について、長谷川毅『暗闘――スターリン、トルーマンと日本降伏』（中央公論新社、二〇〇六年）は、日本が天皇制存続、国体護持のためにポツダム宣言後も二〇日間ほど敗戦の決断を遅らせたために、米国のトルーマンも、ソ連のスターリンも、大きな利益を得たという。トルーマンは、新兵器の原爆を使うことができた。スターリンは、北海道侵攻まではできなかったものの、北方四島まで軍隊を派遣することができた。

## 天皇制存廃をめぐる連合国内の暗闘

実際に日本と戦争していたのは、太平洋地域のアメリカを除けば中国大陸で、一五年間も宣戦布告のない長い戦争が続いていた。

一九四四年から四五年にかけて、中国大陸で日本の軍部に反対して中国側で戦っている日本人がいた。野坂参三という当時の日本共産党の亡命指導者で、延安の毛沢東の庇護を受け、日本人捕虜を抗日兵士にする工作を進めていた。その野坂が、国民党の蒋介石と共産党の毛沢東に手紙を書き、戦後に天皇および天皇制をどうするかを相談していた。延安を訪れた米軍調査団ディキシー・ミッションには昭和天皇の退位論を語り、戦後日本への帰国時には、ソ連共産党の了解・支持も得ていた。天皇の政治的役割と半宗教的機能を区別し、天皇制については戦後の国民投票で決めようという案である。

中国側の天皇制についての意見は、蒋介石と毛沢東の間で分かれていた。蒋介石は「天皇制こそが中国民衆を苦しめている戦争の元凶であるから、天皇は最高の戦犯であり、天皇制を廃止すべきだ」と考えた。ところが、毛沢東の方は、「天皇をどうするかは日本の民衆が決める問題である。いまの日本人は戦争に反対できなかったくらいだから、天皇制をなくすことはできないだろうがそれでも構わない」という寛大な返事を野坂に出す。一九四五年五月、敗戦の三か月前のことである。

このように、いま日本に天皇制が残されているのは、アメリカ、ソ連、中国等々連合国の思惑があったからである。この点で、日本国憲法は、民主主義の重要な一部が制限されているともいえる。

日本国憲法以前の日本国内では、天皇制を批判する議論はタブーだった。わずかに非合法の日本共産党が、「二七年テーゼ」や「三二年テーゼ」で「君主制打倒」を公然と掲げたが、これも日本人共産主義者の内部から出た考えではなく、コミンテルン＝世界共産党の本部モスクワからの指令だった。「天皇制」という言葉自体、一九三二年の日本共産党「政治テーゼ草案」以後のもので、戦後にようやく解禁され、広がったものだった。天皇制と決別する民主主義の議論は、ほとんどなかった。

この意味では、もしも日本国憲法の「押しつけ」が問題になりうるとすれば、真っ先にとりあげられるべきは第一条のはずである。しかし、いわゆる改憲派は、そこをいまだにタブーにしている。「元首にせよ」という復古主義的議論さえある。

日本国憲法制定から六〇数年たって、ようやく日本人は、民主主義のなかで天皇制をどうするかを考えうる状況になっている。

## 3　象徴天皇制をどう見るか

### キングではなくエンペラーのいる世界最大の君主国日本

私は、いますぐ天皇制を廃止せよと言うつもりはない。しかし、天皇制のない民主主義を、私たちがイマジンすること、考えてみることは、二一世紀の当然の課題だと思う。

二一世紀初頭の国連加盟国は一九二か国、ワールドカップやオリンピックに参加する国・地域は、およそ二〇〇である。その中で「君主制（Monarchy）」を保持しているのは、日本を含めて二七ないし二八か国である（バチカン市国を数えるかどうかで分かれる）。世界の圧倒的な国々は、君主制ではない。君主制の国は、ブルネイのような小国に多い。ベルギー、オランダ、スウェーデンで人口一〇〇〇万から数千万規模で、ヨーロッパでいちばん大きい君主国がイギリスで六〇〇〇万人、日本は人口一億二八〇〇万で、世界最大の君主国である。

しかも天皇という君主は、グローバルに見ると、**King** ではなく **Emperor** である。いまや世界最大の百科事典となったインターネット上のオープンソース辞書英語版 **Wikipedia** には、**Monarchy, King, Emperor** 等の項目がある。そこには世界の君主制は二〇世紀に少数派になり世界二〇数か国だとあるが、大部分は **King** か **Queen** の国で、より伝統と権威を強調する **Emperor** を名乗るのは日本だけだとある。**Queen** を持たない **Emperor** 制度であるからこそ、女帝・女系天皇問題が生じる。

世界第二の経済大国日本は、世界最大の人口を持つ君主国 **Monarchy** であると共に、ドイツのカイザーや満州国皇帝、エチオペア皇帝、イランのシャーが消えた後、世界で唯一エンペラーを残す国、まさに「ラスト・エンペラー」国家なのである。

## ラスト・エンペラー国家のインペリアル民主主義

世界史の趨勢は、はっきりしている。一九世紀の帝国主義・植民地の時代から二〇世紀の国民国家の時代への政治体制上での大きな流れは、「君主制から共和制へ」であった。

現代日本の天皇制が、君主自身が絶対的専政権力を行使する、いわゆる絶対君主制でないことは確かである。外国の文献では、一般に「立憲君主制（constitutional monarchy）」に分類されている。日本の憲法学者の中には、天皇には独自の政治的権限がなく、内閣の決定に基づいて国事行為をするいわば人形のような存在だから、イギリス型の立憲君主制とも違う「半君主制」と呼ぶ人もいる。

しかし、世襲の一家が、特定の役割をもって国の最高の地位にいるという意味では明らかに君主制であり、それもエンペラー国家である。

天皇は政治的権限を持たず、国民統合の象徴だからいいではないか、天皇制がなくなれば秩序が乱れ国民統合ができなくなる、という議論もある。では、二〇世紀に君主制を廃止した国で、大混乱が起きて、民主主義の暴走が始まっただろうか。ロシア革命、ドイツ革命などそういう例もなくはないが、おおむね局所的・短期的で、君主がいなくても政治秩序は作られる。はじめから君主のいなかった国も多いし、国民投票で廃止した国もある。

君主がいなくても民主主義がうまく機能できるのであれは、なぜ日本は「インペリアル」という形容詞のつく特殊な民主主義を、グローバリゼーションの時代に、いつまでも維持する必要があるのか。

## 象徴であっても天皇個人の人格が国民統合に作用する

そのうえ、立憲君主制、象徴天皇制であっても、天皇という個人の人格は、国民統合上で微妙に作用する。ＮＨＫが五年ごとに行う『現代日本人の意識構造』という大規模な国民意識調査に、「天皇についての感情」という項目がある。端的にいえば、昭和天皇のときには、昭和天皇個人の属性に即して「無感情」半分、「尊敬」三割、「好感」二割、「反感」二%という分布だった。

ところが一九八九年を境にして、昭和から平成で、大きく変化する。平成になって、「反感」はほとんどなくなった。「尊敬」は二割に減り、「無感情」も三割台に減った。代わりに「好感」が増えて、四割に達した。つまり天皇ファミリー全体に対する「好感」が、現在の天皇制を支える国民感情となった（NHK放送文化研究所『現代日本の意識構造（第六版）』NHKブックス、二〇〇四年）。

これは、天皇個人の性格と、「助言と承認」を与える内閣の性格の重なりあいによって、天皇は「平和のシンボル」になる場合もあれば、「戦争のシンボル」にもなりうることを示唆する。海外に出た時の天皇の「御言葉」が典型で、その文言によってばかりでなく、口調やしぐさによっても、日本という国が世界に発するメッセージは異なる意味を帯びうる。

無論、民主主義の視角からすれば、天皇・皇室の地位におかれた個人の権利も、大きな問題である。選挙権も職業選択・結婚の自由も言論の自由も持たない特別の個人を「象徴」としてもつことが、はたして民主主義国家にふさわしいか、「天皇の人権」とは何なのかという問題になる。

昭和天皇の時代を知らない学生たちと話していると、天皇家の人々への「反感」はない。「尊敬」もなく「好感」しているが、「かわいそう」「気の毒」という同情論が出てくる。また芸能人やスポーツ選手のような「タレント」「アイドル」とダブらせた議論も多い。だから天皇は国民投票で選ぶべきだという意見も出てくる。

「人間天皇」が「象徴」となることで、エンペラーの意味も変わってくる。

## 天皇は「国家の象徴」か「国民の象徴」か

「無感情」「尊敬」から「好感」「同情」へという国民感情の変化の下で、天皇制をどうするかと考えるうえで、もうひとつの問題がある。天皇は日本の象徴ということになっているが、いったい何の象徴なのかという問題である。

日本国憲法第一条では、天皇は「日本国の象徴であり日本国民統合の象徴（the symbol of the State and the unity of the people）」となっている。

実はこれときわめて似た文章を、新渡戸稲造は、一九三〇年にアメリカで出版した英語の本に書いていた。「天皇は日本国民の象徴であり、国民統合の象徴である（The Emperor is thus the representative of the nation and the symbol of its unity）」と。

ただし、日本国憲法と新渡戸とでは、一点だけ違いがある。日本国憲法では「ステイト＝国家」の象徴、新渡戸は「ネイション＝民族、国民」の象徴であるという。

天皇は「国事行為」を行うので、憲法では「ステイト＝国家」の象徴となっているが、ここには政治的に危うい問題を孕む。日本政府の公式見解では天皇は「元首」ではないが、憲法の規定は「元首（the head of the State）」にきわめて近く、事実、外国では圧倒的に日本の元首は天皇だと思われている。対外的には、国家元首として機能している。だから、先述した「御言葉」が、中国・韓国民衆に対しては、首相の発言以上に特別の重みを持つ。

新渡戸稲造が言うように、「ネイション＝国民、民族」の象徴であれば問題ないという意見は多いだろう。天皇制を存続させるとしても、「ステイト」の象徴として国事行為を行う天皇は本当に必要なのかと問い直してみる必要はある。「ネイション」の象徴としての天皇が必要ならば、宗教の教祖のような存在として維持する方法も考えられる。

わかりやすく言えば、天皇制とは、グローバルな世界と日本の間につくられた政治的・文化的な間仕切りであり、「象徴」は、カーテンの役割を果たしている。しかし「ウチ」の論理は「ソト」には通用しない場合が多く、二一世紀の世界との関わりで、再考を迫られているのである。

## 4　天皇制民主主義の行方

### 天皇制民主主義をもたらした現代史の力学

本書は、天皇制民主主義をつくり出した流れを、二〇世紀前半期に海外生活を体験した日本人の情報ネットワークを通じて探求する。

歴史的な天皇制残存の力学は、よく知られている。

第一は、一九四二年の米国戦略情報局（OSS）「日本計画」に象徴されるように、アメリカ、ソ連、中国をはじめとする連合軍の戦略的意図である。日本については、天皇制を倒してしまうと、その統合力が失われ混乱が起こるかもしれない。大日本帝国憲法では、憲法改正手続きも天皇が発議することになっているから、天皇を残し、天皇自身に憲法を改正させたほうがよいとして、秩序立った占領を行い、民主化・非軍事化を実行する占領政策の一環として、天皇制を残すことが決められた経緯がある。

第二に、日本の支配層の「国体護持」への執着があった。連合国側の意図や戦略についての十分な情報を得ることができないまま、ヤルタ会談、ポツダム宣言後も、日本の戦争指導部は「国体護持」に拘り続けた。その結果、本土空襲、沖縄戦、原爆被害を招いた。

第三に、一九世紀から今日に至る、天皇制に対する国民感情である。「無関心」「尊敬」から「好感」「同情」に変わっても、天皇制そのものの存在根拠を問う議論は乏しい。「菊タブー」という言葉さえ存在する。

日本国憲法改正が現実の政治的争点になった二一世紀には、いわゆる護憲派は、象徴天皇制を含む現行憲法の擁護を唱え、いわゆる改憲派でも、すでに対外的には国家元首の機能を果たしている現行天皇条項に敢えて触れる改正案は、ほとんどない。

## 戦後民主主義＝天皇制民主主義の残された課題

これは、戦後民主主義と呼ばれるものが、民主主義としてはなお、様々な問題を抱えている点と関連する。「ポリアーキー」への発展途上の問題群である。

戦後民主主義は、たしかに制度的には、憲法第一条の天皇条項を除いて、議会制民主主義、議院内閣制、男女平等普通選挙等、一般的な民主主義システムを採用している。第九条の戦争放棄、戦力放棄は、その後のいくつかの国の憲法にも採用された。第二四条の家族生活における両性の平等は、アメリカの憲法にもなかった。第二五条の生存権は、ワイマール憲法にはあったものの、世界の憲法の中でも先駆的な条項だった。制度的に見れば、すぐれて民主主義的な憲法である。

しかし、この憲法を支え実行する、デモクラタイゼーションの主体としての国民の側に問題はなかったか。四つだけ、論点を挙げておこう。

第一は、広島、長崎で原爆を落とされて敗戦したという被害者意識である。開戦責任・侵略責任を曖昧にし、戦争の悲惨や民衆的被害から出発したことによって、見えなくなった問題がある。五年足らずの日米戦争は、一五年間の日中戦争、三六年にわたる朝鮮植民地化と重なっていた。敗戦は、侵略戦争の帰結であった。しかしその「加害者」としての側面は、少なくとも戦後初期の局面では、ほとんど顧みられなかった。日本の平和運動も、広島、長崎の被爆体験から出発しながら、社会主義国の核兵器は容認し、「原子力の平和利用」は問題にしないなど、不徹底なものだった。

第二に、沖縄の切り捨てがある。唯一の地上戦の戦場となった沖縄では、一〇数万人の民間犠牲者を出した。しかも、日本軍によって殺されたり、自決を強要されたケースも多い。サンフランシスコ講和条約によって五二年に日本は独立したと言っても、その後一〇数年、沖縄は米軍の直接統治下にあった。戦後民主主義は、沖縄を切り捨てて、天皇を象徴として奉じる日本人だけでまとまった民主主義という面を、拭うことができない。

第三に、戦後日本は高度経済成長を遂げ、世界第二の経済大国となった。その過程で、民主主義に組み込まれた平和主義は、あらゆる戦争に反対し平和を守ろうという意識から、経済成長で豊かになった自分たちの生活を守るためにという、生活保守主義的な意識に変容した。経済成長の利益を守るために、他国から干渉されないで「ウチ」の中だけでみんなで豊かになろうという方向に流れていった。

そのため第四に、戦争に反対することの意味が、日本が戦争に巻き込まれない、天皇制というカーテンで仕切られた国土を守るという「一国平和主義」意識に限定されがちだった。

それは、天皇制があったからというわけではない。しかし世界から日本を隔離する天皇制という仕切りが、日本の民主主義の歪みに、ある役割を果たしたことは否めない。

また、世界の民衆が地球的な規模での民主主義をめざす場合に、日本の天皇制が、桎梏ないし障害になる可能性もある。そのような意味で、天皇制民主主義は、二一世紀日本の民衆的選択の課題として残されているのである。

# 第Ⅰ部　日本国憲法と天皇制民主主義

# 一　社会民主党宣言から日本国憲法へ
## ——日本共産党二二年テーゼ、コミンテルン三二年テーゼ、米国OSS四二年テーゼ

### 1　はじめに　この報告の二つの視角

#### 「日本の社会主義　百年」とは？

本日の社会主義理論学会二〇〇五年年次研究大会のテーマは、「日本の社会主義　百年」である。この学会に集う研究者・活動家の皆さんには違和感があると思うが、私の報告では、従来の日本社会運動史・社会主義理論史や、日本資本主義論争・日本マルクス主義史の系譜とは大きく異なる形で、二〇世紀前半における日本社会のトータルな批判的認識と変革像の流れの、暫定的総括を試みたいと思う。

マルクス・レーニン主義的な社会主義革命を志してきた人々にとっては、私の前に山泉進さんが報告した一九〇一年の「社会民主党宣言」などいわゆる初期社会主義や、議会政策・直接行動論の論争、アナ・ボル論争などは、運動の「前史」であり、「本史」は、コミンテルン系譜の日本共産党創立か

ら始まる。

そのコミンテルン日本支部＝日本共産党の一九二二年「日本共産党綱領草案」、「二七年テーゼ」、「三二年テーゼ」と『日本資本主義発達史講座』、人によってはさらに三六年「日本の共産主義者への手紙」の戦略構想の変遷を振り返り、戦後の綱領論争へと辿るのが、こうした報告のかつての定番だった。私にも、コミンテルン研究者として、そうした報告が期待されたのだろう。

それはちょうど、一九一七年のロシア革命から人類の「本史」と「資本主義の全般的危機」が始まり、第二次世界大戦後に東欧・アジアへと広がり、地球の三分の一が社会主義国になったといった人類史・世界史の展望と一対で、コミンテルンの「全般的危機論」「プロレタリア国際主義」に照応していた。しかしこうした見方と展望は、一九八九年東欧革命から九一年ソ連崩壊で完全に破綻したといわなければならない。

この系譜の前提した「民主主義革命から社会主義革命への二段階革命戦略」を、今日振り返って奇妙なのは、「君主制撤廃＝天皇制廃止」を、ブルジョア民主主義革命という低次の段階の、それも入り口に位置づけていたことである。絶対王制を倒したフランス革命や、ツアーリ専制打倒で始まったロシア革命からの類推だが、その先にあるとされた社会主義革命の要求である生産手段の国有化・社会化は、実は日本でも、戦時統制経済や戦後改革、官僚主導の経済計画によって、部分的に実施された。

ただし、暴力革命にせよ平和革命にせよ、想定されていた「プロレタリア独裁」はもとより、「人民民主主義権力」も「過渡的労働者政府」も、議会選挙・政党政治レベルでの権力転換＝革命にも、ほとんど近づくことはなかった。

こうした日本社会変革の戦略的展望の変遷を、今日の時点で再吟味するのが、この報告の第一の視角である。

第二の視角は、社会主義・共産主義党派の戦略・戦術ではなく、二〇世紀の日本民衆の大多数が夢見た、よりよき社会とその実際、二〇世紀に日本民衆の獲得した果実の方から、社会変革・社会主義を考えることである。

## 「日本民衆の獲得成果　百年」では？

私は、二〇世紀前半の日本における最大の政治変革と歴史的遺産は、米軍占領下の日本国憲法制定と、それに関連した一連の改革であったと思う。そこでは、コミンテルン＝日本共産党系譜が民主主義革命の出発点と想定した「天皇制廃止＝共和制」は達成されず、象徴天皇制として残された。しかしそれは、主権原理を転換して民主主義革命の実質を成し遂げ、「平和主義」という、一九〇一年社会民主党創立宣言に副次的に孕まれていながら、その「社会主義を経とし、民主主義を緯とし」た戦略の影に隠れて忘れられてきた「第三の原理」を、中核に据えるものだった。

戦後六〇年とは、「三二年テーゼ」や日本資本主義論争の頃に、明治維新ははたしてブルジョア革命だったか否かと振り返って論争したくらいの長さである。

今日の大学教育では、コミンテルンの「三二年テーゼ」も、講座派・労農派の日本資本主義論争も、教えるのが困難になってきている。むしろ、戦後改革と日本国憲法の成立史を説明し、ジョン・ダワー『敗北を抱きしめて』風に、たんなる占領下の「おしつけ憲法」ではなく、自由民権運動・大正デモクラシー・民間私擬憲法案の流れ、朝鮮・中国・世界民衆と連帯する流れも四六年憲法に合流したことを説くのが、せいいっぱいである。

コミンテルンの時代には、一九三五年の第七回世界大会まで、「平和主義」は「ブルジョア平和主義」として、否定的意味合いで用いられていた。革命のイメージが「帝国主義戦争を内乱へ」というレーニン型、ロシア革命型であったから、「平和主義」はむしろ、「第二インターの裏切り」の一部だった。戦争の不可避性を見抜けぬ、誤ったマルクス主義理論の産物とされた。

ところが現時点で振り返ると、民衆の素朴な願いとしての社会民主党宣言や第二インターナショナルの「平和主義」こそ、日本国憲法に直結するものとして、先駆的だった。

## 「三二年テーゼ」を相対化する「二二年テーゼ」「四二年テーゼ」

そこで本報告は、この一〇年に私が発掘してきた新史料のなかから、戦後日本の社会主義者を長く拘束してきた「三二年テーゼ＝絶対主義的天皇制」説の呪縛を解くために、その一〇年前の一九二二年九月に創設されたばかりの日本共産党が国内で作成したが、コミンテルンにより承認されなかった荒畑寒村・堺利彦・山川均による「日本共産党創立綱領」を「二二年テーゼ」とよび、社会民主党宣言の延長上に位置づける。

これは、ブハーリンのコミンテルン世界綱領草案に付されたいわゆる「二二年日本共産党綱領草案」とは異なるもので、私が一九九六年にモスクワの旧ソ連共産党コミンテルン史料館、現在の国立社会政治史史料館（ルガスピ）で発見し、法政大学『大原社会問題研究所雑誌』の四八一・四八二号（一九九八年一二月・九九年一月）に解読して発表し、関連資料を、四八九・四九〇号（九九年八月・九月）に紹介してある。

簡単には、社会主義協会での山川均生誕百周年記念講演「二〇世紀日本の社会主義と第一次共産党」（『月刊社会主義』二〇〇四年二月）で述べ、インターネット上にも公開した（http://homepage3.nifty.com/katote/22program.html）。

もうひとつ、「三二年テーゼ」の一〇年後の日米戦争勃発時に、戦時アメリカの情報機関＝戦略情報局（ＯＳＳ）が、米国政府・軍・学界の総力を挙げて作成した対日戦略「日本プラン」、特にその中の一九四二年四月の戦後日本改革構想を、「四二年テーゼ」として取り上げ、これが戦後の日本国憲法制定に大枠を与えたことを検証する（加藤『象徴天皇制の起源』平凡社新書、二〇〇五年七月、その前に雑誌『世界』二〇〇四年一二月号に発表した「一九四二年六月米国『日本プラン』と象徴天皇制」参照、米国国立公文書館所蔵）。

それらが、二〇世紀日本社会主義の起点であった社会民主党宣言の「民主主義・社会主義・平和主義」の三大目標に照らしてどうであったか、二〇世紀日本の最大の変革＝民主主義革命であった日本国憲法制定にどう作用したかを検討する。

## 「占領下民主革命」と「天皇制民主主義」

なお、米国ＯＳＳ「日本計画」を敢えて「四二年テーゼ」としてここにおくのは、戦後ＣＩＡの前身とされる戦時ＯＳＳが、当時の米国在住反ナチ亡命者、社会主義・共産主義者、日系米国共産党員を含む「反ファシズム・反日本軍国主義」の情報戦を反映しており、ソ連・中国を含む連合国による世界変革戦略の一部だったからである。

そこでは、戦後日本について、象徴天皇を利用した国民統合と資本主義的「自由と繁栄」を論じていて、三六年の野坂参三・山本懸蔵「日本の共産主義者への手紙」とよく似た、立憲君主制資本主義構想＝「天皇制民主主義」（J・ダワー、A・ゴードン）を早くから提示していた。また延安の野坂参三らの考え方も組み込んで、日本国憲法に実質的枠組みを与えた。日本共産党の夢見た「占領下平和革命」以前に、米国占領軍によって「革命」が遂行されたことになる（史料・文献は、報告者の個人ホームページ「ネチズンカレッジ」にファイルと画像が入っている）。

つまり、この報告では、「革命」は共産党・社会党などの党派や統一戦線など、社会主義・共産主義勢力が指導し中核でなければならないという「前衛党」的前提はとらない。第二次世界大戦後の東欧諸国で起こったことは、日本の「占領下民主革命」とよく似た、「設計され輸出された革命」だった。一九八九年に東欧諸国で起こったことは、私が当時「東欧市民革命」「テレビ時代のフォーラム型革命」と呼んだように、前衛党も恒常的指導部もなく、民衆がさまざまな抵抗・反乱の力を結集して政治体制を変革した「革命」であった。

かつて鶴見俊輔等「思想の科学」研究会の人々が、「転向」概念の共産党的・政治的用法を希釈して分析的概念にしたように、「社会主義」とか「革命」という概念も、それにあこがれた人々の思い入れや熱情はそれとして、そろそろ歴史的概念として再構築すべきではないかと考える。

そういう意味を込めて、敢えて、一九〇一年「社会民主党宣言」の再評価、日本共産党二二年創立綱領、米国「四二年テーゼ」の意義、米軍占領による民主主義革命と日本国憲法制定、それにより定着した「天皇制民主主義」という問題を提起したい。

## 2 「天皇制民主主義」と社会主義

### 天皇を「好感」する平成民主主義

山泉進報告は、「明治社会主義、大正デモクラシー、昭和マルクス主義」と、二〇世紀前半の日本の社会運動を特徴づけた。昭和後期は、「戦後民主主義」だろう。では「平成」は、何になるのか?「新自由主義」や「経済大国ナショナリズム」では、うまくつながらない。「平成市民主義」では、二〇世紀の社会主義は何だったのかになる。

私は元号は嫌いだが、元号の区切りで考えることは、意外に重要な問題である。日本の民衆意識が、それに規定されているのだから。

二〇〇四年の末に、NHKが一九七三年以来五年ごとに三〇年以上も続けている大規模な継続的世論調査、『現代日本人の意識構造』第六版が出た(NHKブックス)。そこで大きな変化があった項目のひとつが、天皇に関する感情である。昭和から平成への代替わりを経た一九九三年調査で大きく変わり、そして、今回二〇〇三年調査で、初めて「好感を持つ」がトップに躍り出た。

昭和天皇の時代には、「無感情」がトップで、七三年の四三%から八八年の四七%へと増えていた。二位は「尊敬」で、七三年に三三%、八八年二八%と漸減傾向にあった。「好感」は三位で、ほぼ二〇%、反感はマイナーで、常に二％だった。

ところが平成に入った一九九三年調査から、「尊敬」は二〇％程度に落ち込み、「無感情」はなお三〇％以上いるが、「好感」がぐっと増えて二〇〇三年調査で四一％、トップに躍り出た。「反感」は減って、ついに一％未満となる。

つまり、昭和時代の「尊敬」から、平成時代の「好感」へと天皇の受容感覚が変わり、天皇に反感を持つ「共和派」は、一％の極少数派になった。

しかも、昭和天皇時代の調査では、戦前・戦中世代と戦後世代、高度成長以降の戦無世代で大きな差があり、戦前・戦中世代は「尊敬」なのに戦後・戦無世代は「無感情」という構図だった。ところが平成に入って世代差がなくなった。つまり、戦後・戦無世代で「無感情」が減って「好感」が増え、若年層でも三〇％以上の「好感」を得るようになった。

## 「天皇制民主主義」が残した昭和天皇の政治的役割

こういう状況のもとで、かつて「天皇制打倒」を錦の御旗・存立根拠にしていた日本共産党までがついに旗を下ろし、「象徴天皇制は君主制ではない」という詭弁で、天皇の臨席する場に公式に出席し、皇室の子孫誕生を公式に祝うようになった。ジョン・ダワーがいうところの「天皇制民主主義」の完成である。

一九四五年の敗戦、四六年の日本国憲法制定のさいに、保守勢力の「国体護持」「天皇制存続」と占領軍の「非軍事化・民主化」が対抗し、第一条の象徴天皇制と第九条の戦争放棄・戦力放棄がバーターされたことは、よく知られている。その結果として、戦後の日米同盟も、民主主義も高度成長も可能にする、制度的仕組みが作られた。

憲法改正問題が焦眉となってきたが、最近刊行され始めた原秀成『日本国憲法制定の系譜』全五巻（日本評論社、二〇〇四年―）は、こうした問題のディテールを詳細に明らかにして有益である。日本国憲法の全条項について、それがどこからどういう風に入ってきたのかを研究すると、世界各国の憲法典はもとより、不戦条約、大西洋憲章、ルーズベルトの「四つの自由」、国連憲章、さらには戦前米国に紹介された植原悦二郎、吉野作造、茅原華山らの思想や米国政府・軍各機関の思惑が、濃淡まじえて凝集していた。

日本国憲法の制定問題そのものが、天皇の処遇から始まり、米国国立公文書館所収の機密解除された関係文書を精査すると、いわゆる「天皇退位論」について、米国側では退位したら民間人として戦犯訴追することになっていたことなども、明らかにされた。

そこでは「象徴」としての天皇は、アメリカの世界戦略にとって利用価値があるとみなされた。戦犯訴追を免かれ「象徴」になった昭和天皇が、占領期に「米国が沖縄その他の琉球諸島の軍事占領を継続するよう希望する」などと述べていたことは従来から知られていたが、最近では、一九五三年以降も、「米軍の駐留が引き続き必要」「強大なソ連の軍事力から見て、北海道の脆弱さに懸念をもつ」「世界平和のために米国がその力を使い続けることを希望する」などと発言してきたことが、米国側資料から明らかになってきた（『朝日新聞』二〇〇五年六月一日）。

戦後日本の民主主義は、アメリカの「天皇を平和の象徴として利用した日本改造戦略」の所産だった。

## 日本の社会主義を振り返る二つの観点

私は、社会主義理論学会でも何度か話しているが、「社会主義」そのものが、マルクス主義によって独占されるものではなく、フランス革命の「自由、平等、博愛」のうちの「平等」に重きをおいた、広い思想的流れだと言ってきた。

初期社会主義とか空想的社会主義と呼ばれたオーエン、フーリエ、サン・シモン、あるいはコンシデランやブランキまで含めて、いろいろな社会主義があり、その中からマルクス、エンゲルス以降、マルクス自身が嫌った「マルクス主義」という言い方が、ひとつの権威になった。

しかもそれが、二〇世紀にロシア革命で実現され、ソ連に体化されたものとされ、それが、日本における社会主義のイメージを、決定的にかたちづくってきた。

つまり、事実上共産主義運動が社会主義を体現するものとみなされ、それがある時期支配的なものになったため、それ以外の伝統を持たない日本では、今瀕死の葬送段階に入っている、と理解している。

これは、ヨーロッパとは大きく異なる。ヨーロッパでは、共産主義は崩壊しても、無政府主義を含む一九世紀社会主義の多くの流れが継承されている。ロシア革命でいったん社会主義の流れから飛び出した共産主義が、イタリアに典型的なように、ソ連崩壊で社会民主主義に戻った。こういう局面で、日本の社会主義の百年をもう一度考え直してみようというのが、本日の第一の観点である。

もうひとつの観点は、一九世紀から二〇世紀、明治維新以降の日本で一番大きい社会変革とは何だったのという、素朴な問いである。

社会主義を信じる人々は、自分たちが権力を握る人為的な革命を目指した。しかし、明治維新以降の日本社会が実際にどう変わったかという観点から見た場合、一番大きな変化は、一九四五年の占領下における日本国憲法の制定と、その後の高度経済成長であったのではないか、というのが私の見方である。

日本国憲法をはじめとする戦後改革は、前衛党に指導された民衆が革命でかちとったものではない。社会主義ソ連の赤軍ではなく、帝国主義アメリカ軍の占領下でつくられたから「反革命」ということでもない。しかし、日本社会のなかに、この社会主義理論学会のように社会主義を志向し研究する人たちが自由に合法的に集まり議論できる場を作ったという意味で、大きな民主主義の変革だった。「自由、平等、博愛」の、ある種の定着をもたらしたという意味で、非常に大きなインパクトがあった。

そうだとすると、日本国憲法の制定にいたる、いわゆる社会主義や共産主義の運動に対する見方も、「革命はおきなかった」とか「挫折した革命」という観点より、この大きな社会変化にどのように対処したのか、どのように貢献したのか、その変化をもたらしたものはいったい何だったのかという観点で、見直すことが必要である。

それは、日本共産党の路線と指導、マルクス主義者の分析・指針が誤っていたか正しかったかとか、マッカーサーの強制だ、吉田茂のような保守的自由主義者が実行したという狭い見方よりは、もっと世界史に目を向けて、そういう改革を設計し、実際に変革をもたらしたのはどんな力だったのかという観点で、見ることもできるだろう。

## 日本社会変革構想の流れ――異端の視点で

本日そのために選んだ素材が、一番最初に一九〇一年の「社会民主党宣言」、先ほど山泉報告でも紹介されたものである。その三大原理が「民主主義、社会主義、平和主義」であった。この原理を出発点に持ってきて、着地点が一九四七年施行の日本国憲法である。四六年に実質的な制定プロセスが行われ、その後に「戦後民主主義」という形で定着する。「平和主義」が、戦争放棄のみならず戦力放棄まで含めて定着したのは、世界の憲法の中でも極めて珍しい事例である。そういう観点から評価してみる。

そこにいたる主要な変革構想の流れを、みておこう。

まずは出発点に「社会民主党宣言」、日本社会主義の源流である。

第二は、私は平民社や社会民主党の流れに沿ったものだと考えるが、堺利彦、荒畑寒村、山川均たちの第一次共産党発足時の二二年九月「日本共産党創立綱領」である。これは、後で注釈するが、私がモスクワの旧コミンテルン史料館で一〇年ほど前に発見したもので、それまで知られていなかった日本共産党の最初の綱領である。

普通、日本共産党の最初の綱領というと、「ブハーリン起草二二年綱領草案」と呼ばれるものがあり、日本共産党自身の党史ばかりでなく村田陽一編『資料集　コミンテルンと日本』(大月書店)などにも入って定説になっているが、不思議なことに、その訳文の原典は、すべて一九二四年以降のドイツ語・ロシア語であった。それはモスクワ製で、おそらくブハーリン起草ではなく、二二年に作られたものでもない、というのが私の説である(ただしこの説は、最近になってブハーリン起草と思われる二三年初頭のロシア語原文がみつかり、私見の再検討を迫られている）。実際に作られた創立綱領というのは、もっと素朴な、むしろ「社会民主党宣言」の延長上にあるものだった。それで敢えて、この二二年九月創立綱領を「二二年テーゼ」と呼んでおく。

それから一〇年経って、モスクワのコミンテルン東洋部で作られたのが、「三二年テーゼ」である。こちらの方は、岩波書店の『日本資本主義発達史講座』刊行と同時で、よく知られている。オットー・クーシネンが重要な役割を果たし、日本人では山本正美だけが作成に実質的に関与し、半封建的な寄生地主的土地所有と独占資本主義の上に聳え立つ絶対主義的天皇制という、三位一体図式で有名である。それが軍事的・封建的帝国主義の国家機構で、これを打倒してブルジョア民主主義革命から社会主義革命へと進むのが日本革命だと言う。当時の労働組合にまで、「天皇制打倒」スローガンが押しつけられた。

これを戦後も金科玉条にしたのが、徳田球一、志賀義雄、宮本顕治らの共産党指導部である。三・一五、四・一六事件やスパイ査問致死事件で特高警察に逮捕されたが、幸か不幸か一八年間とか一二年間も監獄に閉じ込められ、戦争には行かなくて済んだ人たちが、戦時中、獄中でコミンテルン信仰を守り、「三二年テーゼ」を凍結し続けて、それを戦後に再び持ちだす。それが講座派理論と一緒になって、戦後日本のマルクス主義のみならず、社会科学全般に非常に大きな影響力を持った。

「二二年テーゼ」「三二年テーゼ」ときたので、語呂合わせもいいので、「四二年テーゼ」を、今日ここで初めて紹介する。一九四二年にアメリカ軍・政府機関の中で作られた、日米戦争で日本に勝利後の改革プログラムがいくつもあり、そのなかのひとつである。私の著書『象徴天皇制の起源——

アメリカの心理戦『日本計画』』（平凡社新書）で言及しているが、必ずしも主題的には論じていない。四二年六月の「日本計画」正文そのものではなく、それらの中で最も日本の社会主義者の議論とかみ合う四月の草案である。

一九四二年四月は、太平洋戦争が始まって四か月後、ミッドウエイ海戦より前である。日本がビルマやシンガポールを占領して沸き立っている時期に、米国は、日米の軍事力・経済力・政治体制と民衆動員能力を「科学的」にシミュレーションして、「敵国」日本が負けるのは当然だと見通した。敗戦後に日本をどうするかを、アメリカ政府の軍・政府・情報機関の中で検討していた資料が、米国国立公文書館には膨大に保存されている。

その中の、戦後CIAの前身であるCOI（情報調整局、四二年六月にOSS＝戦略情報局に改組）の四二年四月「日本計画」草案を、「四二年テーゼ」とよんでおく。最初に社会民主党宣言、最後に日本国憲法、そのあいだに日本共産党「二二年テーゼ」、コミンテルン「三二年テーゼ」、米国「四二年テーゼ」とおいてみた。どれが一番日本国憲法につながったかと言えば、「社会民主党宣言」と「四二年テーゼ」、コミンテルンの系譜では「三六年手紙」になりそうだ、というのが私の結論である。

## 3　コミンテルン日本支部＝日本共産党の綱領的変遷

二〇世紀の後半に支配的だった日本社会主義理論史では、一九二二年「日本共産党綱領草案」、「二七年テーゼ」、「三二年政治テーゼ草案」が一時的にあって戦前の到達点が「三二年テーゼ」、人によってはコミンテルン第七回大会の反ファッショ統一戦線・人民戦線が重要だということで、その日本版である岡野（野坂参三）・田中（山本懸蔵）の三六年「日本の共産主義者への手紙」をもってくるのが、普通の並べ方だった。私もかつては、こういう順序で理解してきたが、今日は別のルートをたどりたい。そのために、こちらの通説的流れを、先に批判的にコメントしておく。

## 「伝説」としての二二年綱領草案

まず、「一九二二年日本共産党綱領草案」というのは、一九二四年にドイツ語で初めて発表される『コミンテルン綱領問題資料集』中の、ブハーリン起草世界綱領草案の付録だったものである。ブハーリンの世界綱領の初出が一九二二年一一月二一日の独文『インプレコール』紙上で、そのころ日本共産党の綱領問題委員会も作られたので二二年作成とされるが、二二年には付録の日本共産党部分は公表されていない。日本の民族綱領の露独英仏語版初出は二四年であり、日本語の活字で初めて発表されるのは二八年である。不思議なことに、「二七年テーゼ」の頃までは、こんな完成度の高い綱領草案があるという議論は、コミンテルンや日本共産党の文書として残された史資料には、ほとんどでてこない。わずかに一九二五年一月上海での日本共産主義者会議で言及されるのみである（「上海テーゼ」）。

ではなぜそれは「党の最初の綱領的文書」（『日本共産党の七十年』）とされてきたのか。それは、一九二八年三・一五事件で捕まった佐野学、鍋山貞親、市川正一、徳田球一らの獄中指導部が、「党史」を作らなければ自分たちのたたかいの道のり、足跡を説明できないということで、公判闘争の戦術を変える。それまでは権力に対して黙秘ないしのらりくらりの抵抗をしていたのが、二九年末ぐらいから、むしろ積極的に、社会主義・共産主義とは何か、共産党はいかにたたかってきたかを明らかにするという、公判闘争戦術の転換を行う。

そのときに作られた、後に市川正一の『日本共産党闘争小史』に入っていく「党史」の筋道をたてるときに、「二七年テーゼ」をそれまでの戦略の最高の到達点とみなして、一九二二年七月一五日に日本共産党が作られ、その同じ年のコミンテルンの第四回大会ですでにわれわれは君主制廃止の綱領を持ったと言うために、モスクワ製のブハーリン二二年世界綱領草案の下位綱領にあたる日本部分を持ってきた。それが、そのまま「伝説」「神話」となって今に残っている、というのが私の説である(詳しくは、加藤『党創立記念日』という神話」加藤哲郎・伊藤晃・井上學編著『社会運動の昭和史――語られざる深層』白順社、二〇〇六年、「国家権力と情報戦――「党創立記念日」の神話学」『情況』二〇〇六年六月号、参照)。

ただし、細かい史実の点では、従来の通説をもとに『第一次共産党史の研究』(青木書店、一九九三年)を著した犬丸義一氏と論争しているので、これからも、文献的には実証的に見ていく必要がある。この綱領草案が本当に二二年コミンテルン第四回大会時に作られ、川内唯彦・高瀬清が持ち帰り、二三年三月石神井臨時党大会で審議されたという証拠が出てきたら、私も訂正するにやぶさかではない。しかし、もともと野坂参三の伝記『風雪のあゆみ』を書くため収集された戦後の高瀬清証言以外、確たる文献的根拠がない。その高瀬清証言は、旧ソ連秘密文書が公開され明らかになった史実に照らすと、信用できない。信頼できる資料は、ようやく後述黒川伊織の研究であらわれてきたばかりである。

このブハーリン世界綱領草案付録の「日本共産党綱領草案」には、二二項目の要求の中に「君主制廃止」が入っている。一九二二年頃にコミンテルンが「君主制廃止」と言うのは、当然一九一七年ロシア二月革命、一八年ドイツ革命の類推である。つまり、一九一七年のロシア革命では、二月のツァーリ追放を含む民主主義革命は、十月の社会主義革命、ボリシェヴィキの権力掌握へと急速に転化するさいの入り口となった。ドイツで言えば、君主制を廃止して民主主義革命が達成され、社会民主党も加わってワイマール憲法を作ったが、共産党が権力を掌握する社会主義革命にはいたらなかった。

そのころのコミンテルン風理解からすれば、「君主制廃止」というのは、ブルジョア民主主義革命のきっかけ、一番入り口のところにある。封建遺制である君主制を倒すと、その次に民主主義政体が現れ、そこでブルジョアジーに権力を委ねず、自分たちの社会主義権力を創出し、工場・企業・土地を没収して産業国有化・計画経済に向かわなければならない。つまり、コミンテルンのめざす世界共産主義革命にとって、君主のいる国などまだ「ブルジョア民主主義」以前である、自由平等普通選挙や労働組合活動の自由にとっても「君主制廃止」がまず必要だ、という考え方である（ただしコミンテルンは、発達した資本主義国であるイギリス革命については「君主制廃止」にこだわらなかった）。だから、日本でもまず天皇制をなくせば、その後に普通選挙や言論・出版・集会・結社の自由も可能になる、という考えに立っていた。これがいわゆる第一革命・政治革命で、それに続く第二革命・社会革命によって社会主義になるという構想だった。

このように私は、一九二二年七月一五日日本共産党創立説そのものを否定する。また、最初の綱領＝「二二年日本共産党綱領草案」と言われているものは、実はコミンテルン執行委員会内部で二三年にロシア語で書かれた、しかも当時の第一次日本共産党にはほとんど影響を与えなかったものだと推定してきた。

もっともその後、二〇〇七年四月に、神戸大学大学院博士課程院生の黒川伊織が、同志社大学人文科学研究所所蔵の旧ソ連秘密文書の中から、一九二三年初頭にはブハーリン起草と思われる「日本共産党綱領草案」が作られており、一九二四年二月に佐野学、近藤栄蔵、高津正道らウラジオストックに逃亡していた日本共産党在外ビューローが関東大震災後に作ったと思われる長文の「一九二四年二月日本共産党綱領草案(ヴラジヴォストーク)」の政治的社会的要求の第一にも「君主制の廃止」が入っていることを確認している。この面での本格的研究は、これからである。

研究史上では、私の説は少数説・独自説で、日本の研究者のこれまでの論争の中では、日本共産党の公式党史、村田陽一、犬丸義一らの通説・多数説よりも、岩村登志夫や松尾尊兊らの一九二一年に日本共産党成立を見る学説に近い。近く『大原社会問題研究所雑誌』に発表される黒川の研究が、新段階の第一次共産党史の研究端緒なるであろう。

## 「君主制廃止」を押しつけた「二七年テーゼ」

次は、「二七年テーゼ」である。こちらの方は、第一次共産党の解党の後、二六年の五色温泉の第三回党大会(この「第三回」というのも資料的には怪しい)で再建された福本イズムの影響を受けた党指導部がモスクワに召喚され、渡辺政之輔、鍋山貞親、徳田球一ら、それに福本和夫自身もソ連に行く。山川均は、召還されたが病気を理由に行かなかった。

モスクワでは、山川イズムも福本イズムも、どちらも批判され拒否される。当時福本和夫は日本のレーニンとかブハーリンとか言われていたが、当のブハーリン自身から、お前は本当にマルクス主義者かと言われて、シュンとなる。それで、これはもうブハーリン自身に作ってもらわなければということで、コミンテルン側に起草を依頼し作られたものが「二七年七月テーゼ」とよばれるものである。

これについても、旧ソ連秘密資料の中から、新しい資料がいっぱい出てきた。重要な役割を果たしたのは、ブハーリンというよりも、コミンテルンの日本共産党派遣代表カール・ヤンソンであった。私は、ロシア語資料は共同研究者の藤井一行さんに訳してもらっているが、一九二七年の六月一〇日、七月にテーゼが作られる直前に、「親愛なる同志ブハーリン、あなたが多くの諸問題で忙しいのは分かっていますが、われわれは日本共産党を代表して、日本問題に対する政治的テーゼを書いてくださるようお願いします」という嘆願書まで出てきた。片山潜以下九人の名前の中に黒木とあるから、黒木こと福本和夫自身も了解して、日本代表団全員で、同志ブハーリン、自分たちの党の綱領を書いて下さいと願い出て作られたのが「二七年テーゼ」である。

ここでも中心的な内容は「君主制廃止」、しかも大衆的前衛党として、非合法でも地下活動だけではなく正面からスローガンを掲げろとコミンテルンから指示された。それを忠実に守って、二八年の普通選挙法にもとづく初めての選挙の直前に、公然と党名を入れたビラを撒いて、再建日本共産党の存在が公けになり、二八年三・一五、二九年四・一六の大弾圧に連らなった。

## 唯一日本語の三二年「政治テーゼ草案」

その次の一九三一年「政治テーゼ草案」は、戦前の綱領的テーゼの中で、唯一日本語で書かれたものである。ただしこれはすぐに誤りだということで、一年で「三二テーゼ」へと訂正される。

中身は、三〇年にソ連のクートベ（東洋勤労者共産主義大学）から日本に帰国し党委員長になった風間丈吉が、ヤ・ヴォルクという当時のコミンテルン東洋部員の個人的見解を持ち帰って、それを記憶にもとづき再現して文章にした草案だとされている。

その特色は、一つは、それまでロシア語やドイツ語のテーゼの「モナーキー」をそのまま「君主制」と日本語にしていたものを、初めて党の公式文書で「天皇制」と訳したことである。「天皇制」という戦後日本の社会科学用語の起源は、この政治テーゼ草案である。

しかも、君主制は封建的・絶対主義的なものという「二七年テーゼ」までの考え方を改め、日本は東洋における最初のブルジョア革命を既に終わった国で、金融資本の独裁国家であるとした。従って天皇制は、支配階級のファシズム的な弾圧の道具であるという観点で、社会主義革命の目標になった。つまり、天皇制は絶対主義ではなくファシズムであると唱えた。天皇制そのものは立憲君主制とみなされ、そのファシズム化が問題とされた。

しかしこれは、三一年四月から『赤旗』紙上に発表され、獄中指導部や野呂栄太郎など党員学者を困惑させるが、ほぼ一年で「三二年テーゼ」がモスクワから送られてきて、戦略的に誤りであったと自己批判される。

## 「三二年テーゼ」の絶対主義的天皇制

「三二年テーゼ」では、絶対君主制論が中心になる。しかも「三二年テーゼ」は、しばしば封建理論といわれるように、資本主義は高度に発達したけれども半封建的な寄生地主的土地所有ががっちりと出来上がっていて、その上に絶対主義的天皇制、つまり封建社会から資本制社会への移行期にある国家形態が存立しているという形で作られる。

ちょうどその時期、野呂栄太郎、山田盛太郎、平野義太郎らの『日本資本主義発達史講座』が岩波書店で刊行され、似たような論理構成で、明治維新と日本資本主義形成を論じる。『講座』第一巻の刊行と「三二年テーゼ」の発表が三二年五月で、ほぼ同時期だった。その相乗効果で、いわゆる労農派の、日本は既にブルジョア的発展を遂げていて次の革命は社会主義だという一段階革命論に対する、二段階革命論を根拠付けるものになった。これが、戦後日本のマルクス主義、歴史学研究会や土地制度史学会では圧倒的な影響力を持つようになる。

私が学界にデビューしたのが、この「三二年テーゼ」の批判的検討で、その頃から犬丸義一氏らと評価が異なっていた（「『三二年テーゼ』の周辺と射程――コミンテルンの中進国革命論」『思想』第六九三・六九四号、一九八二年四・五月、『三二年テーゼ』と山本正美の周辺」『山本正美裁判記録論文集』新泉社、一九九八年、解説）。

ただし、日本共産党で「三二年テーゼ」の考えを保持していたのは、三四年に日本共産党の中央指導部はスパイ査問致死事件で壊滅するので、志賀義雄、徳田球一、宮本顕治ら日本国内の獄中「非転向」組ということになる。なぜなら、三三年に佐野学・鍋山貞親以下三・一五事件等で捕まって獄中指導部の中枢にいた人々の大多数が、まさにこの「三二年テーゼ」的な天皇についての考え方と、日本共産党がコミンテルンを通じてソ連共産党の道具になっていることに反発して、「転向」の雪崩現象がおきていた。

ちなみに「三二年テーゼ」についても、今日ではロシア語の草案が幾つか見つかり、これは既に岩村登志夫氏がドイツで出ている『歴史的共産主義研究年報』という書物の一九九四年版に英語で論文を発表している（Toshio Iwamura,The 1932 Theses of the Japanese Communist Party and the Koza-ha, in, *Jahrbuch für Historishe Hommunismusforshung 1994*,Berlin 1994）。

## 三六年「日本の共産主義者への手紙」は戦略転換

通説で取り上げられる最後の、一九三六年「日本の共産主義者への手紙」は、日本における反ファシズム統一戦線・人民戦線を提唱している。当時モスクワにいた岡野（野坂参三）、田中（山本懸蔵）の連名で出された。戦後日本の社会党・共産党の統一戦線を重視する人たち、あるいは端的に、戦後の野坂参三の役割を高く評価する人たちは、こっちを強調して、戦前の最高の到達点と言う。

ただし日本共産党の系譜では、「テーゼ」とか「綱領」とか名付けられていないため、綱領的・戦略的には「三二テーゼ」が正しく、ただ「天皇制打倒」をストレートに掲げて民衆の遅れた意識水準にマッチしていなかった戦術が修正されたものだと説明される。治安維持法の「国体」条項にひっかかり弾圧の口実とされたから、戦略は同じだが戦術を改めただけだという解釈が多い。

しかしこの時期、コミンテルンは、世界革命の戦略全体を再検討して「ソ連邦擁護」のために反ファシズム統一戦線・人民戦線を提唱するので、日本についても戦略的転換といえる。なによりも変革の担い手が、従来の労働者・農民・都市貧民から、「都市小ブルジョアジー、勤労インテリゲンチャ」

を含む「全人口の九〇パーセントの勤労国民」まで広げられている。ただし、この手紙を受け止め実践すべき日本共産党中央委員会は、当時すでに壊滅していた。獄中指導部・党員にも、政策転換の重大な意味は伝わらなかった。

この「日本の共産主義者への手紙」は、当時コミンテルン幹部会員としてアメリカから日本への工作を担当していた野坂参三が、『国際通信』などアメリカで印刷した日本語文書を船員や郵送ルートで海外から日本へ持ち込んだ。日本における人民戦線として、「民主主義日本か軍部ファシスト独裁か」の選択肢を提起したものとして知られているが、理論的には、「三二年テーゼ」に比して、あまり重視されることはない。

## ソ連、中国、アメリカを通じて日本国憲法へ

しかし実は、三六年「手紙」は、日本共産党系の綱領的文書の中では、理論的にも実践的にも、一番その後の日本国憲法につながるものである。つまり、主敵はファシスト軍部で天皇制ではない、変革の担い手は国民多数派であるということを明確にした文献で、これは、戦後の日本共産党再建時に、中国延安から帰国した野坂参三が持ち込む「愛される共産党」の路線に連なる。なによりも、ソ連共産党も中国共産党も連合国軍の中の重要な政治勢力だったから、そこから占領改革に間接的影響力があある。

三六年「手紙」は、理論構成そのものが、「二二年綱領草案」から「三二年テーゼ」までのラインとは異なる。日本資本主義の見方としては、むしろ三一年「政治テーゼ草案」に近い。つまり、軍部

ファシズム論に立っている。

当時のコミンテルン第七回決定によると、ファシズムというのは「金融資本の最も反動的・排外主義的・帝国主義的分子の公然たるテロル独裁」であった。従って「ファシスト軍部」の背後には、それを支える金融資本・財閥がいる。「天皇制ファシズム」は三井、三菱によって支えられているという考え方になる。

事実、この時期、一九三六年から太平洋戦争が始まる四一年までの『プラウダ』『イズベスチア』などソ連の新聞・雑誌、コミンテルン機関紙『インプレコール』の後継紙『ルントシャウ』に出てくる日本分析は、三井、三菱を中心とした日本の金融資本がどう軍部と結びついているかという分析になる。封建的土地所有や君主制よりも、独占資本主義の方に目が向けられる。絶対主義論は、コミンテルン側の文献・資料では、「三二年テーゼ」の翌三三年以降は見られなくなる。ただし公式には、「三二年テーゼ」が否定されずに残る。

旧ソ連秘密文書からは、この戦略転換がはっきりわかる。これは藤井一行さんが見つけたものだが、たとえば三五年コミンテルン第七回大会での野坂参三の報告は、議事録として公開される際に、コミンテルン執行委員会の検閲を経ている。「君主制は日本人民を恥辱でおおった」という演説が、公表文で「日本帝国主義」に変えられ、西川（小林陽之助）演説では、「日本の君主制政府」が「日本の支配階級」という文章に変えられた。「天皇制打倒」を掲げることを、コミンテルンの側から禁止されたのである。

戦後の日本共産党は、主要には「三二年テーゼ」の戦略で、副次的な戦術として三六年「手紙」を採用する。しかし「戦術」と受けとめられたので、敗戦直後の山川均らとの統一戦線も、その後の社会党との統一戦線もあくまで共産党主導で、戦略的には天皇制打倒につながるものでなければならなかった。

そのうえ「手紙」の出された一九三六年は、ソ連の国内では、皮肉なことに「人民の敵」の告発によるスターリン粛清の本格的開始と並行し、当時ソ連に在住した日本人一〇〇人近くのほとんどが、「日本のスパイ」として銃殺、強制収容所送り、国外追放などの犠牲者となった。野坂参三だけが無傷で生き残り、「手紙」に名を連ねた山本懸蔵も銃殺された。

この意味では、ソ連の国益にもとづく世界戦略に沿った、スターリン主義の枠内での対日戦略転換であった。かつてはコミンテルン第七回世界大会の統一戦線論がもてはやされ、日本でも社会運動史・思想史研究の一つの基準とされたが、ソ連が崩壊した今日では、書記長ディミトロフもイタリア共産党のトリアッティも、在ソ外国人共産主義者粛清に手を貸した責任を問われ、歴史的に断罪されている。

## 4　もうひとつの社会変革構想——社会民主党宣言から「二二年テーゼ」へ

### 資本主義と国家の具体的分析の欠如、抽象的政治スローガン

第二の視角、これらが実際の日本の変革にどういう影響を与えたかを、次ぎに考えてみよう。いずれのコミンテルンのテーゼも、日本支部＝日本共産党にとっては、金科玉条だった。民主集中制の鉄の規律のもとでは、無条件に実行しなければならない。だから三一年「政治テーゼ草案」のよ

うな新方針が出ると、党内は混乱する。戦後なら、一九五〇年のコミンフォルム批判がそうだった。

これらを実質的に作成したコミンテルン東洋部は、「三二年テーゼ」時点でも、せいぜい常勤五人位だった。それも、ミフ部長以下中国革命が主要な担当で、日本の専門家というのは、強いていえば、プロフィンテルン（赤色労働組合）を主担当にするカール・ヤンソン位だった。

だから資本主義分析は、おおざっぱだった。日本の経済統計や景気変動・労働市場等を本格的に分析した形跡はなく、農業における土地所有と工業における重化学工業の発展程度を、生産様式（ウクラード）の結合具合、経済的社会構成体として見て、「軍事的・封建的帝国主義」といった『レーニン全集』の記述にあてはめるスタイルが主流だった。ロシア革命の一九〇五年、一九一七年二月、一〇月のどの段階に相当するかが、戦略設定の基準だった。

国家権力の分析も、例えば大日本帝国憲法は「紙の上だけ」のものとされたので、具体的運用の詳しい分析はなく、もっぱら絶対主義とかファシズムとかボナパルティズムといった、史的唯物論の国家本質論・形態論のどれに相当するかを論じるものだった。それを具体的な日本社会の政治変革につなげるには、あまりに抽象的で、たとえば「大土地所有の廃止」といっても筋道のつかめない、産業構造のどういう部分がどうなっているからこういう風に変革するといった構想・対案をだし得ないものだった。

しかも、天皇制を「似非立憲主義」と経済的基礎だけで還元主義的に論じ、例えば美濃部達吉の天皇機関説などはスキップして、とにかく転覆せよという。大正から昭和初期は、社会変容・文化面で面白い時代だが、それは「上部構造」だからとして、「土台」の経済分析に対して二義的なものとされ、まともに分析もされない。だから、なぜ人々は天皇を受け入れているのかも、もっぱら教育勅語や徴兵制による思想統制・強制の結果と理解される。要するに、民衆はだまされているから、マルクス主義の真理を教えれば目覚めるという姿勢であった。

これは、アメリカの「四二年テーゼ」が、膨大な統計資料や地図・写真・映画を集めて日本の国力を分析し、日本の経済構造・政治構造だけではなく生活様式や「国民性」、大衆文化まで考察して戦後を設計し構想する実証的視角とは、対照的である。

しかしコミンテルン・テーゼは、当時のコミュニスト、マルキストの人々に、世界最高のマルクス・レーニン主義理論にもとづく分析、「科学的真理」として受容された。

もうひとつの受け皿は、日本の社会科学である。これは、一九三〇年頃の『インプレコール』に、コミンテルン最高の経済学者オイゲン・ヴァルガが、日本では労働者、農民の中にマルクス主義はほとんど影響力を持っていない、しかしなぜか『マルクス・エンゲルス全集』が世界に先駆けて翻訳された、労働者階級ではなく「小ブル知識人」の中にのみ影響力を持っていると、皮肉に注記している。

要するに、頭でっかちなマルクス主義とコミンテルン・テーゼが影響力を持ったけれども、実際の運動の中では、むしろ労働組合など大衆組織にまで「天皇制打倒」というスローガンをそのまま持ち込み、弾圧を呼び込むようになっていた。

## 一九三六年の主敵は天皇制ではなく軍部ファシスト

政局との関係では、「二二年綱領草案」から「三二年テーゼ」までは、基本的に地下の非合法共産党員の活動の信念を支えるだけのもので、天皇制権力の弾圧の対象にはなるが、大きな政治的力にはならない。

三六年「手紙」だけは、共産党が主導権を取らなければならないけれども、現実に日本から軍部ファシスト独裁をなくすためには、社会大衆党や民政党の一部までも味方に引きつけなければならないと、具体的政治レベルの方針を出していた。

実際一九三六年二月の総選挙は、二・二六事件の直前で、無産政党が躍進し、坂野潤治の言い方を借りれば「昭和史の決定的瞬間」だった。もしもそこで「日本版人民戦線内閣」ができていれば、その後の戦争の道はなかったかもしれないと言われる局面である。

モスクワの方も、それと似た見方をしていて、軍部ファシストに対抗するには、社会大衆党、民政党の一部を含む統一戦線を作らなくてはいけないとしていた。ところが肝心の共産党は壊滅し、反ファシズム統一戦線・人民戦線への戦略転換の受け皿がない。当時アメリカにいた野坂参三は、アメリカの労働組合を通じて加藤勘十を秘かによびよせ、秘かに高谷覚蔵、小林陽之助、伊藤利三郎らを日本に送り込むが、ことごとく捕まってしまう。

小林陽之助が、ねずまさし・大岩誠を通じて、当時フランス、スペインの人民戦線政府を日本に紹介していた中井正一、新村猛、真下信一、久野収ら京都の『世界文化』『土曜日』同人グループと接触するが、これも「コミンテルンの密使」と繋がったと言うことで大弾圧を受け、一網打尽になる。

実際の政治的影響力は持ち得なかった。日本に派遣されたソ連赤軍の諜報員リヒアルト・ゾルゲは、そうした共産党の壊滅をクールに報告していた。

## 一九〇一年「社会民主党宣言」の三大原理と民衆の要求

そこで逆に、ある程度は日本国憲法につながる流れの方を、見てみよう。

ひとつは、日本社会主義の出発点であった、一九〇一年の社会民主党宣言である。これは山泉報告で紹介されたので省略するが、ポイントは、「社会主義、民主主義、平和主義」の三原理、それに八つの最大限綱領、二八の最小限綱領である。

これは、ドイツ社会民主党のエルフルト綱領の影響と思われるが、エルフルト綱領で言う最小限綱領の二八の要求部分は、鉄道公有や義務教育で、まさに二〇世紀の日本で実現するものだった。マルクス＝エンゲルス『共産党宣言』の一番後ろに出ている一〇項目要求と同じで、本当はこうした現実的要求・政策こそ、政党にとっては一番重要な民衆との接点、今風に言えば、政党のマニフェストだった。

最大限綱領の第一に「人種の差別政治の異同に拘はらず、人間は皆同胞たりとの主義を拡張すること」とあり、日本の社会主義の出発点はこういう考え方だったというのは、私は重要だと思う。山泉報告は社会民主党を「外来土着」と評したが、土着の社会主義の素朴な願いはこの辺にあったという歴史的現実から出発するしかない。

最大限綱領の第二の「万国の平和を為すためには、先ず軍備を全廃すること」が、日本国憲法第九条の受け皿になる。経済的要求の多くは、二〇世紀の中で実現される。労働局を設置して労働について調査させるとか、八時間労働制といった具体的要求は、ほぼ実現されていく。

コミンテルンの「二二年綱領草案」から「三六年手紙」までは、ほとんど全部モスクワで作られた。日本語で書かれた唯一の三一年「政治テーゼ草案」も、風間丈吉がモスクワでの記憶にもとづいて日本語にしたものである。ほとんど「外来」のソ連製だった。

それらに比べれば、一九〇一年の「社会民主党宣言」こそ、アメリカのキリスト教社会主義やドイツの社会民主党の影響を受けたものの、それを主体的に組み替えた土着の社会主義だった。このラインがどういうふうに受け継がれていったのかを見るのが、日本の社会主義百年にあたって重要であろう。

## 一九二二年九月日本共産党「創立綱領」と荒畑寒村「総務幹事」

その観点で見ると、一九二二年九月の「日本共産党綱領」は、その理論的水準や学術的体裁はともあれ、きわめて重要である。『大原社会問題研究所雑誌』第四八一号に私が訳出した英語原文のほかに、旧ソ連秘密資料の中にあった一九二六年の日本語訳文を見つけたので、これを見ていただきたい。

英文原文には、一九二二年九月と明記されている。日本共産党の言う党創立記念日七月一五日ではないことが、一つのポイントである。

オリジナルも英文で書かれた綱領で、プログラム・オブ・ザ・コミュニスト・パーティー・ジャパン（日本共産党綱領）とあって、一番最後に「ジェネラル・セクレタリー」アオキ・クメキチ、「インターナショナル・セクレタリー」サカタニ・ゴローという英語のサインがある。論証は『大原社会問題研究所雑誌』で詳しくかいたので省略するが、アオキ＝荒畑寒村、サカタニ＝堺利彦である。真ん中に押印があり、日本共産党執行委員会とある。この判が押された文書は、モスクワの公文書館には他にも幾つかあり、正式の党印であることが分かる。

一九二二年の九月何日かは分からないが、日本共産党は、英語で綱領を作り、正式の党印まで押して、その綱領をモスクワに届けて、承認を求めた。そのときの委員長に当たる「ジェネラル・セクレタリー」は、日本語の規約上は「総務幹事」である。

これは、『日本共産党の七十年』までは、初代委員長が堺利彦ということになっていた。しかし史実としては、初代の「ジェネラル・セクレタリー＝総務幹事」は「アオキ」こと荒畑寒村で、堺利彦は「インターナショナル・セクレタリー＝国際幹事」になり、次の二三年二月の市川党大会で「サカタニ」つまり堺利彦が「総務幹事」に選ばれる。

## 一九二六年党文書綴り中の「二二年テーゼ」日本語文

綱領の中身は英語原文の方が詳しいが、二六年の日本語訳も役に立つ。この英語の創立綱領は、今まで全く日本で紹介されたことはなかったが、モスクワでは実際に日本共産党の綱領として扱われ、検討されたことを示す日本語の歴史的資料がある。

一九二六年のコミンテルンの日本共産党関係文書綴りの中に入っていたものを、私が見つけた。短いので、全文を紹介しよう。日本語訳には伏せ字の空白部分があるが、英語原文から訳して〔　〕に入れておく。英文からの正確な現代日本語訳文は、『大原社会問題研究所雑誌』第四八一号に、私が訳出してある。

綱　領

〔日本共産党〕は国際〔共産党〕の一部として、官憲に対し秘密に存在し〔ているプロレタリヤ党である〕。

〔日本共産党〕は〔ソビエト権力を基礎にした労働独裁を樹立して〕資本主義制度を廃絶し、共産社会を建設する目的を以て、左の綱領を定む。

一　経済

日本は極東に於ける最大の資本国である。殊に其の世界大戦中に於ける特殊の地位は急激なる資本制度の発達を来し、最も横暴無類なる搾取を実現してゐる。

日本共産党は、此の絶大なる搾取力の下に苦悩する労働者、農民、及び其の他の下層民衆を組織し、訓練し、統一して、〔政治権力と〕生産交通の機関をプロレタリヤの手に掌握し、社会主義的にそれを経営する事を期する。

二　労働問題

日本の労働運動はまだ極めて幼稚である。政府の苛酷野蛮なる圧迫の下に、労働組合は甚だ不完全なる発達を為しつつある。けれども自覚した労働者の革命的要求は頗る強烈である。組合運動に加入しない一般多数の労働者の中にも、本能的の反逆心は盛んに燃えてゐる。

〔日本共産党〕はこれらの反逆心と革命的要求とに対し理想を与へ、方針を示し、戦術を援け、組織を教へる事を任務とする。

既成の労働組合に対しては、深く其の内部に食い入って其の急進化に努め、無組織の労働者に対しては有らゆる接触方法を以て其の団結に努め、常に共同戦線の趣旨方針を以て資本家階級に対抗し、階級戦の一戦毎に於て共産党の実質を増大し、遂に絶大なるプロレタリヤの前衛となる事を期する。

アナキスト若しくはサンジカリストの思想が日本の進歩した労働者の間には、謂ゆる小児病の現象として、可なりに深く浸みこんでゐる。彼等は或は中央集権に反対し、或は共同戦線に反対し、或は労働独裁に反対し、或は政治運動に反対し、徒に空漠なる無政府の理想にあこがれてゐる。［日本共産党］は是等の夢想家に対し、断乎たる決意を以て、然し乍ら又有ゆる寛大と忍耐とを以て対応し、漸次に労働者間に於ける其の偏見を除かしめ、我々の実際的なる理想と戦術とに転向させる事に努めねばならぬ。

三　農民問題

工業の急激なる発達は、亦た農村の急激なる衰頽を来してゐる。自作農は高率を以て年々小作に陥り、土地の集中は顕著なる現象を呈してゐる。

近来、農村に於ける小作争議は頻りに頻発し、小作組合は到る処に組織されてゐる。多くの地主は小作人から土地を返還されて困ってゐる。彼等は土地を売らうとするが買手がない。それで彼等は機械の応用、賃金労働の雇用、或はごまかしの組合組織等を計画してゐるが、いずれも成功しない。

［日本共産党］は、これらの情勢に適応して、全国の農村に宣伝を行ひ、広く革命的精神を鼓舞し、

共産的理想を理解せしめ、多数農民をして堅く都市の労働者と提携し結合せしめる事に努める。

四　政治

我国の政党は既に明白な資本家党になってゐる。然し封建制度の余力が猶ほ官僚軍閥として残存してゐる。現在の政治は其の二勢力の妥協である。議会制度は極めて保守的で、まだ普通選挙すら行はれて居ない。要するにデモクラシーはまだ日本に於て甚だ幼稚である。

【日本共産党】は、議会制度が社会革命の妨害物であり、保守勢力の最後の城壁である事を確信する。然しデモクラシーを出来得るだけ徹底させる事はプロレタリヤ運動の為に有利である。故に我々はプロレタリヤの新しき政治運動を以て、デモクラシーの徹底を促進する。

然しながら我々の政治運動は、全然新しきプロレタリヤの政治機関を建設する事を究極の目的とする。故に我々はデモクラシーの徹底を促進すると同時に、極力デモクラシーの偽善を暴露させ、議会制度の有害なる真相を摘発する。そして結局、ソビエットの組織に依り、プロレタリヤ独裁の政治を興し、資本独裁の旧政治を廃絶する事を期する。

五　軍国主義問題

東洋のドイツと称された日本帝国は、其の軍閥の優勢を以て世界に知られてゐる。日本の軍閥は其の優勢の力を以てアメリカとすら開戦しようとしてゐる。彼等が資本制度を撤廃する【ものではなく、貪欲に市場を切望するブルジョア資本家の自然な同盟者である】。

日本軍閥の精神は其の愛国心に在る。国民教育及び軍隊制度に於て極力鼓吹する愛国心は今だに多数国民の心を奪ひ、其の目をふさぎ、其の耳をつぶして［ゐる。軍閥が資本家を］擁護するといふ真［の］目的は、まだ多数国民に看取されて居らぬ。［日本共産党］は此の愛国の迷信を醒まし、軍閥精神の根本を破壊し、遂に軍隊全部の崩壊を計らねばならぬ。

六　朝鮮支那問題

［日本共産党］は云ふ迄もなく侵略主義に反対する。支那に対する干渉、満州蒙古に於ける勢力範囲、台湾の併合、悉く我々の反対する所である。

殊に朝鮮の併合は最大の害悪である。故に我々は朝鮮人の独立運動を援助する。

極東に於ける三大民族、支那、朝鮮、日本は、経済上及び政治上に於ける其の密接の関係からして、是非とも相携へて革命の道を歩まねばならぬ。故に吾々はプロレタリヤの世界的団結の中に於て、殊に右三民族中のプロレタリヤの団結を重要視するものである。

以上が、日本［共産党］の大体の綱領である。我々は国際共産党の一部として、其の指導と援助との下に、常に此の綱領に依って努力し活動するのである。

## 「共同戦線」をめざした大同団結の綱領

これは、日本資本主義分析としてみれば、あまり面白いものではない。その後の講座派と労農派との論争などに比べれば、理論的にはつまらない、凡庸なものだ。

「労働運動」のところでは、アナーキストやサンジカリストの思想が日本では強いので、彼らを「転向させる」ことが重要であるといっている。この頃「転向」という言葉は、三〇年代の特高用語とは違って、共産党側でもむしろ肯定的な意味で使われていた。

「政治」では、普通選挙すらまだ行われていないからデモクラシーが必要だという。議会制度には反対するが、デモクラシーの徹底は必要だから、議会制度の有害なる真相を摘発しながら加わっていく。これも、当時の公式的な考え方である。

そして「軍国主義問題」では、日本は「東洋のドイツ」と称され、国民教育および軍隊制度を通じて軍閥精神が貫かれているという。天皇制への特別の関心はない。

最後に「朝鮮支那問題」。日本共産党は「侵略主義に反対する」「朝鮮人の独立運動を援助する」「極東における三大民族、支那、朝鮮、日本の連帯」をうたいあげている。

およそ中身はこんな内容で、英語の正文はもう少し詳しいが、基本的には同じである。先に見たブハーリン「二二年綱領草案」とか「二七年テーゼ」に較べると、あまり理論的に厳密でない。社会民主党宣言や平民社の流れを、色濃く受け継いでいる。それが、日本共産党と名乗ったグループの綱領だった。起草者は、サインのある荒畑寒村でも堺利彦でもなく、おそらく山川均であろうと思うが、理論的にはあっさりした綱領にみえる。

しかし私は、その点こそ重要だと思う。それまで直接行動か議会政策か、アナーキズムかボルシェヴィズムかと論争し対立してきた日本の社会主義者たちが、ロシア革命に連帯して、ともかく大同団結しよう、日本にも社会主義の党をつくろうという時に、さまざまな意見の最大公約数をつくり、できるだけ単純にまとめたらこんな風になったと考えると、合点がいく。

つまり、山川均のいう「共同戦線党」の綱領である。だから天皇制をどうするかは入っていないし、それが絶対主義かファシズムかなどと論じる必要もない。それでモスクワでは批判され、正式の綱領とは認められなかったのだろうと思われる。

実は、モスクワにあったこの日本語の文章には、誰かが加えたと思われる日本語の書き込みが、何か所かある。コミンテルンで何が問題になったかだけを紹介する。

一つは、議会制度云々のところで「封建制度に対する意見」がないと、クエッションマークが付いている。この一九二六年の訳文は、「二七年テーゼ」の策定準備資料中のものなので、天皇制が入っていないことを問題にしているようである。

もう一つ書き込みがあったのは、「ソヴィエト組織でプロレタリア独裁の政治を興し、資本独裁の旧政治を廃絶する」と書いているところに、「ブルジョア革命が行われるか行われないか不明」とコメントがついている。要するに、ロシア革命の一九〇五年段階なのか、一七年二月段階か、十月社会主義革命の段階かと問いかけている。つまり、当時のコミンテルン側のいわゆる二段階革命論の規格に合わないというわけである。

「朝鮮人の独立運動を援助」というところにも、線が引いてある。おそらく「援助」が「指導」の意味に近く、なぜ帝国主義本国日本の共産党が植民地朝鮮の運動を「援助」するのか、対等の「連帯」でなければおかしい、という意味であろう。

## 世界的には最もセクト的な時代の「二二年テーゼ」

以上が、一九二二年九月の日本共産党創立綱領である。私が法政大学『大原社会問題研究所雑誌』第四八一号に訳出し、犬丸義一氏も、これについては本物と認めている。

ただし『日本共産党の八十年』がその後に出たが、日本共産党自身はまだ認めていない。ところが不思議なことに、二〇〇三年に出た『日本共産党の八十年』では、『七十年史』まで初代委員長堺利彦と書いていたのが削られて、「荒畑寒村、堺利彦、山川均らが最初の執行部をつくりました」いう書き方に変わっている。私の説を史実として認めるなら、創立綱領そのものを旧来の「正史」と変えなければいけないのに、そこはネグレクトして二二年七月一五日創立説と「二二年綱領草案」を相変わらず踏襲している。

しかしモスクワ製の「二二年綱領草案」ではなく、この荒畑・堺・山川の「二二年テーゼ」こそが、「外来」ではない、日本共産党が本来誇るべき自主独立の創立綱領だった。それが、二三年の一斉検挙と関東大震災でいったん解散する。いわゆる第一次共産党である。

その後二六年に、コミンテルン日本派遣駐在員としてソ連大使館に来日したカール・ヤンソンの働きかけと「分離結合論」の福本イズムによって、日本共産党は再建される。その福本イズムに基づく再建の時に、堺利彦、荒畑寒村、山川均ら第一次共産党を組織した指導者たちは、福本イズムの観念性とモスクワからの圧力・介入を嫌って、第二次共産党指導部に入らなかった。それがいわゆる労農派になる。

したがって、一九〇一年の社会民主党宣言の考え方は、堺、荒畑、山川の第一次共産党、そして労農派、その後は戦後の日本社会党に流れる。ただし山川の後継者の向坂逸郎になると、これはむしろソ連マルクス主義に近い教条主義で、硬直した形になる。

先に紹介したコミンテルンの綱領的戦略・テーゼの流れは、「二七年テーゼ」のところで、第一次共産党と断絶する。基本的には、二六年末五色温泉で再建された福本イズムに影響された共産党（第二次共産党）で、それが渡辺政之輔、鍋山貞親、佐野学、市川正一、徳田球一らによって受け継がれ、三・一五、四・一六事件で指導者のほとんどが獄中に繋がれる。その流れが「三二年テーゼ」を受容し、まともな大衆的実践もないまま、戦後まで凍結される。

私が三〇年ほど前に、世界政党としてのコミンテルン研究を始めた頃、素朴に感じた疑問があった。世界各国の共産党史を調べていくと、ヨーロッパの多くの国やアメリカの党、中国やインドシナの共産党でも、だいたい最盛期は反ファシズムの三〇年代後半だった。「三二年テーゼ」の頃は、コミンテルン第七回大会で自己批判される、悪名高い「社会ファシズム論」とか「階級対階級」戦術、「左翼社会民主主義主要打撃論」が支配的な、最もセクト的な時期である（加藤『コミンテルンの世界像』青木書店、一九九一年）。

そのセクト主義は、「三二年テーゼ」にも濃厚なのに、それがなぜか日本では、戦後にまで最高の理論として継承される。

つまり、「三二年テーゼ」を受容した第二次共産党とは、世界共産党史のなかでは恥部にあたる時期に日本に存在した左翼主義の党であり、だからこそ、佐野・鍋山のような指導部頂点からの「転向」

を産み、宮本・袴田のスパイ査問致死事件で自滅していく。

## 5 情報戦による日本国憲法への回路——ソ連三六年「手紙」と米国「四二年テーゼ」

### 野坂参三、アメリカ共産党、中国共産党の戦後日本構想

もうひとつ、モスクワに亡命した野坂参三らの三六年「日本の共産主義者への手紙」に代表される、日本共産党壊滅後もソ連、コミンテルンに直結した流れがあった。それらが、戦後一九四五年の敗戦で合流し、戦後日本共産党＝第三次共産党が再建される。

この三〇年代後半から戦時中の共産主義の流れは、国内共産党よりも、アメリカ共産党日本人部、中国共産党日本人部と関係する。野坂参三は、一九三四—三八年はアメリカで、四〇年以降は中国で活動する。

当時のアメリカ共産党は、ブラウダー書記長のもとで、民主党ルーズベルト大統領と融和的な政策を採り、最後は四五年にスターリンから「修正主義」と切り捨てられるが、スペイン内戦への国際義勇軍派遣で世界的に貢献し、第二次世界大戦が始まると、連合国軍へ積極的に協力する路線をとる。

これは、コミンテルン第七回大会の反ファシズム統一戦線・人民戦線の延長上にあり、野坂参三もアメリカ共産党日本人部も、これに従う。だから、三五年以降の旧ソ連秘密文書中の日本語文書は、ほとんどアメリカからの日本人共産主義者の報告書や印刷物になる。

「日本の社会主義」という場合、日本国内の社会主義なのか、日本人社会主義者の抱いた思想や実

践的運動なのかが、問題になる。後者なら、アメリカ共産党日本人部は、三〇年代後半以降も活動し、戦時中には、ジョー小出や藤井周而らすぐれた指導者が、対日戦争・日本民主化構想立案で、重要な役割を果たす。二〇世紀日本の社会主義を語るには、アメリカ、ドイツ、中国などでの日本人社会主義者の活動まで、視野を広げる必要がある。

中国の抗日統一戦線の中にいる日本人も、野坂だけではなかった。国民党重慶政府のもとで、鹿地亘や青山和夫（黒田善治）も活躍していた。満鉄調査部には、中西功、石堂清倫らがいた。

一九四四年夏以降、重慶の鹿地と延安の野坂は、アメリカ軍・情報機関の軍事視察団「ディキシー・ミッション」にインタビューを受けた。野坂参三は、一九四〇年に周恩来と一緒にモスクワから中国に入り、中国のいわゆる八路軍解放区、延安を根拠地とした中国共産党の影響力ある地域にいた。

このミッションの記録が、アメリカ国立公文書館にある。「延安レポート」という有名なもので、この中にアメリカ国務省ジョン・エマーソンらによる野坂へのインタビューが数通入っている。蒋介石の国民党重慶政府のもとで抗日国共合作の中にいる鹿地亘もインタビューを受け、野坂は有名な天皇制棚上げ論、支配機構としての天皇制と天皇の半宗教的性格を区別して「天皇制打倒」を掲げない戦後日本構想を、エマーソンらに積極的に話す（山本武利編訳『延安レポート』岩波書店、二〇〇六年、山極潔『米戦時情報局の「延安報告」と日本人民解放同盟』大月書店、二〇〇五年、菊池一隆『日本人反戦兵士と日中戦争』御茶の水書房、二〇〇三年、参照）。

これらは、アメリカでもそれなりに重視され、エマーソンの野坂・鹿地に大山郁夫、河上清ら在米日本人を加えた亡命日本人民政府構想にもつながる。ただし首班に擬された大山郁夫の反対で、実現しなかった。原秀成の日本国憲法制定史研究では、特に「貴族院・枢密院の廃止」では、野坂＝エマーソン・ルートの果たした役割が大きかったという。

## 「四二年テーゼ」の象徴天皇利用説、日本改造計画

こういうさまざまな流れが、最終的にどう日本国憲法にどうつながったかという、最後の話に入ろう。二〇〇一年にようやく全面解禁された、アメリカ戦略情報局（ＯＳＳ）の秘密文書中から私がみつけたのが、「四二年テーゼ」である。一部は新聞発表の後、『世界』二〇〇四年一二月号に「一九四二年六月の米国『日本プラン』と象徴天皇制」として発表し、インターネットのホームページにも入れてある。それをもとに『象徴天皇制の起源』という平凡社新書（二〇〇五年）を書き下ろしたので、詳しくはそれを参照していただきたい。

その「日本計画」準備文書を作成した戦略情報局（ＯＳＳ）調査分析部（ＲＡ）の特徴は、その後継組織である冷戦時代の戦後ＣＩＡとは異なり、「反ファシズム・反日本軍国主義」の力を結集した連合国側の情報機関だったことである。「四二年テーゼ」は、そのＯＳＳ文書の中に入っていた、四二年四月段階での戦後日本の改造計画である。

当時のＯＳＳには、アメリカ中の大学の最も優れた社会科学・人文科学の研究者が、最高時二〇〇〇人も組織されていた。反ファシズムの熱意を持って、リベラル派のニューディーラーはもとより、左派の人々も積極的に協力していた。近代化論のロストウや社会システム論のシルズ＝パーソンズらもいたが、経済分析には、後にノーベル経済学賞を受賞するレオンチェフや、戦後アメリカ・マルク

ス主義を代表するスウィージーとバランも入っていた。ルース・ベネディクト『菊と刀』に連なる人類学者・心理学者も動員に応じた。

対独戦略策定で重要な役割を果たし、戦後ドイツの再建を設計したのは、名著『ビヒモス』のフランツ・ノイマンと、六八年学生運動の教祖となるヘルベルト・マルクーゼ、つまりフランクフルト学派左派の人たちだった。

ちょうど原爆開発のマンハッタン計画に亡命ユダヤ人の自然科学者・物理学者が協力したように、アメリカでは、リベラルな社会科学者や歴史学者・人類学者・心理学者も、反ナチ・反軍国日本の信念にもとづき、進んで反ファシズム戦争に協力した。アメリカ共産党も、もちろん全面的に協力していた。

「三二年テーゼ」を作ったコミンテルン東洋部は、せいぜい五人くらいで、部長のミフは中国革命の専門家だったが、アメリカの「四二年テーゼ」を作ったOSSの調査分析部極東課は、最高時一〇〇人ぐらいで、中国・日本・朝鮮・東南アジアの問題を実証的に研究し、分析していた。日本担当だけで三〇人ほどが、経済・政治・社会・文化・地理等々と分業し、総合的・学際的に研究していた。

たとえば、戦後のGHQで財閥解体を担当し独禁法を作ったエレノア・ハドレーという女性経済学者は、造船業を担当するOSSの日本アナリストだった。その財閥解体があまりにラディカルだったために、ウィロビーの告発とマッカーシズムの中で帰国後「非米活動」とされ、一七年間も公職に就けなかったことを、最近邦訳の出た回想に書いている。戦後日本の労働改革の立役者セオドア・コーエンも、OSSの同僚だった(ハドレー『財閥解体　GHQエコノミストの回想』東洋経済新報社、二〇〇四年）。

そういうふうに、日本資本主義なら領域・産業部門別に専門家を配置し、日本の国家構造については憲法学・行政学・政治学から歴史学者・人類学者・心理学者まで集まって、連合軍が勝利した後の地域別世界戦略を組織的に策定し、その中に、一九四二年以降「日本計画」も幾度も作られ書き直されていった。

## 日本の民主革命の大枠を方向付けた「四二年テーゼ」

その「日本計画」の準備段階で作られたのが、ここで紹介する「四二年テーゼ」である。

結論的に言えば、戦後日本の民主化をスムーズに進めるために、第一に、天皇を軍部と対立させ「象徴」として残し、戦争勝利のためにも、戦後の日本改造のためにも、アメリカが積極的に天皇制を利用するという方向が、開戦当初から明確に出ていた。

第二に、「二度と日本が戦争をおこさない」ようにするため、「真の代表政府をつくる」ことが、戦略目標として出てくる。アメリカ風「自由と民主主義」の移植である。

そのうえで、第三に、戦後日本の「繁栄と自由」を保証するかたちになる。

つまり、立憲君主制民主主義と自由主義的資本主義再建を、開戦後四か月で、対日戦略にしていた。

こうした戦略のためには、天皇のみならず、日本の「急進派」「共和派」や、左翼運動経験者、海外生活体験者、もちろん労働運動も朝鮮人の反乱も奨励し動員する、というものだった。

その戦略を導く日本社会分析は、マルクス主義をも採り入れた、階級・階層分析だった。毛沢東『矛盾論』の発想とよく似ていて、軍部を孤立させるために、人民内部の矛盾をことごとく利用しようとする。

第一に、極端な軍国主義者対ビッグ・ビジネス、第二に、極端な軍国主義者対宮廷グループ、第三に、陸軍対海軍、第四に、陸軍内部の派閥、第五に、労働者対雇用者、第六に、小作人対地主、第七に、官僚制対人民、第八に、遠征軍の兵士と国内に留まっている安全な男たちという「八大矛盾」を抽出し、その亀裂を大きくすることで戦争に勝利する戦略を立てている。

コミンテルンの三六年「手紙」とも似ているが、なまじ「金融資本のテロル独裁」といったファシズムの定義や所有論レベルの階級関係・階級闘争にこだわらないだけ、実践的である。階級よりも階層的・社会的・民族的政治集団、グループわけを重視する。

たとえば軍部に近い鮎川義介の日産財閥は「敵」だが、三井や三菱の幹部でも軍部と離れるなら助けて利用する、という構えである。無論、日本の「共和派」や、朝鮮人、アメリカ西海岸の日系人をも積極的に利用すると書かれている。

## 象徴天皇制はあくまで傀儡としての利用対象

「天皇を平和の象徴として利用する」と四二年六月「日本計画」は明記するが、それは別に、昭和天皇を平和主義者と認め天皇が尊敬できるから残すということではなかった。連合軍の犠牲を少なくするため天皇と軍部を切り離す、大日本帝国憲法では天皇にだけ憲法改正の発議権があるから、日本の国家体制を日本民衆自身の意志の表明として民主主義的な体裁で平和的に変えるには、天皇を連合国側につけるのが一番だ、という理解だった。

逆にいえば、国民から遊離した社会主義者や「天皇制打倒」を掲げ孤立した共産主義者に任せていては、日本の大変革＝革命はできない、まずはトップを自分達の思うようにして、アメリカがリモートコントロールする手法である。この頃の若きエドウィン・ライシャワー（ハーバード大学教授、戦後の駐日アメリカ大使）は、天皇を「傀儡」として残し利用すると、露骨に明言している。ちょうどソ連が、軍事占領下で東欧諸国に、モスクワに亡命していたディミトロフ、ピークら共産党指導者を送り込み、スターリン型社会主義を設計し実現したように、アメリカは、日本の占領を、彼らの設計した「民主革命」の実験場にした。

こうした米国「四二年テーゼ」型の戦略が、戦後の占領改革と日本国憲法の大枠を規定した。そのために、アメリカ共産党や野坂参三の考えも部分的には参照された。ソ連政府も、中国国共合作中の蔣介石も毛沢東も、その基本方向を承知していた。そして、実際、彼等のシミュレーション通りに、日本の「民主主義革命」が進められ、「天皇制民主主義」が誕生する。

詳しくは、『象徴天皇制の起源　アメリカの心理戦「日本計画」』（平凡社新書、二〇〇五年）をお読みいただきたい。なお、本報告の学術版は、「体制変革と情報戦——社会民主党宣言から象徴天皇制まで」として、岩波講座『「帝国」日本の学知』第四巻『メディアのなかの「帝国」』（岩波書店、二〇〇六年）に詳しく述べたので、併せて参照していただきたい。

## 二　戦時米国の「天皇を平和の象徴とする」構想と東アジア

### 1　二〇〇四年の東アジアOSSから情報共有へ

**日韓歴史理解に戦後史を組み込むために**

一九八九年の東欧革命・冷戦崩壊・ソ連解体以降、報告者は、その後の資本主義の新自由主義的グローバル化、湾岸戦争、九・一一以降の再編を含め、アントニオ・グラムシが一九世紀から二〇世紀への転換を「機動戦（街頭戦 War of Manoeuvre）から陣地戦（組織戦 War of Position）へ」ととらえたひそみにならい、現代を「陣地戦から情報戦（言説戦 War of Information）へ」の転換期ととらえ、インターネット上でも主張し実践してきた（加藤『二〇世紀を超えて』花伝社、二〇〇一年）。

情報戦時代の相互理解・対話の出発点は、情報共有である。それが、ラジオ・テレビ・電報からコンピュータや携帯電話のようなハードのうえでも、インターネットや電子メールのようなソフトの面でも飛躍的に発展し、国境を越えた交流が可能になった。

学術研究においても同様である。歴史認識の素材である情報環境は、地球全体で飛躍的に拡張した。

二〇世紀の日韓現代史認識を支えてきた基底的要因として、日本側の脱亜入欧・欧米基準史観と、韓国側の被抑圧民族・冷戦史観をあげることができる。前者は、日本史認識をアジア民衆の側から見る視点を弱めた。後者は、韓国史認識を日本帝国主義の植民地支配と南北分断国家の対抗から見るため、世界史や他のアジア諸国との関係をしばしば副次的なものにする傾向を持った。

そのため、一九四五年以降を直接の対象とする日韓現代史・日韓関係史も、日本の敗戦処理、朝鮮戦争、日韓条約までが主要な論点となり、その後のアジア情勢、とりわけベトナム戦争、日本の世界国家化、韓国のアジア大国化、韓国民主化と冷戦崩壊以降の問題が入りにくかった。

二一世紀の日韓歴史像は、第一に、グローバリズムの中で、共に二〇世紀後半に世界システムの中心に入った両国を前提にしたものとならざるをえない。第二に、両国及び二国間関係を、中国・台湾・朝鮮北部を含む東アジア、東南アジア・南アジアを含むアジア全域のリージョナルな秩序再編の中に位置づけることを、不可避とする。

国際関係論の言葉で言えば、二〇世紀後半に、グローバル秩序の taker から shaker, maker へと急成長した両資本主義国の世界システム的 location の再確認が必要となる。

そのためには、さしあたり、両国にとっての重要な隣国であり、今日の世界秩序変動の中心的要因の一つである中国の問題を射程に入れて、「東アジア」の観点から、より長期の視点で、現代史を見直していく必要がある。そのさい、「北朝鮮」問題が、中日韓三国のいずれにとっても厄介な問題を孕むが、朝鮮半島の南北分裂・朝鮮戦争の問題をも、日韓関係に限定せず、東アジア全域と世界史の中に置き直すことが重要であろう。

## 東アジア共同体の基礎となる情報共有と相互理解

そうした「東アジア」の視点からは、政府レベル、企業レベル、市民レベルで、さまざまなかたちでの構想がたてられ、経済・政治外交・安全保障・文化の全領域で具体的に進行しつつある。

ここでは、二一世紀に関わる問題として、OSS（Open Source Software）の問題をとりあげよう。アジアカップ・サッカー試合をめぐって、日本の首相の靖国神社参拝等を背景とした日中両国民の感情的対立が伝えられた直前、二〇〇四年七月二二日の中国「人民網」日本語版は、以下のように伝えた。

中日韓OSS共同開発へ　二三日に連盟設立

中国、日本、韓国の三カ国が「公開型コンピューター基本ソフト（オープンソースソフトウェア＝OSS）協力覚書」に調印して以来、中国側は三カ国によるOSS共同開発協力を実質的に進めてきた。情報産業部は二三日に「中国OSS推進連盟」の設立を宣言する。

この連盟は情報産業部の主導で、国内外OSSメーカーで企業連盟を結成する。主な目的は三カ国によるOSS共同開発協力で企業の橋渡しをすることだ。すでに日本と韓国は類似の連盟を設けている。

「OSS協力覚書」によると、三カ国はOSSの開発で全世界的に広く協力することが求められ、既存のOSSである「リナックス」を開発協力の起点とする。中日韓三カ国は必要な措置を取ることで、OSSの研究開発、実用化、普及、応用の分野で交流と協力を強め、共同で難問を解決し、研究成果を共有することで互いに利益を受け、共に発展していくことを目指す。

これは、短期的には、世界で進行するアメリカ中心のグローバル化――OSの世界ではウィンドウズ標準化――に対抗して、発展途上の巨大IT市場である中国をも含めて、グローバルなオープンソース・システムであるリナックスをベースにした共同ソフト開発を進める「東アジア」経済統合の基盤づくりが始まったことを示す。中日韓の情報共有・経済協力・文化交流の土台が作られ、感情的対立の垣根と緊張を低レベル化する試みである。

長期的にみれば、イエール大のイマニュエル・ウォーラーステインが主張するように、中日韓三国は、二一世紀の世界システムの重要なエンジンになり、拡大EUを発足したヨーロッパと共に、米国中心の世界秩序への経済的対抗軸になりうることを示している。

もとより、ウォーラーステインも触れているように、政治的・軍事的には三国間の歴史的関係及び中国・朝鮮半島の分裂に由来する困難があり、対米関係――三国とも米国を重要なパートナーとする――、東南アジア・南アジアとの関係、地球的規模のシステム再編にどのように対処するかという課題をも抱えているのであるが（イマニュエル・ウォーラーステイン「世界の多極化が現実に」『日本経済新聞』二〇〇四年八月一一日）。

## 2　新資料公開と情報共有による歴史の見直し

## 旧ソ連秘密資料に見る日本人、韓国人犠牲者のリスト

情報共有にもとづく二一世紀の日韓歴史像の変容を促すもうひとつの要因は、歴史研究に固有な、史資料との関係である。

一九八九年の冷戦終焉、九一年のソ連崩壊は、日韓現代史研究の史資料的条件を、飛躍的に発展させた。

たとえば旧ソ連の崩壊により、朝鮮半島の分断、朝鮮戦争に大きな意味を持った旧ソ連の国家的・党的諸文書が、ロシア政府により公開された。それは、今日では、中国共産党や日本共産党のモスクワ所蔵文書が資料集として公刊され、二〇〇四年八月から「コミンテルン・エレクトリック・アーカイフ」というインターネット上の巨大なデータベースの公開が始まり、旧ソ連の国内資料にとどまらず、外交資料や国際共産主義資料も含め、新たな研究が可能になってきた（http://www.komintern-online.ru/）。

例えば筆者は、一九三六―三九年のいわゆるスターリン粛清により、当時ソ連に在住した約一〇〇人の日本人共産主義者・労働者が、無実の罪で「日本のスパイ」の汚名の元に銃殺・強制収容所送りとなった史実を探求し公表してきた（加藤『モスクワで粛清された日本人』青木書店、一九九四年、『国境を越えるユートピア』平凡社、二〇〇二年）。

その同じ時期に、旧ソ連に在住した朝鮮人一七万人以上が中央アジアに強制移住されたばかりでなく、二〇〇〇人以上が政治的に粛清された事実が明るみになった（『ハンギョレ新聞』二〇〇〇年一月一七日によると、「一九二四―一九三八年の間に銃殺された高麗人名簿には当時粛清されたと推定

される高麗人二五〇〇名余のうち一〇〇〇名余の名簿が入っている」)。

かつて日本人粛清犠牲者をロシア公文書館で調べた経験から言えば、日本人最高指導者野坂参三夫人野坂龍を含む多くの日本人が、朝鮮人名で逮捕・粛清されており、朝鮮人でも日本人名で記録に残されている可能性が強い。また、敗戦時のシベリア抑留、旧満州・中国北部、サハリンでの朝鮮人の運命等々も、これら旧ソ連の資料公開で、具体的に研究可能になっている。

## 朝鮮戦争の起源も米ソ新資料から書き換えられた

東西冷戦期の最初の熱戦である朝鮮戦争についても、旧ソ連の資料公開と、中国側資料の部分的公開によって、新たな研究が可能になった。

第一に、朝鮮戦争が、朝鮮の分断国家発足・中国革命を受けての、スターリンによる「アジア・コミンフォルム」構想と関係があったこと、しかしそれは、ヨーロッパ情勢(中東欧「人民民主主義」の共産党独裁への転換、コミンフォルム・コメコン・ワルシャワ条約機構によるソ連中心の「社会主義世界体制」結成)に従属したものであった。

第二に、一九四九年末から五〇年初めに、毛沢東・周恩来・金日成・朴憲永・ホーチミンらアジアの共産党最高指導者がモスクワに滞在し、日本共産党の野坂路線=「占領下平和革命」がコミンフォルム名で突如批判されたもとで、アジアにおける民族解放闘争方針が個別にスターリン=ソ連当局と話し合われた結果であった。

第三に、しかしスターリンも毛沢東・周恩来も、金日成の南進方針に積極的であったわけではなく、とりわけ中国共産党指導部内では、朝鮮戦争についての大きな論争・対立があった（日本語では、V・マストニー『冷戦とは何だったのか』柏書房、二〇〇〇年、トルクノフ『朝鮮戦争の謎と真実』草思社、二〇〇二年、朱建永『毛沢東の朝鮮戦争』岩波書店、一九九一年、和田春樹『朝鮮戦争全史』岩波書店、二〇〇二年、など）。

朝鮮戦争の他方の主役である米国についても、わが国ではブルース・カミングスの大著『朝鮮戦争の起源』の翻訳後（シアレヒム社、一九八九年）、米国国立公文書館所蔵の米軍捕獲北朝鮮文書を用いた萩原遼『朝鮮戦争――金日成とマッカーサーの陰謀』文藝春秋、一九九三年）などが現れた。韓国でも、同資料を用いた朴明林『韓国戦争の勃発と起源』が一九九六年に刊行されたという。

現代史についての認識は、認識主体である観察者のおかれたlocationの変化によってのみならず、隠匿ないし忘れ去られていた史資料の公開・発掘によっても、たえず更新される。朝鮮戦争以降の日韓条約やベトナム戦争、両国の経済発展についても、国内外での資料公開・発掘と研究深化にもとづく「対話」が、歴史像刷新に不可欠となるであろう。

## 3　米国OSS（戦略情報局）資料全面公開の意味

### 米国国立公文書館OSS資料の意義

世界史的に見れば、現代史の出発点である第二次世界戦争についても、ようやく本格的な研究の史資料的条件が整ってきた。

「ファシズム対民主主義」とされた第二次世界戦争についての米国戦時機密資料は、一九九八年一〇月、民主党クリントン政権下で「ナチス戦争犯罪情報公開法」が成立し、一九九九年一月に省庁間作業部会が設置されて以来、二〇〇〇年五月までに約一五〇〇万ページ分がそれまでの機密指定を解除された。最終的には一〇〇〇万ページ以上が、機密指定を解除され、公開される見通しである。

これに準じて、二〇〇〇年一二月二七日にクリントン大統領が署名した「日本帝国政府情報公開法」(二〇〇一年三月二七日発効)により、これまで米国国防総省、国務省、CIA、国立公文書館などで機密指定となっていた日本との戦争・戦争犯罪に関するすべての資料(一九三一年九月一八日から一九四八年一二月三一日まで)が再調査され、リストを作成し、機密解除を勧告し、米国国立公文書館で閲覧できるようになった。二〇〇二年三月の米国議会への報告によると、二〇〇〇万ページにのぼる日米関係資料が再調査され(未調査は約一二〇〇万ページ)、うち約八万ページが関連する資料と認定されて、そのうち一万八〇〇〇ページ分がすでに機密解除された。関連する資料は、最終的には二〇万ページに及ぶと推定されている(林博史「日本は過去を克服できるか――戦争責任と補償問題」『日本の科学者』二〇〇二年八月)。

これら新公開資料の中でも重要な位置を占めるのが、米国CIAの前身であり、米国の第二次世界戦争遂行において極めて重要な役割を果たした、戦略情報局OSS(Office of Strategic Service、一九四一―四五年)関係資料の全面公開である。

OSS資料は、二〇世紀にも、いくつかの段階を経て膨大な記録が公開されてきたが、今回のナチス戦争犯罪情報公開法により、二〇〇〇年六月に約一二〇万ページが公開された。つまり、今回の機密解除による新規公開資料の八〇％が、ＯＳＳ資料である。

そこには、中国での日本軍・特務機関関係の資料が多く含まれており、特に日本軍の戦争犯罪や対日協力者関係の資料が多い。

陸軍参謀部の組織・個人情報ファイルはすでに約八〇〇〇件が公開されていたが、二〇〇一年一一月にさらに約一四〇〇件がまとめて公開された。この中には辻政信、岸信介、石井四郎、児玉誉士夫といった戦犯（容疑者）の個人情報が含まれているほかに、ナチスの各種組織や個人、日本の軍人や政治家、戦争犯罪人（容疑者含む）、世界各地の共産主義者個人や組織などについての情報もあり、一九四〇年代から一九六〇年代の研究にとって貴重な資料の宝庫である（林、前掲論文）。

戦時中の対日本兵士宣伝や特殊工作関係資料も数多く含まれている（ローレンス・マクドナルド「アメリカ国立公文書館のＯＳＳ資料ガイド」『インテリジェンス』創刊号、二〇〇二年三月）。

## ＯＳＳ研究分析部（ＲＡ）資料は現代史研究の宝庫

こうしたＯＳＳの公開資料を用いて、わが国でも、ジャーナリストで共同通信ワシントン支局長であった春名幹男『秘密のファイル』（共同通信社、二〇〇〇年）、早稲田大学教授山本武利『ブラック・プロパガンダ』（岩波書店、二〇〇二年）のような研究が、すでに公刊されている。報告者も関わり、紀伊国屋書店から不定期に発行されている雑誌『インテリジェンス』は、占領期ＧＨＱによる雑誌言論検閲資料（プランゲ文庫）と共に、これらＯＳＳ日本関係資料の紹介と分析を、大きな柱としている。

だが、ＯＳＳは、これまでもっぱら諜報組織ＣＩＡの前身として紹介されてきたため、他国への政治宣伝や秘密工作、政権転覆陰謀・クーデタ等との関わりで語られることが多く（日本語では長く「戦時諜報局」と訳されてきた）、外交史や国際関係史では国務省の公開外交文書にもとづく「正史」が、研究上では重要とみなされてきた。ＯＳＳ資料に機密指定が多く、生存する具体的な個人名等を多数含むために未公開だったことにも起因するが、とりわけ冷戦時代には、ＯＳＳ資料は歴史研究のベースに据えられることは少なく、第二次世界戦争と戦後日本史・韓国史の研究では、ほとんど無視されてきた。

本拠地米国でも同様で、ＯＳＳの指導者ドノヴァンの研究や、ＣＩＡの特殊工作に連なる宣伝・秘密活動に関わる研究が多く、その全容を学術的に研究する機縁となったのは、創立五〇周年にあたる一九九一年七月のワシントン国立公文書館（National Archives and Records Administration,NARA）公開シンポジウム「秘密の戦争（The Secrets War: The Office of strategic Service in World War II）」以降のこととされる（前掲マクドナルド論文、及び G.C.Chalou ed., *The Secret War*, NARA 2002）。

このシンポジウムで特筆すべきは、ＯＳＳに直接組み込まれ、その経験を戦後に理論化してアメリカのみならず世界の学界に大きな影響を及ぼした、歴史家アーサー・シュレジンジェー二世や経済学者ウォルト・ロストウらが出席し、戦時ＯＳＳの戦後学術発展における意義を証言し強調したことであった。

それは、ＯＳＳの膨大な機構の中では、戦後ＣＩＡに受け継がれた政治工作・宣伝部門（秘密工作部ＳＯ、秘密諜報部ＳＩやモラール工作隊ＭＯ）ではなく、当時の世界全域の戦略的分析と政策提言に重要な役割を果たし、一九四五年解散後は主に国務省各地域部局に受け継がれた「調査分析部

(Research and Analysis Branch, R & A＝RA)」に注目することであった。

RAの研究者組織には、当時のハーバード大学歴史学部長ウィリアム・ランガーを中心に、全米の最高の頭脳九〇〇人が集められた。ランガーをはじめ政治史・外交史の歴史学者は特に重用され、戦後アメリカ歴史学会の会長八人がOSS＝RA出身であった。経済学でもソ連課で経済分析を担当したレオンチェフがノーベル経済学賞を受けるのをはじめ、五人の全米経済学会会長を輩出した。

歴史学・人類学・地理学、経済学・政治学・社会学から美術史にいたる学際的研究がRAの特徴で、そこからレオンチェフの産業連関分析やロストウの近代化論、スチュアート・ヒューズの社会思想史やシルズの社会学が生まれた。当時の各学会重鎮のリーダーシップのもとに、全米から助教授・講師や博士論文を書いたばかりの若手の最優秀な研究者が集められた。

ランガーはRAの任務を戦争における「客観的可能性の研究」と規定し、アナリストの政治的・方法的立場は問わなかった。

FBIは後にそれを問題にし、フェアバンクらに対するマッカーシズムの遠因になるが、ロストウと一緒にマルキストのスウィージーやバランが世界経済分析を担当し、ナチス・ドイツから亡命したアドルノ、ホルクハイマー、ノイマン、マルクーゼらフランクフルト学派マルキスト、演劇のブレヒトらもドノヴァン機関は進んで登用し、アメリカ人アナリストと自由に議論させた。

それは、米国アカデミズムの「総力戦体制」であり、戦後米国のいわゆる地域研究(Area Studies)の起源も、このOSS＝RAを重要な出発点とする。

## 4　F・ノイマンとH・マルクーゼが核となったOSS＝RAの対独戦後計画

### 長く隠されてきたOSS＝RA文書の歴史的意義

このOSS＝RAにスポットを当てた米国での初めての研究は、一九八九年にハーバード大学出版会から公刊された社会思想史家 Barry M.Katz, *Foreign Intelligence: Research and Analysis in the Office of Strategic Services 1942-45* であった。

彼は、一九六〇年代の世界学生運動でイデオロギー的に教祖的役割を果たしたヘルベルト・マルクーゼ「一次元的人間」の思想史的根拠を探るなかで、戦前米国に亡命したユダヤ系ドイツ人学者たちが、実は、アインシュタイン他自然科学者が原爆作成のマンハッタン計画で中核的役割を果たしただけではなく、『ビヒモス』のフランツ・ノイマン、マルクーゼを含むフランクフルト学派マルクス主義者・社会科学者たちが米国OSS＝RAの対独戦略策定に深くコミットし、戦後ニュルンベルグ裁判の法理（「平和に対する罪」）の哲学的根拠づけまで引き受けていたことを見出したのであった。

ノイマン、マルクーゼとも多くの書物が邦訳されているが、彼らとOSSの関係を示唆する解説はほとんどなく、わずかに、ノイマン死後の書物『政治権力と人間の自由』（河出書房新社、一九七一年）に付されたマルクーゼの追悼序文に、その一端がうかがわれるだけである。それも、マルクーゼ自身は、OSSと無縁であったがごとくに。

OSS及びその後に国務省に勤務した時期（一九四二～四六年）に、ノイマンはドイツの発展の分析と予想に、『ビヒモス』でえた洞察を適用した。彼がその努力の大部分を傾倒したのは、ワイマール共和国の失敗の二の舞をしないようなドイツの民主化計画だった。すなわち彼は、脱ナチ化が有効であるためには、ナチ党員の追放とナチ法の廃棄以上のことがなければならないということ、すなわち、ドイツの大工業の反民主主義的政策の経済的基礎を根絶やしにすることでドイツ・ファシズムの根元に痛撃を加えねばならない、ということを立証しようとした。ノイマンは、この目的を達成しようとした努力が失敗したことを悟ったが、ドイツの民主主義勢力を強化するための努力を続けた。ベルリン自由大学とのアメリカの連絡員として、彼は同大学の発展に大きな貢献を果たし、ベルリン政治学研究所の設立に尽力した。彼はドイツの労働組合や社会民主党との接触を回復し、政治状況に対する助言を与えた（邦訳二頁）。

筆者は、戦時OSSに、その対日MO（モラール工作、ブラック・プロパガンダ）で中心的役割を果たした在米日本人ジョー小出（本名鵜飼宣道、デンバー大学卒、一九三〇年代の野坂参三による対日反戦活動『国際通信』の実質的編集者、戦時戦後の同志社総長・初代ICU学長湯浅八郎義弟、元東大教授・ICU学長鵜飼信成実兄、C・ライト・ミルズ『パワー・エリート』邦訳下訳者）の天皇制論の探求によって、キャッツのいうRAの重要性に近づいた。なお、キャッツの研究を日本で詳しく紹介し、九・一一以後の情報戦の中でその歴史的意義を説いているのは、京都大学教授の保守的論客で日本核武装論者である中西輝政である（http://blog.livedoor.jp/strategy001/）。

しかし、米国の戦時戦略策定において、その枠組みと基本的方向付けに決定的役割を果たしたOSS＝RAについて、そのアジア戦略についての研究は、報告者の知る限り、ほとんどない。それを担当したRA極東課及びその担い手も、ほとんど知られていない。

## 五百旗頭真『米国の日本占領政策』の意義と限界

これまでの米国の戦時・戦後アジア戦略の研究は、対日政策・朝鮮政策について、米国国務省の公式記録集（FRUS）にもとづくものが、ほとんどであった。

例えば、日本で米国対日政策形成研究の定説的位置を占める五百旗頭真『米国の日本占領政策』上下（中央公論社、一九八五年）は、第二次世界大戦期の米国の戦時対外政策が、国務省ばかりでなく陸・海軍、戦時貿易省、さらには大統領補佐官ハリー・ホプキンスやOSSドノヴァンらの多角的ルートで起案され、ルーズベルト大統領の決定がなされてきたことを述べた。

しかし、対日政策については、国務省の第二次諮問委員会・特別調査部（SR、一九四一年二月発足、四二年末で七一名、内学者二七名）の極東班六名（班長クラーク大ブレイクスリー、コロンビア大ボートン、スタンフォード大マスランドら）が、一九四二年一〇月から四三年六月にかけて行った対日方針策定に焦点をあわせ、主として「徳川時代の百姓一揆」で博士号をえた知日派ヒュー・ボートン→ブレイクスリー→バランタイン、グルーら穏健派外交官の「自由主義的改革に天皇制のマントを着せる」方向が戦後日本構想の基調となったとみなしている。

その後の占領改革の実際から見ると、こうした方向が占領政策につながったのはその通りであるが、これは、第一に国務省の政策立案が本当にルーズベルト政権の対日政策の柱であったかどうか（今日のイラク戦争でもわかるように、国務省は大統領制であるアメリカの対外政策決定で、外交政策を独占しているわけではない）、第二に六名（途中交代があり四五年まで九名）の専門家による極東班調査（中国・朝鮮政策も含む！）がどれだけ戦時政策に有効で影響力をもったのかは、改めて問われて良い。

ましてや六人しか専門家のいない国務省極東担当（「三二年テーゼ」を作ったコミンテルン極東部程度！）の分析で、日本専門家ボートンが朝鮮政策をも起案したことから「戦争に責任のあった日本が敵国にグルーをはじめとする知日派の存在を得た好運」「朝鮮国民がワシントンに理解者や代弁者を持ちえなかった不幸」を語るのは（上巻、二四四頁）、いかにNARAの国務省第一次資料を読み込んだ初めての本格的研究としても、暴論である。以下に詳述するが、OSS＝RAは、全世界を全米から集めた最優秀の専門家九〇〇人で分析し、極東課だけで数十人が（日本経済分析なら各産業毎の緻密さで）所属し、無論「朝鮮」担当も置いていた。

## ようやく始まった東アジア現代史の起源の研究

朝鮮についてのブルース・カミングス『朝鮮戦争の起源』や、宮崎章「アメリカの対朝鮮政策 一九四一―四五年」（立教大学『史苑』四一巻二号、一九八一年）を先駆とする日本における米国の朝鮮政策研究も、もっぱら公開国務省資料に依っている点では、不満が残る。

中国については、ようやく画期的な博士論文 Maochun Yu, *OSS in China: Prelude to Cold War*, Yale

UP 1997が現れたが、韓国でＯＳＳ（特にＲＡ）の対朝鮮政策を検討した研究が現れているかどうか、ぜひ知りたいところである。

後述するように、ＯＳＳの前身であるＣＯＩ（情報調整局）の一九四二年六月「日本計画」には、すでに「天皇を平和の象徴として利用する」戦略が明示されていた。

わが国でこれを扱った山極晃・中村政則編『資料日本占領1　天皇制』（大月書店、一九九〇年）の収録米国側資料も、国務省一九四二年一一月一九日付け「ホーンバックの極東課宛覚書」に始まる国務省中心であり、ＯＳＳ＝ＲＡ資料は四四年七月二八日の「皇居を爆撃すべきか」以下四四年以降の三本が入っているのみである。

中村教授の『象徴天皇制への道』（岩波新書、一九八九年）は、ＣＯＩからＯＳＳ発足時に分離されたホワイト・プロパガンダ機関ＯＷＩ（戦時情報局）のラインバーガー文書等を参照しているが、キャッツが詳しく論じた欧州戦線の事例に照らすと、アジア戦線でも、国務省やＯＷＩの活動の認識枠組みや基本的方向付けは、ＯＳＳ＝ＲＡで起案されたものの具体化と考えられる。

## 5　ＯＳＳ＝ＲＡ極東課と一九四二年六月「日本計画」

### ＯＳＳ「ドノヴァン長官文書」にも日本、朝鮮関係文書

とはいっても、ワシントン郊外の国立公文書館（ＮＡＲＡⅡ）まででかけても、ＯＳＳ文書は膨大すぎて、全貌を把握するのは困難である。ＯＳＳ資料中心と特定できるＲＧ二二六自体が、膨大な未

整理資料を無数のボックスに収めた巨大な山脈で、年代別にも地域別・問題別にも整理されていない。インターネットで「OSS」と検索すると、冒頭で述べたOpen Source Software関連が圧倒的であり、NARAの資料索引でボックスに辿り着いても、そこに極東課関係資料があるかどうかは、開けてみなければわからない。

ある程度整理され索引が付いているのは、マイクロフィルム一三六リールに収められた「ドノヴァン長官文書」一万八〇〇〇ファイルであるが、一九九〇年に作られたその資料集は、日本では一橋大学図書館と早稲田大学政経学部、国会図書館憲政資料室だけが所蔵し、そのFinding Aidは一〇〇〇頁以上で、「極東」「日本」「朝鮮」のキーワードだけで数十リールの数百ファイルを探索しなければならない。

したがって以下に述べるのは、二〇〇二年・〇三年の夏に別の研究目的でNARAを訪問した際、合間をぬって集めたOSS関係文書と、帰国後一週間で「ドノヴァン文書」を試験的にチェックしてみつけた日本・朝鮮関係資料から引きだされる、暫定的試論であり、資料紹介である。

メディア研究の山本武利教授が、二年間のメリーランド大学留学とその後の頻繁な渡米で、ようやくMO文書中の対日ブラック・プロパガンダや米軍訪中団ディキシー・ミッション報告書(「延安レポート」)の構造を明らかにしえたように、日本の歴史学者が、それ自体を目的としてNARAに長期に滞在し、資料を系統的に収集・整理・分析することが望まれる。

## 象徴天皇制の起源となる一九四二年六月「日本計画」

今回紹介する資料の第一は、一九四二年六月一三日のOSS正式発足直前に作成された、COI(一九四一年七月一一日発足)の一九四二年六月三日付「日本計画」最終案、ダイジェスト三頁、本文三二頁である。スティムソンの陸軍省(War Department)心理戦共同委員会議長ソルバート大佐からドノヴァンCOI長官への書簡付き報告書である。

そこではまず、四つの政策目的を明快に示す。

(一)日本の軍事作戦に介入し日本のモラルを傷つける、
(二)日本の戦争努力を弱めスローダウンさせる、
(三)日本軍部の信用を落とし打倒する、
(四)日本をその同盟国や中立国から引き裂く、

その目的達成のための一般宣伝目標、特殊宣伝目標、作戦技術等が全面的に展開される。日本や韓国の研究者にとって重要なのは、そのダイジェスト版の「特殊な宣伝目標」に挙げられた、以下のような点であろう。

(b)特殊な条件を除き、日本への非難が日本の天皇の非難に立ち入ることを厳密に避けること、
(d)日本の天皇を(注意深く名前を挙げずに)平和のシンボルとして利用すること、
(e)今日の軍部の政府に正統性がなく独断的であること、この政府がきまぐれに、天皇と皇室を

含む日本のすべてを危険にさらした事実を指摘すること、
(g) 我々が勝利した場合も、日本に戦後の繁栄と幸福を約束すること、
(h) 連合軍によって、アジアは軽視されておらず、我々の戦争目的［大西洋憲章］はアジアに適用され、国務次官が述べたように「帝国主義の時代は終わった」ということを示すこと、
(i) アメリカ、イギリス、オランダがアジアに残した記録は恥ずべき事ではないこと、フィリピンは連合軍に忠実であり、蒋介石司令官が述べたように、朝鮮にはガンジーがいないことを示すこと。

以下の、「特別の慎重に扱うべき示唆点」も、気になるところである。

(Ⅱ) 天皇崇拝であっても、神道、宗教問題等は現在すべて避けるべきである、
(Ⅲ) 天皇についての、慎重なしかし粘り強い（ヒロヒトを名指さない）言及は奨励される、
(Ⅴ) 国内でも国外でも、アジアにおいて人種戦争を始めようとする日本の企てに機先を制するために、人種問題をすべての宣伝戦線でとりあげ戦うことは、緊要とみなされる、

以下、三二頁に及ぶこれらの点での詳細な展開について、歴史学的に慎重な検討が必要になる。総じて、連合軍を帝国主義時代を脱しアジア諸民族を解放する「文明」として、日本軍を「文明からの逸脱」として描き、「象徴」天皇・民衆と軍部の間にくさびをうち軍部を孤立させようとする方向は明確である。朝鮮人や海外在住日本人は、国内急進派・知識人と共に「マイノリティ」として「潜在

的に友好的なグループ」とされている。

この日米開戦半年後の文書が、「天皇を平和の象徴として利用する」ことを明記したきわめて早い時期の公式文書であることは、これまでの中村政則氏の研究等から明らかと思われるが、OSS文書は、まだ研究上の未開拓領域であるから、さらに重要な文書がみつかる可能性がある。

## 「日本計画」を起草したOSS＝RA極東課

また、ノイマンやマルクーゼが重要な役割を果たした、OSS＝RA＝CES（中欧課）の対欧政策では、ドイツの戦後構想が機軸的役割を果たすのに対して、アジア戦線を扱う極東課では、この間発掘したいくつかの機構図・人員表からして、中国政策が主要な軸であり、対日政策はそれに従属し、朝鮮政策は中国政策にあわせて立てられている可能性が強い（OSSの対中政策関係の資料は対日・対朝鮮政策以上に膨大であり、*Maochun Yu, OSS in China* もワシントンRA関係の分析は少なく、中国現地での米英ソ・毛蒋の秘密活動を扱う、この点は、旧ソ連・コミンテルンのアジア政策においても、中国革命論が機軸で日本革命や朝鮮独立が副次的に扱われているのと似ている）。

さらに、これまでNARAで発掘し得たOSS＝RA「極東課」資料を見る限り、キャッツが欧州戦線のOSS記録から見出した「亡命者・現地人の活用」が、アジアでは「手足」である諜報活動やモラル工作の実行部隊レベルが大半で（ジョー小出＝鵜飼宣道はその対日作戦の中心的指導者・理論家）、アジア社会の構造や歴史を考察する「頭脳」である調査分析部（RA）スタッフには、アジア人名がほとんどみられない。

わずかに、戦後の一九四六年一月RA極東課人員が国務省極東課に移管されるさいの記録に、日本政治研究アナリストとしてヤナガ・チトセ（戦後カリフォルニア大学バークレー校教授）と「サカウエ・ムネオ」（坂井米夫？）の名前、日本経済アナリストとしてロバート・サトウ、ジャネット・ヤスノブという二世らしい名前があるのみである。

なお、この一九四六年一月極東課リストは、日本の敗戦でOSS＝RAスタッフの多くが現地の占領政策担当機関に配置替えされて後の国内残留組の国務省転属リストであり、そのスタッフは一九四三―四五年期にはこれ以上の人員で（つまり中国・日本とも三〇人以上、朝鮮でも五人以上）、中国政策が優先され、朝鮮はその中に組み込まれていたことが確認できる。亡命者・アジア人がRAに少ないのは、戦時中の在米日本人強制収容と同じように、枢軸国でも在米ドイツ人・イタリア人と在米アジア人を区別するアメリカ側の人種序列が、自ずと現れたものかもしれない。

この一九四二年六月「日本計画」立案を直接に担当したのは、誰であろうか。

ソルバート大佐は、ドノヴァンに対し、シェーウッド、ヘイドン、リーマー、マッカイというCOIボード・クラスの名前をドノヴァン配下の協力者として名前を挙げたが、そこには日本専門家の名はない。

発足当初のCOI＝OSS＝RA「極東課」について詳しい回想を残しているのは、ハーバード大歴史学部からランガーと一緒にCOIに移った中国研究者ジョン・K・フェアバンク博士である（『中国回想録』みすず書房、一九九四年）。

フェアバンクは、四二年八月にはOSS重慶滞在員として中国に派遣されるが、「日本計画」については記していない。初期の極東専門家として、フィリピン副提督の経験を持つミシガン大学政治学部長ヘイドン、初代極東課長でミシガン大中国経済学者C・リーマー、それに中国担当の自分と日本担当のファーズの四人の名を挙げ、自分の前任の重慶駐在OSS代表としてエッソン・ゲイル博士がおり、四二年六月のOSSへの転換までには、極東課は二〇人の課員と七人の非常勤顧問を擁するようになり、内八人が中国を担当していたという。

Maochun Yu, *OSS in China* で補足すると、この頃ドノヴァン＝ランガーは、重慶駐在のゲイルを通じて、国務省の駐重慶ガウス大使を通さず、英国工作機関SOE、蒋介石側近の戴笠 Tai Li 機関、米軍の軍事顧問陸軍スティルウェル、空軍シェノーらとの提携を模索していた。そのためにワシントンでは中国戦線での「ドラゴン計画」を作成中で、四二年六月までに立案し、それを八月にヘイドンとゲイルの後任駐在代表となるフェアバンクが重慶に持っていくという。「日本計画」にはふれていないが、後述の朝鮮人を諜報活動に動員する「オリビア計画」は、対中国「ドラゴン計画」の一環であったという。

ただし Yu は「ドラゴン計画」の内容には触れていない。一九四二年七月九日付OSS「日本計画」文書に「ドラゴン計画（Dragon Project）」とあるので、「日本計画」自体の「ドラゴン計画」への格上げ、ないし対中「ドラゴン計画」への挿入・組み込みも考えられる。

これらから、「日本計画」立案の中心は、当時のRA日本担当の中心チャールズ・B・ファーズと考えられる。

## 戦後日米関係の仕掛け人チャールズ・B．ファーズ

ファーズは、OSS改編時にRA極東課でリーマーの補佐であり、四三年には極東課長になる（戦後ロックフェラー財団で日米文化交流の組織者、在日米国大使館文化アタッシュ）。ファーズは、国務省のボートンや陸軍のライシャワーと同期に日本の大学で日本研究の訓練を受け、また輝かしい学歴を持つ、当時の最優秀の日本政治研究者であった。一九四〇年に『日本の政府』という書物をIPR（太平洋調査会）から出版しており、学生時代にはマルクス主義も学び、日本の歴史についてはE・H・ノーマン『日本における近代国家の成立』に依拠している（吉田右子「チャールズ・B・ファーズの生涯」『藤野幸雄先生古稀記念論文集：図書館情報学の創造的再構築』勉誠出版、二〇〇一年、ファーズの北大スラブ研究所設立への関与は、岩間徹「ファーズ博士のこと」『スラブ研究』二〇号、一九七五年）。

しかし、ファーズの博士論文は「日本の貴族院」であったが、処女作『日本の政府』は、不思議なことに、今日風に言えば、日本政府の経済運営を政治経済学的に論じた書物で、天皇制分析は全くでてこない。ファーズ一人の力で、「日本計画」の原案を策定したとは思われない。

COIのOSSへの改組時点であり、まだランガーら大御所的研究者を中心としたBoard of Analysisが若手研究者の組織化を進めている時点であることを考えると、「日本計画」に顧問的役割で影響を与えた、二人の日本研究者が考えられる。

その一人は、ボードの若手で中欧課長、戦後はCIA調査課長となるイエールのシャーマン・ケントの歴史学の師であり同僚であった、朝河貫一の日本政治論・天皇論の影響である。当時イエール大

学定年の年であった朝河貫一は、ケントに歴史学を講義し、家族ぐるみでつきあっていた。朝河貫一が、一九四一年一二月の日本開戦時にルーズベルト大統領の天皇宛親書の下書きを書いたこと、それが真珠湾攻撃による開戦後に日本側に届いたことは、良く知られているが（阿部善雄『最期の日本人』岩波書店、二〇〇四年、朝河貫一書簡編集委員会『幻の米国大統領親書——歴史家朝河貫一の人物と思想』北樹出版、一九八九年）、そのルーズベルト親書が「日本計画」の九頁に出てくる。この頃のケント宛朝河書簡も発見されている。

浅野豊美教授や矢吹晋教授の追いかけている朝河貫一とシャーマン・ケントの関係が、この「日本計画」に反映された可能性がある。無論、ハーバード大学歴史学部長だったRA部長ランガーにとっても、米国歴史学界で信頼しうる最高の日本研究者として、朝河貫一に協力を求めた可能性は強い。

もうひとつ、ファーズの書物では、日本政治の立憲的性格は、ノースウェスタン大学コールグローブ教授の研究で基礎づけられている。ファーズは学部・院ともノースウェスタン大学出身で、コールグローブの愛弟子だった。コールグローブ教授は、一九四三—四五年にOSSの日本問題顧問であったが、初期からファーズに助言していた可能性がある。「日本計画」に見られる立憲政治的天皇論は、東大で美濃部達吉に学び、蝋山政道と親しく交わったコールグローブの大日本帝国憲法論をもとにしている。

この場合、コールグローブの庇護の元でノースウェスタン大学に滞在していた大山郁夫も、間接的にOSSの日本認識に影響を持ち、それは、戦後日本国憲法制定時にコールグローブがマッカーサーの政治顧問になることにより継続されたと考えられる（ノースウェスタン大コールグローブ・ペーパーズ、塩崎弘明『国際新秩序を求めて』第九章、九州大学出版会、一九九八年)。
こうした具体的立案過程の検討・確定は、今後の課題で。加藤『象徴天皇制の起源』(平凡社新書、二〇〇五年)に、現時点でわかる範囲で書いておいた。

## 6 「朝鮮にガンジーはいない」と対朝鮮「オリビア計画」

### 朝鮮についての「オリビア計画」

「日本計画」ダイジェスト版には、朝鮮政策はほとんどでてこない。唯一の言及である「蒋介石司令官によれば、朝鮮にはガンジーはいない」は、当時の在重慶朝鮮臨時政府を、中国国民政府の蒋介石は承認しようとしながら、米国は最後まで承認せず、象徴的指導者不在で解放運動が四分五裂している状況を示唆するものとも、日本向け宣伝であることを考えれば、朝鮮人はガンジーのような非暴力不服従運動ではなく武装反乱で日本から独立するだろうという警告のようにも読める。

本文一三頁にあるこの言葉の解説でも、米国側の真意ははっきりしない。ちょうど一九四二年二月、蒋介石がルーズベルトの支援を受け、チャーチルに妨害されながらも秘かにインドを訪問し、ガンジーと民族自決の声明を発した直後のことである。

良く知られているように、ルーズベルトの第二次世界大戦参戦には、門戸開放主義・大西洋憲章の太平洋版であるアジアにおける植民地解放、旧来型帝国主義からの脱却の理念が含まれていた。今日のグローバリズムにつながる「解放の代理人」認識には、スターリンの共産主義型民族解放闘争への対抗のみならず、連合軍のもう一方の雄であるイギリス・チャーチル首相との調整という難題が孕まれていた。

最近邦訳されたR・オルドリッチ『日米英諜報機関の太平洋戦争』（光文社、二〇〇三年）が詳述したように、アジアでのOSSの活動がもっとも苦労したのは、植民地放棄を決断できないイギリスとの調整であった。結局それは、南アジアについてはチャーチルと妥協し、東南アジアについては独立運動を支援し、特に一九四三年以降、国際連盟型「委任統治」から連合軍（後の国連）による「信託統治」構想を示すことで、朝鮮半島や沖縄・奄美など南洋諸島の戦後に禍根を残すことになった。

この点で、注目すべき朝鮮関係資料が、OSSドノヴァン文書中に含まれている。それも、「日本計画」との密接な関係において。

一九四二年三月一六日付の「心理戦共同委員会　朝鮮における可能な活動」は、三月四日付戦争計画部メモランダム、同日付心理戦争計画、三月六日付「朝鮮人の対抗意識と関係者たち」から成り、この最後の文書には「朝鮮人には見せるな」という注釈がついている。これとは別に、三月二一日付で作成された書記名の心理戦共同委員会案「日本に対して朝鮮人を用いる提案」がある。

前者では「日本計画」が言及されているから、時期的にいって六月の「日本計画」最終案策定へと連動した「朝鮮計画」であることが推定でき、かつ、一九四四年七月二二日のOSSグッドフェロー大佐からドノヴァン長官宛手紙から、「一九四二年一月に遡るオリビア計画」と呼ばれたものではないかと推定できる。

この頃のアメリカの対朝鮮政策は、朝鮮人自身の独立運動を信頼せず、重慶の金九らの朝鮮臨時政府とも、アメリカ在住の李承晩らのグループとも距離をおきながら、反日戦争に朝鮮人を連合軍側で引き込んでいく意向が、国務省文書から伺われる（カニンガム前掲書、李景珉『朝鮮現代史の岐路』平凡社、一九九六年の紹介する四二年二月ラングドン報告書、、小林聡明「韓国におけるOSS研究と資料収集状況」『インテリジェンス』三号、二〇〇三年、参照）。

その内容的評価は、韓国の研究者にお願いしたいが、資料を見いだしたものとして一言述べるとすれば、「朝鮮にガンジーがいない」という「日本計画」の引いた蒋介石の言葉は、やはり武装蜂起・反乱奨励の対日脅迫作戦としてよりも、朝鮮独立運動には確固としたリーダーが見あたらず、国外で亡命政府をつくり連合軍に加わったフランスのドゴールのようなかたちでは国外亡命者による朝鮮臨時政府承認にはふみきれず、かといって日本国内の朝鮮人抵抗グループにも信頼をおけないという、「マイノリティとしての朝鮮人の軍事的利用」以上のものは見出しにくい。

とはいえそれは、米国国務省の朝鮮関係文書分析からしばしば指摘される「無関心・軽視」とも異なると思われる。

## 米国の対中国政策に従属した対日・対朝鮮政策

ＯＳＳは、国務省とは異なり、中国・日本ほどではないにせよ、朝鮮の専門家も当然に加えていた。一九四三年六月一四日付ランガーのドノヴァン宛手紙からは、その中心が当時カリフォルニア大学教授で朝鮮語の英語での表記法をエドウィン・ライシャワーと共に完成したＧ・Ｍ・マクーン博士（G.M.McCune）であることがわかる。

一九四四年一一月の組織図では、極東課のファーズ課長、エドウィン・マーチン補佐のもとに、中国部マーティン・ウィルバー主任、日本部A・クラッケ主任が特定できるが、朝鮮・満州主任は空席になっている、先に日本についてみた一九四六年一月移管書類からは、朝鮮人アナリストも最低五人を下らなかったであろうこと、等々がわかる。

一九四二年の「オリビア計画」については、「オリビア計画」そのものの内容紹介・分析はないが、**Maochun Yu, *OSS in China*** が簡単に言及している。

それによると、四二年前半期重慶に駐在するOSS極東代表ゲイル博士 Esson Gale が、実は近代朝鮮最初のキリスト教宣教師 C.Gale を叔父とし、妻がソウル生まれの Korean hands（ラティモア、フェアバンクらの中国派 China hands、グルーらの日本派 Japan hands など当時の米国極東関係者内の隠語）で、ワシントン特殊工作部（OSS＝SO）のグッドフェロー大佐「(M.P.Goodfellow, ワシントンでは李承晩に近い)、陸軍 Morris B.DePass 中佐らと共に立案したものだという。中国・満州・米国等国外在住の朝鮮人をカナダの諜報学校で訓練し、対日戦場に「英語を話せる外国人民間人をヘッドにして」送り込もうとする計画であったが、すでに重慶で朝鮮人を支配下においていた蔣介石の戴笠機関と衝突した。四二年夏のゲイルの解任、ヘイドンとフェアバンクの重慶派遣は、「ドラゴン計画」中の「オリビア計画」で軋轢のあった重慶蔣介石政権との関係調整のためであったという (pp.18-27)。

もっとも四四年グッドフェロー大佐のドノヴァン宛手紙が示唆するように、計画は放棄されたわけではなく、OSS内の対朝鮮計画として温存された。今回紹介したドノヴァン文書中の資料は、この「オリビア計画」そのもの、ないし関連文書である可能性が強い。そして、このグッドフェロー大佐こそ、一九四五年一〇月李承晩帰国時に、彼を大統領にするため個人的に付き添い同行した、後の南北分断のアメリカ側仕掛け人であった（p.18）。

以上からわかることは、対日「日本計画」も対朝鮮「オリビア計画」も、米国OSSの対中国「ドラゴン計画」に従属したものであり、戦後の日本占領計画・朝鮮独立政策等も、OSSのみならず国務省、陸海軍「極東」担当者たちの中で、蒋介石政権と毛沢東の国共合作の帰趨により左右されるものと認識されていたと考えられる。

この点は、なぜか旧ソ連秘密文書の分析から浮かび上がる、中国革命の戦略に従属させられる日本共産主義運動、朝鮮解放運動と酷似している。ただし、この点の本格的解明は、報告者の射程外であり、本報告では、とりあえず「日本計画」期の朝鮮関係資料を提供するに留める。

## 7　おわりに――再びOSSからOSSへ

### 日本も韓国も現代史研究はこれから

本報告の主旨は、日本史についても、韓国史についても、研究者が日本人であっても、韓国人であっても、それ以外であっても、研究方法や視角が違っても、当事国以外にもある様々な第一次資料を用いて研究していけば、同一の情報基盤に立った学術討論と一定の共通理解が可能である、ということである。

戦後アメリカの世界政策――新植民地主義とか覇権主義とか帝国とよばれ、今日のグローバリゼーションの基礎ともなっている——は、実は、米国戦略情報局調査分析部ＯＳＳ＝ＲＡが、学問研究のこうした特性を利用し、戦時体制下でその成果を吸収しつくして立案し、戦後に展開したからこそ、ソ連の指導者の意に添わない情報は遮断し切り捨てる国家哲学強制型情報戦や、イギリスの伝統的な秘密主義的諜報戦に、勝利し得たのかもしれない。イラクの情報戦におけるアメリカの苦境は、ＣＩＡにおいてＯＳＳ＝ＲＡの伝統が枯渇し、旧ソ連型に硬直したためかもしれない。

インターネットの広がる今日では、こうした研究ネットワークと情報共有は、年に一度の討論会や相互訪問を介せずとも、日常的に可能になってきた。それぞれの国で、しっかりした現代史データベースを世界に公開して共有しうる仕組みをつくることは、その第一歩となる

翻訳ソフトのＯＳＳ型開発と併行すれば、日韓現代史関係の共有アーカイブスも不可能ではないであろう。今日では、意見の対立を拡げることよりも、情報を共有してその解釈を競い合うことの方が、生産的なのである。

# 三　戦後天皇制をめぐる野坂参三、毛沢東、蒋介石の交錯

私有財産を認めながら共産党支配を堅持する中国、独立論が台頭し揺れる台湾——そのルーツは、第二次世界大戦における抗日国共合作と内部抗争にある。

その時代に、中国共産党の毛沢東と国民党蒋介石の双方に近づき、戦後日本の改革構想を示して、「日本人民代表」の認知を受けようとした日本人がいた。日本共産党の指導者、野坂参三である。

連合国のヤルタ会談からポツダム宣言への時期、野坂は毛沢東に、天皇制存廃の人民投票を提案した。日本敗戦目前の一九四五年五月、毛沢東は野坂に、「私は、日本人民が天皇を不要にすることは、おそらく短期のうちにできるものではないと推測しています」と述べていた。

## 1　「水野資料」と「闇の男」の信書

### 毛沢東の手紙と野坂参三身上書、皇室財産目録の入った茶封筒

二〇〇三年七月、筆者は、長野県川上村の社会運動資料センター信濃・由井格氏所蔵「水野津太資料」の調査で、不思議な文書を発見した。

「信書」と書かれた古びた茶封筒の中に、中国語の手紙が四通入っていた。たまたま同行した助手許寿童君が中国からの留学生だったため、それは、第二次世界大戦末期の毛沢東自筆の野坂参三宛手紙二通、野坂の蔣介石宛手紙一通、及びその返事である蔣介石の野坂宛電文一通と判明した。

野坂参三は、日本共産党創立時からの古参党員で、一九三一年モスクワに渡り、コミンテルン（共産主義インターナショナル）の日本代表だった。三〇年代にアメリカから反戦文書を日本に送りこみ、四〇年から中国・延安で活動していた。

四六年一月「亡命十六年」を経て帰国後は「愛される共産党」のシンボルとなり、長く国会議員、日本共産党議長であった。一〇〇歳を越えた晩年、旧ソ連崩壊で明るみに出た秘密文書から、三〇年代モスクワで日本人の仲間をスターリン粛清に売り渡したとして、共産党から除名・追放された。「闇の男」であり、「三重スパイ」「五重スパイ」ともいわれる。

茶封筒の入っていた大きな紙包みには、「英文資料」のさりげないタイトルがある。その英文文書中にも、貴重な資料が溢れていた。戦争末期に中国延安を訪れた米国軍事視察団（ディキシー・ミッション）のハワイ出身二世将校コージ有吉（有吉幸治）の書いた四五年一月の野坂参三英文身上書、占領軍の命令で後の首相池田勇人が大蔵官僚としてまとめた四五年一二月時点の全国皇室財産目録、四六年八月徳田球一・志賀義雄連名の大山郁夫帰日に関するコールグローブ教授宛感謝状、四五年一〇月の「ソ同盟よりのラジオ放送」と日本語で上書きしたロシア語文書など、これまで存在の知られていない、敗戦直後の日本共産党最高幹部の第一次資料があった。

## 戦後日本共産党機密文書を保管した水野津太

資料を保存していた水野津太（ツタ、一八九三―一九九二年）は、戦後長く日本共産党資料室に勤めた女性司書である。「獄中十八年」の指導者徳田球一・志賀義雄の信任を得て、占領から五〇年党分裂、六全協の時期、中央委員会の機密文書を保管していた。機関紙誌を含む膨大な資料を収集・整理し、没後に遺言で由井格に移管されたのが「水野資料」である。大量の党文書の中に、こうした手紙が含まれていたこと自体は不思議でない。

だが、なぜこんな貴重な一級資料が、今ごろ信州の山奥で見つかったのであろうか。

その秘密は、収集者にある。水野津太は、二〇世紀日本の社会運動を下支えした、ユニークな女性である。一八九三年一月一六日岐阜で生まれ、一九一一年に日本女子大を放校されたというが、詳しいことはわからない。二〇年に満鉄東京本社図書館、二三年に満鉄が新設したハルピン図書館に勤め、満州では訪ソ前の中条百合子（後の宮本顕治夫人）、湯浅芳子、視察にきた与謝野鉄幹・晶子夫妻らと交流した。三一年頃には日本や中国の共産党と繋がりができて、三三年には郭沫若と知り合い、日本共産党の木俣鈴子（秋笹政之輔夫人）や渡辺多恵子（志賀義雄夫人）らと共に活動、三四年六月に青山署に逮捕され半年拘留、釈放後は美術工藝院の事務局で働きつつ、共産党三・一五事件被告団の救援を続けてきた。

敗戦直後の日本共産党合法化・活動再開のさい、徳田球一・志賀義雄に請われて党本部勤務員になり、党の決定・連絡文書の保管や機関紙誌・党史資料等の整理の事務を担当した。

「水野資料」誕生のきっかけは、共産党のいわゆる「五〇年問題」である。党の分裂、ＧＨＱによる中央委員追放、指導部の地下潜行・中国逃亡のもとで、占領期に党本部にあった重要文書は、水野津太に隠匿・保管が託された。水野は、膨大な資料を自宅他数か所に保管して、警察の弾圧や捜索から守り抜いた。

一九五五年のいわゆる「六全協」で共産党が再建された際も、歴史学者渡部義通を中心に党内に日本革命運動史研究会が設けられ、水野がその事務局を担当したため、資料の多くは、そのまま水野の管理下におかれた（詳しくは、由井格・由井りょう子編『革命に生きる　数奇なる女性・水野津太――時代の証言』五月書房、二〇〇五年）。

## 日本共産党が見捨てた重要文書のその後

一九六七年六月に、日本共産党中央委員会は、議長野坂参三名で、水野津太に対する党資料返還の仮処分請求を、東京地方裁判所民事第九部に提出した。その時の膨大な仮処分執行「物件目録」が、「水野資料」中に残されている。機関紙誌からポスター、パンフレット類、スターリン著作集から選挙ビラに及ぶ、目録にして七六頁三〇〇〇件以上、書類綴り、雑誌やシリーズものが多いので、点数にすれば五〇〇〇点を下らない長大なリストである。

水野津太は、裁判所の決定には誠実に従った。関係者によれば、共産党は中央委員酒井定吉以下二〇数名が弁護士同行でやってきて、トラック二台分を持ち去ったという。長く共産党のために献身してきた水野が党を離れたのは、この頃のことといわれる。

しかし、共産党から不要とみなされ放置された資料も、かなりの量にのぼった。それらは水野宅に、そのまま残された。几帳面な水野は、戦前から自分で集めてきた資料と併せ、その後も補充し整理し保管し続けた。共産党からは独立した「水野資料」の誕生である。

一九九二年四月四日の死にあたって、遺言により、それらの資料は、水野の晩年の闘病生活を支援し、経済的にも支えてきた、社会運動資料センター信濃の由井格に移管された。由井格は、自宅の一角に保管庫を設け、何人かの社会運動史研究者に公開してきたが、資料の大半を占める新聞・雑誌等の紙の傷みもあり、「水野資料」を一括して研究機関に納めることにした（その後、慶應大学経済学部図書館及び同志社大学人文科学研究所に納められた）。

そのための資料鑑定と目録作成のため、たまたま筆者が中国語・朝鮮語の分かる大学院生二人を同行して整理しているなかで、「英文資料」にまぎれた茶封筒のなかの四通の中国語文書を見つけ、由井格氏の了解と依頼のもとで、その解読を進めてきたものである。

だが、なぜこれらの文書は長く隠匿され、公表されなかったのだろうか。おそらく四通の手紙は、第二次世界大戦末期の複雑な国際政治と関係する。連合国内の米国大統領ルーズベルト、ソ連のスターリンと蒋介石・毛沢東の駆け引き、合衆国政府内での「中国派」「日本派」の綱引き、国共合作内部の国民党と共産党の対立、国際共産主義運動におけるスターリンと毛沢東の微妙な関係、中国及び日本の共産党内部の指導権争いと冷戦開始が、何らかの影を落としている。

## 2　野坂参三の天皇論と毛沢東の手紙

## 日本共産党主流と異なる野坂参三の天皇観

野坂参三の天皇制の考え方は、日本の共産主義者の中で、特異なものだった。

一九二八年三・一五事件で検挙されたさいの検事聴取書・予審訊問調書では、野坂は当時の共産党がモスクワから与えられた「君主制廃止」スローガンに反対だと述べ、眼病を理由に仮釈放された。

戦後共産党の指導者となる徳田球一・志賀義雄らは、コミンテルンの三二年テーゼを獄中でも固持して、連合軍により解放された直後から「天皇制打倒」を掲げた（「人民に訴う」四五年一〇月）。

しかし野坂は、三一年モスクワに亡命後、コミンテルン第七回世界大会決定（三五年）に沿って、「岡野進」の名で「反ファシズム人民戦線」を提唱し、「天皇制」ではなく「ファシスト軍部」を主敵とし孤立させる路線を採った。

今回発見された四通の手紙中、一九四三年の毛沢東の手紙は、野坂と「新民主主義論」で中国革命を構想する毛沢東の、延安での関係を示している（以下の手紙・電文は由井格氏所蔵「水野津太資料」中「英文資料」綴り「信書」封筒から、日本語訳は一橋大学客員研究員許寿童氏、［　］内は筆者による訳注）。

### 資料一　毛沢東の林哲宛手紙（一九四三年三月一五日）

林哲［野坂参三］同志

今日、三一五を記念する文章［「日本工農学校で『三一五』を記念する」中国共産党機関紙『解放日報』

四三年三月一九日」を読んで、感動しました。私は日本の革命史について詳しくはありませんが、しかし非常に知りたいのです。また、中国の党の幹部たちと党員たちにも、日本革命の史実を教える必要があります。そこであなたに、日本革命の史料を多く書いて、『解放』に発表してくださるよう提案します。ご考慮してくださるようお願い致します。

私は、あなたのすべての文章が好きです。同時に、同志たちにあなたの物事を客観的に分析する態度を学習するよう勧めています。われわれの中には、文章が分析できる人が少ないです。主観主義の大言壮語があちこちに蔓延しています。われわれは今この根深い伝統である悪い作風を叩いている最中にあります。あなたにも支援していただきますようお願い致します。敬礼！

毛沢東

［一九四三年］三月一五日

この手紙は執筆年がなかったが、比較的容易に解読できた。薄紙に鉛筆の殴り書きだが、特徴ある毛沢東の筆跡だ。

一九六二年刊『野坂参三選集・戦時編　一九三三―四五』（日本共産党中央委員会）口絵には、四二年六月二五日付毛沢東から野坂参三宛手紙が写真版で収録されている。「林哲同志」と宛名・筆跡が同一である。「三月一五日」だけで執筆年次はなかったが、許寿童君が『解放日報』四三年三月一九日に中国語報道記事をみつけ、毛沢東の手紙での言及と一致することが分かった。

（参考資料）日本工農学校で「三一五」を記念する（原文、日本工農学校　記念「三一五」）

【本市通信】日本革命運動史上、「三一五」は厳粛で痛ましい闘争の記念日である。一六日午前一〇時、日本工農学校の学生たちは同校の教室で記念行事を行ったが、一〇〇人あまりが参加した。まず岡部主席が開会のことばを述べた後、林校長が「三一五」で殉難した諸烈士の闘争の史蹟について報告を行った。林校長は、結語のなかで主として次の二点を指摘した。(一)、「三一五」事件は、支配階級の共産党に対する屠殺であると同時に、勤労大衆および進歩的な者に対する屠殺でもある。(二)、市川正一、渡辺政之輔などの同志の闘争がもつ意義は、彼らが実践のなかで共産主義の正しさを体験したことであり、しかもそれが必ず実現できると信じたことである。闘争の具体的な様子を列挙しながら行った報告は、人を感動させるものであった。(『解放日報』一九四三年三月一九日)

野坂は、一九四〇年に延安入りした当初は、「林哲」と名乗っていた。四三年五月、英米と連合軍を組むスターリンの思惑から、コミンテルン(共産主義インターナショナル)が解散する。野坂参三が、モスクワで用いていた「岡野進」名を延安で再び用いるのは、コミンテルン解散後に、毛沢東に勧められてからである。四三年三月なら、「林哲」名であるのも自然である。

毛沢東が「根深い伝統である悪い作風を叩いている最中」というのは、中国共産党内で自己の権力を確立するための党内闘争、「整風運動」のことである。

毛沢東は、野坂の旧友王明や周恩来をモスクワ派と疑っていた。儀礼的であれコミンテルン幹部会員である野坂を持ち上げているのは、野坂にモスクワ帰りの王明や周恩来にばかり頼らず、党内闘争で自分を支援してくれと、訴えているのである。毛沢東は、この手紙直後の三月二〇日の中央政治局決定で、党の政治局・書記局主席となり、中国共産党内での組織的決定権を確立する（中共中央文献研究室編『毛沢東伝　一八九三―一九四九』みすず書房、二〇〇〇年、下巻、六〇九頁）。

## 3　野坂参三と蔣介石との往復書簡

### 毛沢東をバックにした野坂参三の国共合作工作

野坂参三は、毛沢東とばかりでなく、国民党の蔣介石にも接近していた。

次に紹介する一九四四年初頭の往復書簡は、毛沢東書簡と一緒に茶封筒に入っていた。当時の通信事情からして、これが毛沢東の承認なしに出されたとは考えにくい。内容も、一見儀礼的である。

資料二　岡野進の蔣介石宛手紙（一九四四年一月三日）

重慶　蔣主席

私は、去年華北を経由して延安に来ている日本共産党中央委員であります。去年七月七日に「日本国民に告げる書」［『解放日報』一九四三年七月一一日から連載、邦訳『外事月報』四三年一〇月」を発表したことがあります。

今年元旦に全国の軍民に対して行った、あなたのラジオ演説［「蔣介石主席の全国軍人・国民への声明」『中央日報』四四年一月一日、邦訳は山極晃・中村政則編『資料日本占領1　天皇制』大月書店、所収」における戦後の日本問題にかかわる部分を読んで、私は非常に興奮しました。あなたは、日本は五〇年にわたって武力で獲得した土地から必ず退出すべきである、日本の軍閥は必ず根こそぎ取り除くべきであり、軍部が再び日本政治に関与することがあってはならない、日本における将来の国体のありかたは、新進の自覚のあるものが自ら解決するのが最も望ましい、日本国民の自由意志を尊重して、彼ら自身の政府形式を選択させるべきである、と述べました。これらはすべてが、われわれ日本人民の現在の要求であり、われわれは、軍部の気の狂ったような鎮圧を受ける恐れをものともせずに、この目標のために奮闘しています。あなたが述べたように、日本の軍部は、中国およびその他東亜の民族の敵であると同時に、日本人民の敵でもあります。軍部を打倒して民主的日本を建設しなければ、東亜の人民の平和で幸福な暮らしは、ありえないのです。日本軍部を打倒する責任は、まずは、われわれ中日両国人民にあります。私は、偉大な中国人民が、あなたの指導のもとで、七年に及ぶ苦しい抗戦を続けたことに、限りのない敬意を表します。

今、日本の軍部の末日が近付いています。平和で民主的な世界の出現も遠くはありません。しかし、それが実現される前に、まださまざまな困難が残っています。私が中国に来たのも、中国を侵略している日本兵士および日本居留民のなかで活動し、また日本国内の人民を立ち上がらせて、われわれの共通の敵を早く崩壊させるためであります。ただし、われわれの力量はまだ大変微弱なもので、今後の事業において、あなたのご教示と積極的な支援をいただきたいと思います。

新年に際し、あなたのご健康をお祈りいたします。

岡野進（野坂鉄）

一九四四年一月三日　［三日が後に一日と上書きされている］

## 資料三　蒋介石の岡野進宛返電（一九四四年二月二六日）

岡野進［野坂参三］先生

拝啓。私は、中華民国国民政府軍事委員会蒋委員長の指示を受け、先生に電報一通を転送いたします。電報の原文は、別紙の通りですので、査収いただきますようお願い申し上げます。あなたのご多幸を、心よりお祈りいたします。

郭仲容

三三［一九四四］年二月二六日

蒋委員長から岡野進への電報

拝啓。延安にいる郭仲容連絡参謀が転送した岡野進先生の一月五日の電文から、日本軍部を倒すために共に奮闘したいとのことを知り、大変嬉しく思います。中国の抗戦は、中華民族の独立と自由の尊厳を維持するためのものであるだけでなく、貴国のすべての善良であり無辜である人民の解放のためのものでもあります。この努力が、中国の抗戦を擁護し、軍部に強迫され、侵略の道具となっている貴国の内外の軍民を覚醒させ、すみやかに立ち上がって自らを救うことを望みます。これによって、われわれの共通の目標は必ず達成できるでしょう。

敬具。

蒋中正

［中華民国暦］三三［一九四四］年

## 4 『大公報』との天皇制論争

### 野坂参三は蒋介石に「日本人民代表」として呼びかけた

この野坂参三と蒋介石の往復書簡は、中国語での電報のやりとりであり、厳密には、更に検証が必要である。岡野進＝野坂は中国語で公式の手紙は書けないから、延安滞在中の野坂は、中国人助手（趙安博）か「延安妻」に書かせたものと思われ、筆跡鑑定はできない。しかし内容は、野坂のものである。他方の蒋介石の返信も、達筆とはいえ、直筆ではない。当時重慶政府の延安との交渉窓口（国民党駐延安連絡参謀）だった郭仲容（クォ・チュウロウ）のもので、郭仲容の朱印・落款が押されている。

蒋介石は、連合国の一九四三年一一月テヘラン会談直前のカイロ会談で、ルーズベルト、チャーチルから、抗日戦援助と引き換えに戦後処理方針を与えられ、国共合作修復を迫られていた。実際この時期、毛沢東と蒋介石の交渉が、郭仲容を介して秘かに進められた。四四年二月九日、ルーズベルトは蒋介石に親書を送り、米国軍事視察団の延安公式訪問を認めるよう促し、夏の視察団＝ディキシー・ミッション派遣につながった。

手紙の内容は、野坂参三・蒋介石とも儀礼的なもので、それ自体としては、とりたてて重要とは思われない。強いて言えば、後述四五年五月毛沢東書簡と照らし合わせて、野坂参三も蒋介石も、戦後日本の天皇・天皇制に直接言及していない点が注目される。

野坂は、四四年元日の蒋介石のラジオ放送を聞いて、カイロ会談で蒋介石がルーズベルトに「日本の将来の国体のありかた」は「日本国民の自由意志を尊重して、彼ら自身の政府形式を選択させる」と述べたのに安堵し、自分の戦後構想は蒋介石政権にも受け入れられるだろうと自信を持ったのであろうか。一月一五日に在華日本人反戦同盟を解放同盟に改組し、二月二〇日『解放日報』に「日本人民解放連盟綱領草案」を中国語で発表、「軍部独裁の打倒」と「各界の進歩的な党派の連合による人民政府樹立」を掲げる(『野坂参三選集　戦時編』の「四月起草」は誤り)。

その一週間後に、蒋介石から「われわれの共通の目標」を認める返信が届いたのだから、野坂は自分が「日本人民代表」として認知され、綱領草案が国民党にも支持されたと思ったことだろう。

## 青山和夫が知っていた野坂参三と蒋介石の文通

ところが三月二三日、重慶の国民党系新聞『大公報』社説は、「日本人民が徹底した真の解放に努力すること」を評価しつつも、綱領草案の「軍部独裁の打倒」は不十分で、「軍部のたてている旗は天皇であり、天皇は封建の象徴であり、また大財閥でもある」から、主要目標は「天皇と財閥の徹底的打倒」だと批判した(邦訳『資料日本占領1　天皇制』所収)。

これに反論し『解放日報』四月二八日に掲載されたのが、「日本人民解放連盟綱領草案に関する重慶『大公報』の評論について」という、この期の野坂参三の最も詳細な天皇論である。せっかくできた蒋介石との絆を保つためか、執筆者は野坂の助手森健(本名吉積清)名になっている(『野坂参三選集　戦時編』三七二頁以下)。

野坂はそこで、軍部を馬に、天皇を騎手にたとえ、「将を射んと欲すれば、まず馬を射よ」と、「天皇打倒」を掲げなかった理由を説く。もう一つの理由は、後の中国共産党七全大会報告と同じで、天皇の「半宗教的」性格から「今すぐに天皇打倒のスローガンを掲げることは、かえって人民の反感と反対を買う」というものだった。「財閥打倒」も、社会主義革命段階の課題だから「われわれの戦線に当然参加すべき陣営を狭める」だけだ、と弁明した（『資料日本占領1　天皇制』）。

困難なのは、むしろ、当時毛沢東の支配する延安解放区に亡命中の野坂参三が、コミンテルン解散後も「同志」である中国共産党幹部に対してならともかく、連合国公認の国民党軍事委員長蔣介石に対して、「偉大な中国人民が、あなたの指導のもとで、七年に及ぶ苦しい抗戦を続けた」とまで讃え、連帯の手紙を書き送った理由と蓋然性の解明である。少なくとも管見の限りでは、野坂参三の著作・自伝・回想や研究、蔣介石の著作・自伝・伝記、中国革命史文献でも、野坂と蔣介石の接点は、ほとんど見あたらない。

野坂参三と蔣介石の接触の、唯一の日本語での言及は、意外なところにあった。青山和夫『反戦戦略』（三崎書房、一九七二年）という、多くの研究者からは疑いの眼で見られている、当時重慶政府の対日工作顧問をしていた工作員青山和夫（本名黒田善治）の戦後の回想である。

そこには、「野坂は延安から蔣介石に手紙を送り、重慶に入りたいと申し込んできた。中共が本当に野坂を信用しているなら、野坂を延安にとどめておくべきはずだが、中共が野坂の重慶おくりだしを工作したのはおかしすぎる。蔣介石も重慶も、野坂の『日本国民に告ぐ』程度の知識では問題にならないので反応を示さなかった。大広報はこの野坂の手紙を知り、『こんな程度なら延安ではよいかも知れないが、重慶では問題にならない』という意味の社説をだし、私の日本史を掲載した」とある

（二二四―二二五頁）。

時期は特定していないが、中国で抗日活動を行った日本人中の野坂参三、鹿地亘に対するライバルを自任する策士青山和夫は、野坂から蒋介石に手紙がきたことは察知したらしい。ただし、蒋介石が野坂に返事を書いたことまでは、知らなかったことになる。

## 野坂参三・蒋介石往復書簡の歴史的背景

この野坂・蒋往復書簡の歴史的意味の解明は、その真偽も含めて、中国国共合作・抗日戦争史の研究者に委ねたいが、これまで主としてコミンテルンを研究してきた筆者の視角からすれば、少なくとも、以下の事情が考慮されたうえで、解読さるべきだろう。

その第一は、野坂参三が自主的に書いた手紙か、毛沢東の承認を得たものか、あるいは毛沢東の意を受けて野坂参三が蒋介石に接近したものか、という論点である。

当時延安にいる野坂参三が、戦後の日中関係を見据えて、自主的に毛沢東・蒋介石の双方に「保険」をかけたという見方も不可能ではないが、当時の野坂の食客的位置や通信事情からして、毛沢東の承認なしに蒋介石に電報を送ることはありえない。後述するアール・ブラウダーの「テヘラン・テーゼ」が一月七日、アメリカ共産党解散提案が一月一一日であるから、野坂の蒋介石への接近と時期的にも思想的にも重なるが、野坂がモスクワのスターリン、ディミトロフのような毛沢東以上の「権威」の後ろ盾なしに、直接蒋介石に接触しえたとは考えにくい。

常識的に読むと、この手紙は、毛沢東の意向を受けた野坂参三が蒋介石に送った年賀状、つまり、毛沢東によるメッセンジャー野坂参三を使った国民党向けアドバルーンと考えられる。

第二に、毛沢東の意を受けた野坂の蔣介石宛手紙だとすれば、毛沢東が一九四四年一月初めに、蔣介石の意向を打診しようとした背景である。

この頃国共合作は、深刻な危機にあった。日本軍の攻勢は続いているのに、連合軍の軍事援助を独占する蔣介石は、共産党弾圧をやめなかった。アメリカでは、地主・軍閥を代表し腐敗した蔣介石に疑問を持ち、毛沢東の土地改革や農民政策に注目し期待するオーエン・ラティモアら「中国派」の声が強まった。彼らは日本の天皇制廃止論者であり、影響力はルーズベルト政権中枢に及んだ。後に野坂は、彼ら米国リベラル派にも接近する。毛沢東がこの時点で、壊れかけた国共関係を修復しようとした理由が問題となる。

その一つは、ウラジミロフ『延安日記』（サイマル出版会、一九七五年）が記す、四四年一月一日、毛沢東がディミトロフ名の「モスクワからの電報」を受け取り、困惑していた事情であろう。

最近英文で発表された『ディミトロフ日記（I. Banac ed.,*The Diary of Georgi Dimitrov*, Yale UP 2003）』によると、一九四三年一二月二二日付で、モスクワのディミトロフから毛沢東宛書簡が送られ、国民党との関係での抗日統一戦線の修復を求め、「整風運動」で康生らが中国共産党内ソ連派と目された王明や周恩来を党内で抑圧していることに、強い調子で警告した。

中共中央文献研究室編『毛沢東伝』によると、四三年一〇月五日『解放日報』社説で、すでに毛沢東は国民党との交渉再開をよびかけており、四四年初めには、国民党連絡参謀郭仲容が蔣介石の共産党代表の重慶受け入れの意向を毛沢東に伝え、国民党への公然たる批判が停止されて、二月一七日に毛沢東と郭仲容の会談が行われた（下巻、六三四頁以下）。

また、資料集『抗日戦争時期国共関係記事』（中共党史出版社）によると、四四年一月一六日、中共中央は、国共関係を調整するため、国共会談を行うことを提議した。毛沢東は国民政府軍事委員会駐延安連絡参謀郭仲容に面会し、中共が周恩来、林伯渠、朱徳らのなかで一人を選ぶか、或いは三人を同行させて重慶に行き、蔣介石に合わせる予定であることを当局に報告するよう頼んだ。郭仲容はその日のうちに国民政府軍事委員会軍令部に電報を打った。二月二日、国民政府軍令部は、郭仲容に延安の代表団を歓迎する旨の返事をした、とある（五八六ページ）。

一九四三年一一月の連合国カイロ会談、テヘラン会談を受けたこうした一連の動きの後、四四年五月の国共会談は結局決裂したが、野坂と蔣介石の往復書簡は、この一時的な合作交渉・休戦中のことである。

## ディキシー・ミッション延安入りの露払い？

第三に、連合軍の軍事援助を一手に受けている蔣介石は、青山和夫がいうように、すでに国内で壊滅し基盤を持たない自称日本共産党代表からの片想いのメッセージなど、無視してよいはずである。それなのに、なぜ敢えて、それも受信から二か月近く後の二月二六日になって、野坂参三に返事を出したのかという、蔣介石・国民党側の事情である。

一九四四年二月九日、ルーズベルト大統領は蔣介石に親書を送り、米国軍事視察団の延安公式訪問を認めるよう促した。蔣介石はそれを二月二三日に拒否したが、野坂参三宛返電は、その直後である。

蒋介石にしてみれば、連合軍の軍事支援の唯一の窓口として、国共合作はスムーズに維持されていると、連合国である米国・ソ連に示す必要があった。野坂を介してであれ、延安との共闘のポーズが必要な局面だった。

実はその後、アメリカはさらに蒋介石に圧力をかけ、五月に米人ジャーナリストを含む記者団の延安訪問を認めさせ、六月にはウォーレス副大統領が重慶に入る。ついに蒋介石も折れて、七月にディキシー・ミッションの延安入りが実現する。

そして、第四に、このような毛沢東・野坂参三・蒋介石の三者三様の政治的駆け引きを、ルーズベルト、スターリン、チャーチルのカイロ・テヘラン・ヤルタ会談、スターリンと毛沢東と野坂参三という国際共産主義指導者間の関係、そして、米国ルーズベルト政権内部の国務省と軍と情報機関や、対アジア政策に関わる中国派（ラティモアら「アメラシア」グループ）、日本派（グルーら）、米国共産党（ブラウダーの「テヘラン連合」路線）などの重層的関係の中において、見ることが必要であろう。

そうすることによって、四四年夏の米国ディキシー・ミッション派遣、それを大歓迎しての毛沢東のアメリカ政府への急接近、蒋介石の、在重慶ガウス大使＝スティルウェル将軍忌諱とハーレー特使＝ウェドマイヤー軍事顧問就任に依拠し、蒋経国をモスクワに派遣した巻き返し、延安でのジョン・エマーソン、コージ有吉らの毛沢東・周恩来・野坂参三との交流、四五年四月ルーズベルトの死とトルーマン大統領就任、ドイツの無条件降伏、毛沢東の米国離れとスターリンへの接近など、これまでも起伏に満ちた政治過程として描かれ、今回発見された四五年五月毛沢東の野坂参三宛手紙と関わり、戦後の冷戦開始、国共内戦、朝鮮戦争、マッカーシズムにまで尾をひく、アジアにおける第二次世界大戦終了過程のなかに、これら新発見の資料を位置づけることが可能になるだろう。

こうした意味で、一見儀礼的な四四年初頭の野坂参三と蔣介石の往復書簡も、中国側から見た戦後日本国家構想、天皇と天皇制の行方に関する国際政治に関わっている。

野坂にしてみれば、コミンテルン第七回大会「反ファシズム統一戦線」（一九三五年）を踏まえた自分の構想、とりわけ天皇・天皇制論が、連合国側の蔣介石国民党にも伝えてある証拠書類であり、四六年一月帰国後には、「三二年テーゼ」の発想を獄中で凍結して「天皇制打倒」を掲げ続ける徳田球一・志賀義雄らへの説得材料になり得た。

## 5　野坂参三の中共七全大会報告

### 毛沢東は野坂参三の背後にブラウダーの影を見た

最後に、毛沢東が天皇に言及した岡野進宛手紙を紹介する。これも年号はなかったが、毛筆の筆跡は確かに毛沢東だった。

年号確定の鍵は、手紙文中の「去年出版された白労徳同志の『テヘラン』」の箇所である。「白労徳」とは、当時のアメリカ共産党書記長アール・ブラウダーの中国語表記である。ブラウダーが四三年一一月末のチャーチル、ルーズベルト、スターリンによるテヘラン会談を手放しで賞賛し、米国共産党の解散を導いた Earl Browder, *Teheran: Our Path in War and Peace*, New York, International Publishers, 1944 は、四四年四月に『徳黒蘭——我們在戦争与和平中的道路［テヘラン——われわれは戦争と平和の岐路にいる」』として、中国語に訳されていた。

その翌年は四五年、冒頭「この文章」とは、五月二一日岡野進名での中国共産党第七回大会（七全大会）報告「民主的日本の建設」（邦訳『野坂参三選集　戦時編』）である。手紙は、野坂の七全大会報告中国語原稿への毛沢東のコメントと判断できた。米国共産党内でのブラウダー失脚の直前である。

## 資料四　毛沢東の岡野進宛手紙（一九四五年五月二八日）

岡野進［野坂参三］同志

この文章［岡野進「民主的日本の建設」］を読みましたが、なかなかいい文章でした。私はこれを通じて、日本共産党の具体的な綱領がわかるようになりました。独占資本（国民の生計を操縦するもの）の没収に関する条項の確定は、なにより正しいものと思われます。この条項は、イギリス、フランスの共産党も取り入れているし、中国の党もそうです。今は日本の党も同様になりました。ただアメリカ共産主義者だけがまだこの条項を設けていないのです。そちらの状況が特殊であるかも知れません。彼らがこの点について提起しないことには彼らなりの理由があるでしょう。しかし、私はかなりの疑問を感じます。彼らは出口を探し出せなかったと思われます。この点は、研究を待たなければなりません。あなたの意見を提供してほしいです。去年出版された白労徳同志［米国共産党書記長アール・ブラウダー］の『テヘラン』という本を、あなたは見ましたか。読んでほしいです。いずれ一緒に議論しましょう。

この他、いくつかの細かい点について、以下に列挙します。

一五頁、二行目、「新兵と老兵が比較的多い」は、「新兵は老兵に比べて多い」という意味でしょうか。もしそうであれば、直したほうがいいと思います。

三一頁、五行目、「上下級指揮官」の上下級の三文字は削除したほうがいいと思います。同じ頁の九行目、「大小政治家」の大小の二文字は「反動」の二文字に改めたほうがいいと思います。同じ頁、一〇行目、「下層ファシスト分子」の下層の二文字は削除したほうがいいと思います。同じ頁、一一行目、「思想検事等」の次に「なかの積極分子」などの文字を加えたほうがいいと思います。現在、この問題は宣伝の時期にあるので、広範囲に波及させることは不適切です。将来実行する時期に、大衆の発動の程度によって、その時に柔軟に対応するのが有利だと思います。

三七頁、一〇行目、「儘速由一般人民」の儘速の二文字は削除できると思われます。この投票問題ですが、そのときになって、いったい早くするのが有利か、あるいは遅くするのが有利かは、状況を見てから決定すべきものであります。私は、日本人民が天皇を不要にすることは、おそらく短期のうちにできるものではないと推測しています。

以上、斟酌してください、そして博古［ボーク、『解放日報』編集長］に送って発表し、ラジオでも放送してください。

同志の敬礼を！

毛沢東

［一九四五年］五月二八日

## 6　天皇論・戦犯範囲論での毛沢東の検閲

### 米国共産党ブラウダーの「テヘラン連合」路線

二〇〇四年二月一二日に『東京新聞』など共同通信から「天皇制早期廃止に消極的　野坂氏に毛主席が書簡」と配信され、二月一八日に『朝日新聞』で「毛沢東の直筆手紙発見　天皇制なくせぬ、野坂参三氏あて」と報道され、『ジャパン・タイムズ』や『中文導報』等でも大きく報じられた、筆者らによる新資料発見のニュースは、右の手紙末尾の「私は、日本人民が天皇を不要にすることは、おそらく短期のうちにできるものではないと推測しています」という一文に、焦点を当てたものである。

それは、『儘速由一般人民』の儘速の二文字は削除できると思われます」という七全大会野坂演説の添削——中国語で発表のための検閲——を説明するため、補足的に述べられた。事実、五月二一日の演説が、毛沢東コメントの翌二九日『解放日報』に発表されるさいには「儘速」の二文字が削除されている。確かに、毛沢東による日本敗戦後の天皇への明示的言及はほとんどないから、重要なものである。

だが筆者は、天皇問題は毛沢東書簡の本筋ではない一部であり、この手紙の歴史的価値は、他にあると考えている。そのポイントは、野坂参三と「白労徳」＝スターリン時代のアメリカ共産党書記長アール・ブラウダーとの、一九三〇年代の緊密な関係である。

ブラウダーは、もともとコミンテルン・アジア工作の中枢機関、汎太平洋労働組合（一九二七年創立）

の初代書記長だった。旧ソ連崩壊で明るみに出た米国共産党秘密文書集『アメリカ共産党とコミンテルン』（五月書房、二〇〇〇年）には、ブラウダーと共に、幾度か野坂の名前が出てくる。その一つ「文書二〇　ブラウダーからディミトロフへの手紙　一九三五年九月二日」では、アメリカ共産党書記長ブラウダーが、当時のコミンテルン書記長ディミトロフに対して、リヒアルト・ゾルゲの盟友ゲアハルト・アイスラーのアメリカ派遣と、日本共産党野坂参三のアメリカでの活動、上海の作家アグネス・スメドレーへの支援計画を、一括提案していた。三〇年代野坂の後見人は、米国共産党ブラウダーであった。

そのブラウダーは、四三年コミンテルン解散とテヘラン会談による連合国ヨーロッパ攻勢を受けて、四四年一月七日に「テヘラン・テーゼ」を発表し、一一日にはアメリカ共産党を「共産主義政治協会」に改組する提案を行い、五月に実際に、白人中心の政治協会に改めた。連合軍と民主党ニューディール政権に全面的に協力して、ルーズベルトとスターリンの連携の接着剤を自負し、資本主義と社会主義の「平和共存」を謳歌して、アメリカ資本主義は「テヘラン連合」のもとで「帝国主義」ではなくなったと述べた。

## スターリンによるブラウダー批判の開始局面

ところが、この四五年五月毛沢東書簡の直前、フランス共産党機関誌『カイエ・デュ・コミュニズム』四月号誌上で、ジャック・デュクロ書記による名指しの「ブラウダー修正主義」批判が、突如始まった。著書『テヘラン』が直接の対象だった。それは、当時の共産党世界では、ソ連のスターリンがブラウダーを用済みにし、見放したことを意味する。米国共産党出身で当時ＯＳＳ（米国戦略情報局）に所属し対日「ブラック・プロパガンダ」に従事していた日本人芳賀武は、この頃のことを、以下のようにいう。

ブラウダーによる「日和見主義」的な路線の逸脱は、ＣＰＡ［共産主義政治協会、四四年五月にブラウダー路線で共産党を解消して結成］内部における反ブラウダー派の台頭を促した。アメリカ内外の情勢は、ブラウダー理論の破綻を立証していた。そうしたブラウダー批判のたかまりを決定的にしたのが、フランス共産党書記ジャック・デュクロの論文である。この論文はフランスの雑誌『カイエ・デュ・コミュニズム（共産主義評論）』の一九四五年四月号に載ったもので、ブラウダーの政策を真っ向から攻撃していた。ＣＰＡは五月二〇日にこの論文の写しを受け取り、ただちにアーノルド・ジョンソンも参加した政治委員会で討議された。その結果、ブラウダーを除く全員がデュクロの考え方を支持し、ブラウダーを批判した。しかし、ブラウダーはいささかも自己批判せず、自説に固執した。……そのため数日後、ブラウダーは書記長をやめさせられ、ウィリアム・フォスター、ユージン・デニス、ジョン・ウィリアムソンの三人からなる書記局が構成された。デュクロの論文も五月二五日に『デイリー・ワーカー』に公表された。そして、六月一八日から三日間全国委員会が開かれ、満場一致でブラウダー路線からの訣別を決め、さらに七月二七、二八日の「党大会」も政治委員会・全国委員会がとった措置を承認した。これによってＣＰＡは解体され、「党」が再建された（芳賀武『紐育ラプソディ――ある日本人米共産党員の回想』朝日新聞社、一九八五年、三二九―三三〇頁）。

延安での野坂の後見人毛沢東は、おそらくこうした国際共産主義運動内部での「冷戦開始」を察知し、ブラウダーと親しくブラウダー路線に近い野坂に、何かを伝えようとしている。そして、この毛沢東書簡直後の四五年六月、アメリカ共産党からブラウダーは追放される。この体験は、野坂にとっては一九五〇年コミンフォルムによる野坂理論批判の際の教訓となるだろう。だが、この視点からの解読は、別の機会に譲ろう。

## 野坂参三は中国共産党の食客だった

今日でも流布している『野坂参三選集　戦時編』所収の「民主的日本の建設」冒頭には、「本書は、一九四五年（昭和二十年）四月に延安で開かれた中国共産党第七回全国大会で、毛沢東主席の政治報告『連合政府論』と朱徳総司令の軍事報告に次いで、私が、日本共産党を代表して、岡野進の仮名をもって、行った演説草稿である」という「序文」がある。あたかも中国共産党七全大会で、毛沢東・朱徳報告に匹敵する重要演説として扱われたかのように読める。

しかし、野坂のこの七全大会演説は、「四五年四月」ではなく「五月」である。「水野資料」中の野坂「民主的日本の建設」手書き版には「一九四五年五月、延安」とあり、四五年一二月人民社版、四九年永美書房版も同様である。

当時延安在住で、四月二三日の開会から六月九日の新指導部選出まで全日程を傍聴したソ連タス通信記者ピョートル・ウラジミロフ『延安日記』(サイマル出版会、一九七五年)は、確かに岡野進＝野坂参三が四月二三日開幕日に任弼時の開会演説、毛沢東、朱徳に続いて、劉少奇、周恩来らより前に演説したと記録している。しかしそれは、外国党を代表しての短い儀礼的挨拶で、日本の戦後構想や天皇制の将来にふれるようなものではなかった(『解放日報』中国語訳は五月一日掲載、扱いは劉少奇、周恩来、林伯渠演説に続く末尾である)。

実際の七全大会は、五月五日から併行して開かれた蒋介石の中国国民党第六回大会の動向を睨み、五月八日にドイツの無条件降伏の報が延安に届き、『解放日報』で米国批判が始まった後も、毛沢東「連合政府論」をめぐる中国共産党内部の討論が延々と続いた。

毛沢東の党内指導権が確立し、重慶の国民党大会が終了した五月二一日に初めて、日本共産党野坂参三の「民主的日本の建設」、モンゴル族の中国共産党中央委員であるウランフー、それに朝鮮独立同盟代表の朴一禹(当時延安の朝鮮革命軍政学校副校長)が演説したが、それは、せいぜい外国人ゲスト、意地悪くいうと、亡命少数民族扱いの報告だった。

その野坂演説は日本語で、おそらく中国語同時通訳でなされたと思われるが、中国共産党側がその内容をチェックするのは、中国語文が作られ、『解放日報』に掲載される時である。

今回発見された毛沢東の岡野進宛手紙は、五月二八日付であり、『解放日報』の「日本共産党代表岡野進(野坂鉄)建設民主的日本、一九四五年五月在中国共産党第七次大会上的演説」は、翌二九日付である。そして問題の毛沢東の天皇についての発言は、「三七頁、一〇行目、『儘速由一般人民』の儘速の二文字は削除できると思われます。この投票問題ですが、そのときになって、いったい早くするのが有利か、あるいは遅くするのが有利かは、状況を見てから決定すべきものであります」という部分で、翌日の『解放日報』の「第二　建設民主的日本、四　天皇與天皇制」には、確かに「儘速」の語はなく「在戦後由一般人民的投票来決定」となっている。

### 野坂演説『解放日報』掲載時の天皇制問題検閲

ここで添削＝検閲された野坂報告「民主的日本の建設」は、四六年一月帰国の前後に、幾度か日本語訳でも発表されている。問題の中国語原稿「三七頁、一〇行目」は、定本となっている『野坂参三選集　戦時編』の以下の箇所である。

わが共産党は、天皇制も天皇もない徹底した民主共和国を要望し、そのための宣伝教育を人民大衆にむけて行っている。しかしわれわれの要望は人民大多数の意見に反しては実現されるものではない。人民大多数が天皇の存続を熱烈に要求するならば、これに対してわれわれは譲歩しなければならぬ。それゆえに、天皇存廃の問題は、戦後、一般人民投票によって決定されるべきことを、私は一個の提案として提出するものである。投票の結果、たとえ天皇の存続が決定されても、その場合における天皇は、専制権をもたぬ天皇でなければならぬ。

つまり、野坂の元原稿は、「天皇存廃の問題は、戦後儘速に、一般人民投票によって決定される」という提案だったことが分かる。日本語版は修正後のもので、野坂の戦時天皇論の到達点である。

また、野坂演説は、天皇の半宗教的役割と天皇制とを区別し、専制機構としての天皇制は直ちに撤廃するが天皇存廃は人民投票に委ねるという方式を提案したが、彼がイタリア・ファシズム崩壊過程から学んだ「天皇退位論」は語っていない。前年四四年に延安米軍視察団（ディキシー・ミッション）のジョン・サーヴィスやジョン・エマーソン、コージ有吉らには「三段階戦略」の第一段階として「現天皇の退位を求める」と述べていたから、野坂の四五年段階の選択肢には入っていたはずであるが、この七全大会演説では、草案にも入れなかったと考えられる。「天皇退位論」は、米国リベラル派には提示できたが、延安での後見人である毛沢東には言えなかったのだろうか。

いずれにせよ毛沢東は、野坂の五月二一日演説を『解放日報』二九日付に公表するさい、他の細かい表現と共に、原稿中の「人民投票」の「儘速」を削るよう求め、野坂は、それに忠実に従った。筆者が「検閲」という所以である。したがって後段の「日本人民が天皇を不要にすることは、恐らく短期のうちにできるものではない」という発言のみから、毛沢東発言を「天皇制容認論」とは即断できない。むしろ、蒋介石と同じく「日本人民の自由意志を尊重」する主旨だろう。

文脈からすれば、毛沢東は、当時の中国民衆の気分や国際世論の動向を知り、即刻天皇制廃止が望ましいが、考え得る戦後日本の状況と日本共産党の貧弱な組織力からして、「儘速」に「人民投票」を行うと天皇存続が多数になる可能性が高いので「儘速」は削り時機を見よという、戦術的助言である可能性が強い。

検閲は、もう一つの問題でもなされた。日本語版では「戦争犯罪人の厳罰」の項である。野坂が「上下級指揮官」「大小政治家」「下層ファシスト分子」をすべて戦犯に含めようとしたのに対し、毛沢東は「上下級」「大小」「下層」をはずすようチェックし、「政治警察（特別高等）、思想検事等」さえ「なかの積極分子」のみに限定するよう勧めていた。

つまり、後の「愛される共産党」の野坂よりも、当時国民党との「連合政府論」を唱えていた革命家毛沢東の方が、下級軍人・官吏や小政治家まで戦犯扱いする必要はない、「この問題は宣伝の時期にあるため、広範囲に波及させることは不適切です」と鷹揚に構え、大局的に見ている。

事実、『解放日報』五月二九日の中国語版は、毛沢東の指示通りに修正された。四六年に日本に戻った野坂は、「指揮官」「反動政治家」「ファシスト」は修正して発表したが、なぜか「政治警察（特別高等）、思想検事等」の部分は「積極分子」に限定せずに、日本語にした。日本語原稿の修正忘れか、野坂の政治判断かは不明だが、唯一、毛沢東修正が元原稿に戻された箇所である。

以上は、筆者による仮の解読にすぎない。まだポツダム宣言は出ていない局面である。中国革命史や毛沢東研究者に資料を公開し、学術的に検討してもらおうと考えた所以である。

## 7　公開されず忘れられた手紙

### 野坂の「亡命十六年」は徳田・志賀「獄中十八年」と妥協した

これらの問題は、日本の八・一五から新憲法へと直結する。信州川上村に眠っていた茶封筒と四通の手紙は、おそらく一九四六年一月一二日の野坂参三帰国前後に、何らかのルートで持ち込まれたものだろう。

野坂は、モスクワ、朝鮮半島経由で帰国し、民主化の旗手として、国民的歓迎を受ける。今ならタレント並みの人気だったが、モスクワまでまわった野坂の終戦後の帰国経路の詳細は、注意深く伏せられた。アール・ブラウダー米国共産党書記長の助けで、一九三四―三八年はアメリカにいたことも、一九六二年の七〇歳誕生日まで秘密にされた。

すでに四五年一〇月一〇日に出獄し、「人民に訴う」を発表して「天皇制打倒」を掲げていた徳田球一・志賀義雄とは、天皇問題での調整が必要だった。党は分裂するだろうという見方さえあった。一月一三日、東京駅で野坂は群衆に囲まれた。その日、野坂、徳田、志賀の妥協が成り立った。「天皇制打倒」とは「天皇制の廃止」であり、「皇室の存続とは別問題」と解説された。

そこで茶封筒が果たした役割は、当事者にしか分からない。野坂にしてみれば、自分の戦後構想がスターリンと毛沢東に承認され、国民党蔣介石にも伝えた証拠書類で、「天皇制打倒」を掲げ続ける徳田・志賀への説得材料だった。これに「水野資料」中の米軍ディキシー・ミッションのお墨付き、GHQリベラル派の支持が加われば、野坂の「亡命十六年」は、徳田・志賀の「獄中十八年」に対して、優位に立ちえた。かくして野坂路線に沿った「愛される共産党」が誕生した。

## 野坂除名で見捨てられた茶封筒の運命

もっとも実際の象徴天皇制は、「人民投票」を待つまでもなく、野坂の帰国直後に、マッカーサーと米国政府により決定された。茶封筒はそのまま封印された。しかし新生中国の行方は定まらず、焼却されることはなかった。野坂の戦後日本地図にはなかった沖縄、朝鮮、台湾では、軍事占領・内戦が続いた。

一九六七年に、野坂参三が共産党中央委員会を代表して水野津太に党資料返還を要求したときには、戦後混乱期なら力を持ち得た茶封筒も、用済みになっていた。野坂は、その所在を忘れたまま、自伝『風雪のあゆみ』執筆は、延安入りまでの話に留めた。

一九九二年末の日本共産党による名誉議長野坂参三の除名は、旧ソ連スターリン粛清期に盟友山本懸蔵を「売った」ことだった。

しかし、その四か月前に、予告編が出ていた。『赤旗』九二年八月一六日付に、宇野三郎「敗戦直後の天皇制にかかわる岡野見解について――NHKスペシャル『東京裁判への道』放映に関連して」という批判論文が突如掲載され、「野坂参三名誉議長のNHK担当部門への回答」という事実上の自己批判が付されていた。

野坂除名後の不破哲三『日本共産党にたいする干渉と内通の記録』（上下、新日本出版社、一九九三年）も、終戦期の野坂の「天皇制の枠内での改良」を厳しく批判していた。つまり、野坂の一九二八年検挙時から敗戦前後も一貫した天皇論は、「天皇制廃棄」を掲げる二〇世紀の日本共産党にとっては、もともと許容しえないものだった。

ところが野坂を批判した不破哲三自身が、二一世紀に入ると、「象徴天皇制」は「君主制」でないという奇妙な理由で党創立以来の旗を下ろし、天皇制を追認するにいたった。

しかし、前半生を党のために献身し、いつからか野坂から顔かたちも忘れられた無名の元女性党職員は、茶封筒を保存し続けていた。それは、野坂の党除名、寂しい死から十年、再び息を吹き返した。

これらの手紙が、その後も秘匿され、公表されなかった事情は、また別の角度から解明さるべきドラマとなる。

# 第Ⅱ部　ゾルゲ事件と情報戦

# 一　岡繁樹の一九三六年来日と荒畑寒村の偽装転向

## ――ゾルゲ事件発覚の知られざる背景

### 1　はじめに――情報戦における岡繁樹

岡繁樹（一八七八―一九五九年）といっても、現代の若者たちには、なじみがないだろう。高知県出身者なら、名前ぐらいは聞いたことがあるかもしれない。インターネットで検索すると、松尾理也「Portraits of Japanese Immigrants in the Early Years」に、破天荒な略歴が載っている（http://www.geocities.co.jp/HeartLand/8808/PROFILES/okashigeki.htm）。

一八七八年八月二四日、高知県安芸市に生まれる。中学三年間で二回放校処分を食った。一七歳で家出し上京。神田三河町の下宿に住んで、人力車を引いて夜学に通った。叔父黒岩直方（周六の養父）は土佐勤王の一人で、土方久元、田中光顕、南部みかおなどの親友であった。一八九九年、陸軍士官学校が不合格となったゆえ、黒岩周六（涙香）に頼んで万朝報に入社。幸徳秋水、堺利彦、木下尚江などと知り合う。一九〇二年三月一五日に横浜を出て、桑港に着いたのが四月三日。以後、サンフランシスコでは金門印刷所を経営する一方、平民社の幹部として在米社会主義者の拠点となる。太平洋戦争時、米軍に参加しインド方面で対日本軍工作に従事、ビラの作成などにあたる。

情報戦やメディア史の専門家なら、英語サイトを検索して、カリフォルニア大学ロサンゼルス校図書館のコレクションに、「岡繁樹ペーパーズ」が入っているのを見出すだろう（Oka Shigeki Papers, http://www.oac.cdlib.org/findaid/ark:/13030/ft6m3nb18k）。そこに出てくる「Yorozu Chh」が『万朝報』であることがわかれば、あとは連想ゲームである。黒岩涙香、幸徳秋水、平民社といった流れに目を配り、アメリカ西海岸の日本人・日系移民の歴史を調べていけば、二〇世紀海外日本語ジャーナリズム史における岡繁樹の重要性が浮かび上がってくる。

だが、岡繁樹の本格的研究は、ほとんどない。『日本社会運動人名辞典』（青木書店、一九七九年）や『近代日本社会運動史人物大事典』（日外アソシエーツ、一九九七年）には履歴が収録されているが、なぜかどちらも没年が「一九五四年」となっている。筆者は、実弟岡直樹の文章に従って、一九五九年六月五日八〇歳大往生説を採る（岡直樹・塩田庄兵衛・藤原彰編『祖国を敵として』明治文献、一九六五年、二二頁）。

本章は、初期社会主義者、反骨のジャーナリストとして語られることの多い岡繁樹を、一九三〇年代日本の反戦平和運動史、情報ネットワーク史、荒畑寒村検挙と人民戦線事件との関わり、思わざる結果としてのゾルゲ事件とのつながりにまで広げる試みである。

## 2　三六年『外事警察概況』の米国共産党日本人部分析

### アメリカからの左翼文書流入と在米日本人監視

一九三五年末に作成された内務省警保局編『昭和十年に於ける外事警察概況』は、アメリカ合衆国における左翼運動・共産主義運動について、かなりの紙数を割いている（内務省警保局『極秘　外事警察概況　第一巻　昭和一〇年』龍渓書舎、一九八〇年、一二七―一四六頁）。その「欧米関係　左翼運動の国際的連絡」冒頭では「在米邦人共産主義運動の状況」を取り上げ、日本共産党壊滅後の日本社会にとっての、アメリカからの左翼宣伝活動の危険を警告する。

最近本邦に於ける共産主義運動取締施設の充実完備並満州国の成立其他国際情勢の変化等に鑑み浦塩上海等よりする本邦に対する赤化路線のみを以ては其の不利困難なることを覚知せるコミンテルンに於ては、近似米国方面より在米邦人共産主義者等を利用して本邦船員、各種労働団体、左翼新聞雑誌関係者其他に対し邦文共産主義宣伝印刷物を配布若は送付するの手段を採用し旺に同方面よりする赤化宣伝に活躍しつつあり（『極秘　外事警察概況　第一巻　昭和一〇年』一二七頁）。

このように述べて、ニューヨークに日本人二〇―三〇名、朝鮮人二〇〇名、ロサンゼルスに日本人一五〇名の左翼がおり、サンフランシスコに加えてカナダのバンクーバーにも約四〇名の日本人カナダ共産党員がいて、『国際通信』『労働新聞』『海上通信』『太平洋労働者』『日本海員諸君に訴ふ』『或る兵士の手記』『ファシズムと戦争』『英国海軍事情』『海の叫び』『新婚アパート』等々の日本語左翼文書が、郵送や海員ルートで日本に持ち込まれている事態が、詳しく分析された。

そこでは、『国際通信』等の発行所になっているニューヨークが特に重視されたが、「同パンフレットは日本語にて印刷せられ専ら邦人特に内地邦人を目的にするものにして、紐育市東十二番街九番地『プロンプト・プレッス』なる印刷所に於て発売し居るも、果して同所に於て印刷し居るや又如何なる邦人が之を為しつつありやは目下の処判明せず」という状態だった（一二九頁）。印刷所の所在も、個人名を挙げた具体的な流入ルートの解明も、まだ出来ていない。

## 岡繁樹検挙による米国共産党日本人部解明

ところが、翌一九三六年末の『昭和十一年に於ける外事警察概況』の分析は、日本官憲にとっての在米日本人共産主義運動解明に、大きな飛躍があったことを示している。

この年の「欧米関係　左翼運動の国際的連絡」では、「一　米国共産党の組織概要」「二　対日宣伝」「三　米国共産党第十三区所属日本人支部の結成経過」「四　米国共産党並に日本人部発行の各種機関紙、定期刊行物」「五　米国共産党日本人部関係邦人の検挙」「六　海外よりの左翼宣伝印刷物発見状況」が、実に八〇ページ以上に渡って詳細に報告されている（内務省警保局『極秘　外事警察概況第二巻　昭和一一年』二八二―三六四頁）。

この膨大な情報収集のもとになったのは、おそらく「五　米国共産党日本人部関係邦人の検挙」によってであると、見当がつく。実際、そうであった。日本側官憲からすれば思わぬ情報源が、アメリカから飛び込んできた。片山潜、幸徳秋水、堺利彦らの古い友人で、サンフランシスコで金門印刷所を営む岡繁樹である。岡繁樹は、長く海外にありながらも、大正期日本官憲の「特別要視察人」の一人であった（「特別要視察人状勢一班　第六」『続・現代史資料一　社会主義沿革一』みすず書房、一九八四年、四五〇頁）。

『昭和十一年に於ける外事警察概況』の「五　米国共産党日本人部関係邦人の検挙」は、次のように述べている。

高知県人、米国加州桑港金門印刷所主、岡繁樹当年五十年は、約三十年在米中の処昭和十一年五月十四日横浜入港の秩父丸にて渡来、東京鉄道ホテルに滞在し、爾来在京共産主義者、荒畑寒村其他思想容疑者と屡々来往其の渡来目的其他容疑の点ありたるに依り、同月二十七日警視庁に於て検挙し厳重取調べの結果、本名は明治三十五年渡米以来、常に在米邦人労働者を対象に階級闘争並に左翼運動の宣伝煽動に努め且つ昭和五年夏より同九年末に至る間、米国共産党第十三区支部日本人所属邦人党員と連絡し、左翼邦文出版物たる「労働新聞」「太平洋労働者」「国際通信」「群声」（漢文）等の印刷に当り自己の経営する金門印刷所に於て、印刷製本し又、昭和八年秋以来、前記荒畑寒村に対し其の主義運動を支援する目的を以て、国際共産党機関誌「インプレコール」「国際パンフレット」其他の英文共産党宣伝物を秘に郵送し、今回の渡来に際しても「インプレコール」二部「国際パンフレット」五部を持来し荒畑に提供せる事実判明せるを以て、七月八日、治安維持法、新聞紙法、刑法違反被疑者として、七月八日事件を東京地方裁判所検事局に送致したるが、改悛の情顕著なるに依り起訴留保となれる(内務省警保局『極秘　外事警察概況　第二巻　昭和一一年』龍渓書舎、一九八〇年、二九二—二九三頁)。

「四　米国共産党並に日本人部発行の各種機関紙、定期刊行物」中の「米国共産党並に日本人発行の刊行物」は、「邦文刊行物」として、『労働新聞』『太平洋労働者』『国際通信』『海上通信』『汎太平洋水上労働者』『救援の友』を挙げている。日本の外事警察は、これらの印刷が、奥付にある東部のニューヨークはカモフラージュで、実際は西部のサンフランシスコにある岡繁樹の金門印刷所で行われていたことをつきとめた。

米国に於て発行されつつある共産党関係邦字定期刊行物は左表の如くなるが、何れも米国共産党第十三区日本人部所属党員、カール濱、松井周二、矢野某等により編集され党所有の日本活字を使用組版し夫々、紐育［ニューヨーク］、市俄古［シカゴ］、沙市［シアトル］等に於て発行印刷しおれるが如くに奥附を附し党印刷部又は、桑港［サンフランシスコ］乃至羅府［ロサンゼルス］所在邦人経営印刷所を利用印刷させ、党員由比直躬等により米国各地に送附され更に各地党員の手により本邦に送附されおるものと認めらる(二九一頁)。

## ゾルゲ事件宮城与徳供述に匹敵する岡繁樹証言の具体性

ここでいう「桑港所在邦人経営印刷所」が、岡繁樹の金門印刷所であった。これとは別にロサンゼルスに「党印刷部」があることにも――おそらく印刷活字の違いから――、日本官憲は気づいていた。ただしそれが、岡野進（野坂参三）、ジョー小出（小出貞治＝鵜飼宣道）らがコミンテルンの秘密ルートで日本語活字を取り寄せ直轄した秘密印刷所であることまでは、供述した岡繁樹も、大物「主義者」を掌中にした日本の特高警察も、まだ認識していない。岡繁樹の印刷所で作られる漢文印刷物『群声』が、米国共産党中国人部の関わる中国大陸向け宣伝物であることにも、気づいていない。

この線を更に追いかけていけば、この頃東京で活躍中のリヒアルト・ゾルゲ、尾崎秀実らの「ラムゼイ」諜報団にも、上海で活動するアグネス・スメドレーがコミンテルンの資金援助で刊行する『Voice of China』にも、太平洋戦争直前まで待たずとも、近づき得たのだが（クレア＝ヘインズ＝フィルソフ『アメリカ共産党とコミンテルン』五月書房、二〇〇〇年、の文書一二・二〇参照）。

より重要なのは、「三　米国共産党第十三区所属日本人支部の結成経過」の項である。「一同志の語る処によれば」として掲げられているが、実はほとんどが後述する「岡繁樹聴取書」をもとにした、カリフォルニアにおける「アメリカ共産党日本人部」についての歴史的記述である。以下の岡繁樹検挙の「成果」である官憲資料は、よく知られたゾルゲ事件の被告宮城与徳の一九四二年「手記」（『現代史資料三　ゾルゲ事件三』みすず書房、一九六二年）と照らし合わせて、その信憑性を測りうる、貴重な資料となる。

大正十一年桑港在留邦人労働者、池田豊作（秀雄）小林勇、岡繁樹、松井周二、健物貞一等の左

翼分子が中心となり在米邦人労働者の団結を目的に、マルクス主義による階級戦社を創立し、機関紙「階級戦」を発行し同志の獲得、主義の宣伝に努めたる結果、桑港に於て、三浦武雄、武島建二、奈倉ジョージ、奈倉弘、瀧尾義雄、M、小池、由比直躬、又羅府に於て、箱守改造、福永興一等の同志を獲得し、活発なる活動を続け居れる内、其の中心が次第に同志中最も戦闘的分子なりし健物貞一、松井周二、等の手に移るに従ひ、階級戦社は両名を中心とせる労働倶楽部の結成となり機関紙「階級戦」は「大衆」となり「労働」と改題さるるに至り、更に昭和二年健物貞一、松井周二等の米国共産党に正式入党を許可さるると共に労働倶楽部は愈々正式に米国共産党第十三区支部に所属するに至り機関紙、「労働」は更に「労働新聞」と改名し爾来同党の指導下に入り資金の補助を受け其の活動範囲も亦、桑港［サンフランシスコ］を中心に、羅府［ロスアンゼルス］、沙市［シアトル］、櫻府［サクラメント］、フレスノ等の各都市に拡大し益々活発なる活動を開始するに至れり。

而して、昭和三年初め、党員、三浦武雄、井上元春一派は、健物貞一、一派との意見の対立による内部闘争により一時機関紙の発行も中止し活動も衰微せんとせるも当時在紐育第二区所属邦人党員矢野某（本名後藤）が桑港に派遣せるるに及び矢野は、健物貞一、一派を支持し異分子を清算し機関紙「労働新聞」を再刊再び活動を開始せるが、昭和六年六月、桑港日本新聞社争議に際し同志、奈倉弘は自動車事故により即死し、翌七年春リーダー健物貞一、小林勇の両名は米国官憲により検挙され国外追放を受け、次で堀内鉄治、箱守改造、福永興平、等も亦同様羅府に於て検挙国外追放と共に入露せる為現在正式党員として活躍しつつあるは第十三区所属邦人党員、カール濱、奥津繁夫、池田豊耕、村田繁雄、（以上桑港）由比直躬、松井周二、武島建二、小倉進、今井綾子（以上羅府）

等約四十名に過ぎず其の活動中心は羅府に移動せるものの如く、又、紐育［ニューヨーク］に於ては、瀧尾義雄、三浦武雄、西村義雄、石垣榮太郎、田中某女［石垣綾子］等が中心となり活動し居たる模様なり。

尚、桑港第十三区所属日本人部に於ては、桑港ＩＬＣ（International Labor Defence）及国際海員倶楽部に参加し其の一翼として機関紙、「救援の友」其他の邦文パンフレットを発行し之れが運動を援助しつつありて、桑港には名倉支部、羅府には、小林支部（小林多喜二を記念せるものにして元佐野支部と称す）又紐育には片山支部を有するも何れも有名無実にして、宣伝上随時之等の名称を利用するに過ぎず、関係人物も亦、カール濱、其他の同一党員により結成され其の間何等の区別すら附し得ざるものの如し（『極秘　外事警察概況　第二巻　昭和一一年』二八四―二八五頁）。

この詳細な米国共産党日本人部についての情報は、今日的意義を持っている。というのは、ここに登場する指導者健物貞一、堀内鉄治、箱守改造、福永与平らが、一九三一―三三年にソ連に亡命して（いわゆる在ソ日本人「アメ亡組」）、三六―三九年にはほとんどがスターリン粛清の犠牲者となったことが、旧ソ連秘密文書の公開で明らかになった（小林峻一・加藤昭『闇の男』文藝春秋社、一九九三年、ジェームズ小田『スパイ野坂参三追跡』彩流社、一九九五年、加藤哲郎『モスクワで粛清された日本人』青木書店、一九九四年、同『国境を越えるユートピア』平凡社、二〇〇二年）。その旧ソ連秘密警察により「日本のスパイ」とされた犠牲者たちの足跡を辿り検証する際に、当時のこうした官憲資料は、不可欠の素材となる。

また、後に一九四一年北林トモ逮捕に始まる日本官憲のゾルゲ＝尾崎諜報団摘発にあたっても、これら「米国共産党日本人部」情報の蓄積・データベース化と有力メンバーの監視・検挙が、官憲側にとっての有力な捜査資料となった。

## 3　三六年「岡繁樹聴取書」――屈辱の供述内容と偽装転向

### 岡繁樹が日本に持ち込んだ日英文左翼文献

一九三六年五月、二・二六事件後の日本に、片山潜や幸徳秋水、堺利彦の古い友人で「特別要視察人」、アメリカ共産党員ではないが機関紙『労働新聞』等米国共産党日本人部の発行する日本語印刷物の印刷を一手に引き受けていた、サンフランシスコ金門印刷所の経営者岡繁樹が、一時帰国した。情報を得て張り込んでいた特高警察は、早速東京ステーション・ホテルで検挙し、拷問を加え、岡繁樹は、屈辱の供述を強いられた。

しかしそれは彼の生前に発表されることはなく、岡繁樹は、日米戦争中米軍に積極的に協力しビルマ戦線での対日宣伝（ホワイト・プロパガンダ）に従事、反骨の在米ジャーナリスト、不屈の平和主義者として、今日でも郷里高知に名声を残す（『高知新聞』二〇〇一年六月六日）。

その一九三六年逮捕時の供述記録である「岡繁樹聴取書」は、秘かに官憲資料として残されていたが、荻野富士夫により発掘・収集され、一九九一年に復刻された（一九三六年六―七月、神奈川県立文化資料館所蔵「神奈川県特高関係資料」所収、『特高警察関係資料集成』第六巻、不二出版、一九九一年、三九七―四一四頁)。

ガリ版刷りで読みにくいこの資料は、岡繁樹が日本に渡った娘の就職と婿探しのため来日し、アメリカで発行された日本語・英語左翼文献とみやげの「猥本猥画」等印刷物を荒畑寒村らに渡そうと持ち込み逮捕された際の、警視庁麹町警察署での特高警察への供述である。

荻野富士夫による『特高警察関係資料集成』第六巻「解題」は、「本資料は、在米社会主義者岡繁樹が、一九三六年に帰国した際、警視庁外事課に検挙され、六月二九日と七月一八日の二度にわたって麹町警察署で作成記録された『聴取書』である。岡の事件に関連して、取調べを受けた荒畑寒村(淀橋警察署)と画家の彦山禎吉(麹町警察署)の『聴取書』も『神奈川県特高関係資料』中にある」と、その資料的意義を述べている。しかし、荻野によっても、この供述とゾルゲ事件との関わりは、論じられていない。

岡繁樹を主題的に扱った唯一の書物である岡直樹・塩田庄兵衛・藤原彰編『祖国を敵として』(明治文献、一九六五年、一部は田村紀雄編『海外にユートピアを求めて』社会評論社、一九八九年、所収)には、実弟岡直樹の評伝「兄 岡繁樹の生涯」が納められており、三六年一時帰国の経緯と顛末は、次のように語られている。

兄の長女道子がはじめて日本を訪問した時、私は日本に帰っていたので横浜で出迎えた。……道子は日本が好きで、親戚の斡旋で国際子女親善協会に勤務することとなり、間もなく同協会から道子が、英文の日本の水泳に関する書籍を出版した。その後同協会が日米親善のため米国大統領夫人に日本人形を贈呈することとなり、その使節団長に道子が選ばれて渡米するとラジオの放送があった。これをきいた兄は、急遽日本に行き、朝野の名士を知っている関係上娘の行いを盛んにせんと渡日した。しかし事志とたがい雲行き険悪であると察し、先ず郷里に祖先の墓参をして、東京の鉄道ホテルに帰ったところ、誰れかの密告によるか、張込んでいた警官のためそのまま連行、麹町署に収容された。罪状は共産党の大物としてらしく、都合七、八〇日留置されたが、郷土の先輩富田幸次郎氏等の尽力で漸く釈放された。

折角娘の行いを盛んにせんとわざわざ帰国した目的が反対の結果をもたらし、娘は父が留置されるや直ちに使節を辞退した。この事件を釈放後大阪の新聞が、殆ど一頁に亘って「桑港の顔岡繁樹」と題して大々的に掲載したとのこと。まもなく渡米して、前々からの日本の軍部の度重なる横暴を憎み、かくては日本はやがて軍部によってほろぶと喝破し、どうしても日本のために是非とも軍部をブッ潰さなくてはならぬと、切磋琢磨して独力を嘆いていた（一四―一五頁）。

釈放に尽力した富田幸次郎は、自由民権の政治家で『高知新聞』社長兼主筆、一九〇八年以来衆院当選一〇回で民政党幹事長もつとめた。この事件の翌三七年には衆議院議長になっている。岡繁樹自身、土佐高知の生んだ黒岩涙香の遠縁で、幸徳秋水・堺利彦と共に『万朝報』記者をつとめた後、アメリカに渡っていた。

## 「幸徳事件への連座」ではなかった検挙理由

伊藤一男によれば、岡繁樹の未発表自伝草稿がサンフランシスコCJCCNC日米資料室に残されており、そこでは一九三六年逮捕を「幸徳事件への連座」と述べているという（『桑港日本人列伝』PMC出版、一九九〇年、二五一頁）。

『祖国を敵として』では、「私は売国奴か」と題する戦後の遺稿で、岡繁樹自身が、この一九三六年検挙を、次のように述べる。

日本政府は日本人である私を国内から追放しようとした。仮名を使わねば帰れない私の祖国日本！　私が日本へ帰ると必ず特高は私の背後に尾行し、投獄しようとした。警視庁の一室で受けたあの残忍な拷問を忘れる事が出来ぬ。併しアメリカでは私は自由であった。開戦の報に接した瞬間、私の心は決っていた。アメリカの為に力を尽くそう（同書、五四―五五頁）。

『祖国を敵として』は、戦時中のビルマ戦線における日本兵士に対する宣伝活動と資料を満載して歴史的に重要であるが、この特高の拷問によって何を供述したかは、官憲側の記録以外にはない。その「岡繁樹聴取書」の「米国共産党並ニ同党日本人支部ニ対スル認識」の項は、アメリカ共産党日本人部機関紙『労働新聞』、汎太平洋労働組合サンフランシスコ支部『太平洋労働者』を印刷している関係であろうか、サンフランシスコの活動家健物貞一、松井周二、小林勇、池田秀雄、武島建二、村田敏夫、奈倉襄二・弘兄弟、M・小池、由比直躬、井上元春らの名と活動を挙げ、異様に詳しい。片山潜や幸徳秋水と『平民』を出していた時代から、「矢野某［矢野努、党名武田、本名豊田令助］

がニューヨークからオルグとして派遣され活動した時期までを詳述し、ロサンゼルスの福永与平、箱守改造、カール事浜清、西村明治、堀内鉄治ら、ニューヨークの龍尾義雄、三浦武雄、西村義雄、石垣栄太郎・綾子夫妻をも、米国共産党員だと述べる。

「昭和三年初メ三浦、井上両名ハ健物ト意見ノ対立ヲ来シ紐育ヨリオルグトシテ『矢野某』(本名後藤)ガ桑港ニ派遣サレテ来テ健物一派ヲ支持」「同年末井上ハ羅府ニ三浦、龍尾ハ相前後シテ夫々十三区支部ヨリ離脱シテ紐育ニ行キ昭和四年ニハM・小池ガ朝鮮ニ渡リ昭和六年六月頃桑港日本新聞社争議ノ際奈倉弘ガ自動車事故ニヨリ即死」という具合で、党内闘争や党員の移動も、詳しく述べる。これら自分の見聞した在米日本人左翼運動の歴史的経過の供述が、おおむね『昭和十一年に於ける外事警察概況』の「三　米国共産党第十三区所属日本人支部の結成経過」に採用され、基礎となっている。

その過程で、岡自身も共産党員だろうと詰問され、拷問されたのであろうか、あるいは親友幸徳秋水の「大逆事件」を意識してであろうか、自分は日本共産党とは天皇制についての意見が違う、と述べる。

私ハ日本共産党ニ対スル意見トシマシテ「土地ノ国有」「私有財産制ノ否認」「労働者農民ノ政府樹立」等ニ対シテハ賛意ヲ表シテオリマスガ「天皇制ノ廃止」ニ対シテハ反対デアリマス、何故ナレバ日本ノ様ニ天皇ハ神ト仰グ国ニ於テハ国民ノ等シク陛下ノ勅命ニヨリ政治ヲ考ヘル国デアレバ議会ニ多数ノ労働者ヤ農民ヲ送ツテ天皇ニ労働者農民ノ政府樹立ヲ請願スレバ容易ニ日本共産党ノ主張ハ実現サレルノデアツテ仮ニ天皇制ガナイトスレバ却而全国的ニ英雄割拠状態トナリ非常ニ不利益ヲ招来スル結果トナルト思フカラデス（六月二九日陳述、『特高警察関係資料集成』第六巻、四〇一頁）。

### 健物貞一も鬼頭銀一も出てくる岡繁樹聴取書

しかし、特高警察は、すでにコミンテルン第七回世界大会における「反ファシズム人民戦線」の決議と、岡野［野坂参三］・田中［山本懸蔵］「日本の共産主義者への手紙」（一九三六年）における「天皇制打倒」から「ファシスト軍部反対」への戦術転換をキャッチしていた。日本国内への左翼文献の大量流入から、指導部が壊滅したはずの日本共産党のみならず、日本人数百人を組織したアメリカ共産党をも監視の射程に収めていた。

岡繁樹は、日本共産党に距離はおいても、今度はアメリカ共産党への帰属を問われ、自分は米国共産党に入党申請しようとしたが拒否されたので党員ではない、と弁明する。

私ハ未ダ入党ハ致シテ居リマセンガ昭和二年春頃当時ノ邦人党員中ノ指導者格デアッタ健物貞一ニ入党ノ希望ヲ申入レタ事ガアリマシタガ当時ハ労働者デナイ私ハ入党スル事ノ資格ニ於テ欠クル所ガアルト言ツテ体良ク拒否サレマシタガ併シ私ハ夫レニヨツテ主義ニ対スル意識ハ消滅スル程薄弱ナモノデハナク其ノ後私ハ党ニ対スルシンパトイフ立場ニ於テ甘ンジテオリマシタ（六月二九日陳述、同書四〇一頁）。

その文脈で、アメリカ共産党日本人部の重要人物、機関紙『労働新聞』編集長で三一年末にソ連に亡命した健物貞一と、三〇年末に上海でリヒアルト・ゾルゲを尾崎秀実に紹介し三二年九月に別件で逮捕されたが、この三六年頃日本で活躍している「ラムゼイ・グループ」＝ゾルゲ諜報団誕生のきっかけをつくった鬼頭銀一にも、岡繁樹自身はその重みを自覚することなく、言及する。ただし、後の事件発覚時に尾崎秀実がリヒアルト・ゾルゲを紹介されたと供述した謎のアメリカ共産党員「鬼頭銀一」については、「岡繁樹聴取書」から『外事警察概況』に要約されるにあたって、日本官憲により名前が消されている。

「労働新聞」ハ党員が党自身デ所有スル活字ヲ使用シテ文選、組版シタモノヲ私ノ処ニ持参シ不足活字ノミヲ私ノ処デ補充シテ単ニ印刷スルトイフ程度デアリマシタ。「太平洋労働者」「水上労働者」「群青」等ハ夫々其ノ都度松井、村田、夫レニ支那人ルー（羅）等ノ党員ガ私ノ処へ出張シテ来テ私ノ処ノ活字ヲ使用文選組版シテ更ニ印刷スルコトニナッテオリマシタ。……私ガ「階級戦」第六号ニ米国社会主義者牧師「ブラウン」ノソヴェートロシアニ関スル論文デ鬼頭銀一ノ邦文ニ翻訳セルモノヲ掲載セルニ対シ健物、福永等ノ非難ヲ受ケタル事アル為当時入党ノ希望ヲ持ツテ居リマシタガ健物等ニ敬遠サレ入党スル機会ガナク其儘トナッテオリマシタガ、私ハ終始党ニ対スル支援ハ私ノ主義的良心ニヨツテモ変ル事ナク引続キ今日デモ実際活動ニハ参加シナクトモ引続キ同情者トイフ立場ヲ守ツテ党ノ活動ヲ支援シテ来マシタ（七月一八日陳述、同書四〇五―四〇六頁）。

岡繁樹は、「自伝草稿」でも、「私は一度も共産党に入った事はなかった。私は古くから主義の運動に関係して居て色々な事を知って居るので、若い連中からケムッタがられていた。党の直の中心人物は常に私の処に色々の相談を持ちかけた」と書いているから、共産党の組織経験がなかったことは事実だろう（伊藤一男『桑港日本人列伝』二五一―二五二頁）。しかし入党を申請したが拒否されたとは、「自伝」では書けなかったのだろう。

## 『階級戦』における健物貞一と鬼頭銀一の対立

岡繁樹が、岡山県出身の若輩、「第二の片山潜」といわれた健物貞一に入党申請した時期は、文脈からすると、一九二七年頃のことになる。岡繁樹が、鬼頭銀一の翻訳した米国社会党員（共産党からすれば「社会民主主義者」）ブラウン牧師の論文を、米国共産党内日本人グループの機関紙化しつつあった『階級戦』第六号に掲載したことが、米国共産党員健物貞一・福永与平らに批判され、このイデオロギー問題と岡が労働者出身でないことから、入党申請したが入党できず、支持者として今日に至った、という供述である。

この『階級戦』紙上のイデオロギー的問題については、わが国の在米日本語メディア研究を牽引してきた田村紀雄による研究がある。それによると、問題になったのは第六号（一九二六年一二月五日）の翻訳ではなく、第七号（一九二六年一二月五日）の「鬼狂生」名の「正しき叫び」という論文であった。キリスト者で在欧中革命直後のロシアに入ったロシア通の文章にされており、日本の社会主義における文化主義の偏狭を指摘した。執筆者について、田村紀雄は「山辺清の可能性」を述べているが、「鬼」

という署名とキリスト教との関わりからすると、日本力行会出身でキリスト教をぐって共産主義に近づいた鬼頭銀一が、岡繁樹のいうように、ブラウン牧師の訪露記を踏まえて書いた文章を下敷きにしたとも考えられる。この論文は、第九号（二七年二月五日）で、高木不可止、南八郎（いずれも筆名）から厳しく批判される（田村紀雄「新聞『階級戦』と剣持貞一」『東京経済大学　人文自然科学論集』第一二二号、二〇〇六年一〇月）。

実際一九二〇年代には、日本の「アナ・ボル論争」「山川イズム対福本イズム」の対立が、在米日本人の中にも持ち込まれていた。米国社会党にも目配りする岡繁樹や鬼頭銀一は、さしずめ「山川イズム」で、健物貞一や福永与平らは、西海岸の文芸雑誌や労働運動で「福本イズム」的風潮をもたらしていた。

デンバー大学出身の鬼頭銀一は、その後アメリカ共産党日本人部再建の指導者となり、コミンテルン要員として上海に派遣されてゾルゲ、スメドレー、尾崎秀実、水野成らを結びつける。しかし一九三一年九月に別件で上海日本領事館警察に逮捕され、毛利基特高刑事らに訊問され、米国共産党日本人部一六名についての最初の本格的供述を残す（内務省警保局「昭和六年中に於ける外事警察概要　欧米関係」、荻野富士夫編・解題『特高警察関係資料集成』第一六巻、外事関係、不二出版、一九九一年）。三三年執行猶予で釈放後は神戸で尾崎秀実と再会しゴム販売業「鬼頭商会」を開業するが、三八年には南洋パラオ諸島ペリリュー島に渡っていて、何者かに毒殺される。

## 岡繁樹が漏らした荒畑寒村のコミンテルン文献収集

岡繁樹が来日した一九三六年は、日本側官憲にとっては、アメリカからの『国際通信』『太平洋労働者』等左翼文献の流入への対策が、国内日本共産党中央委員会が三四年袴田里見逮捕で壊滅した後の最重要課題になっていた時期であった。そこへ当の問題印刷物の印刷所経営者が来日して、コミンテルン英文機関紙『インプレコール』等をみやげの「猥本猥画」と共に持ち込んで検挙され——この「猥本猥画」問題は、当時の左翼の女性観を示すものとして、別個の検討対象たりうる——詳しく供述したのであるから、警察の側からすると、大きな収穫であった。

岡繁樹は、そうした事情を知ってか知らずか、その流入ルートが、「米国各海岸ニ寄港スル邦船乗組員ヲ通シ或ハ直接日本内地ニ郵送或ハ最近太平洋航路船ノ取締厳重ナルヲ避ケ殊更ニ欧州航路ノ外国船船員ヲ経テ迄モ日本内地ニ連絡送付シテオルコト」を述べ、幸徳秋水、片山潜、浅原健三、大山郁夫、藤森成吉、加藤勘十らの米国滞在時の行状、堺利彦、荒畑寒村らへの左翼文書送付の経緯をも、詳しく述べている。

とりわけ、かつて日本共産党結成の中心にありながら、「労農派」としてコミンテルンから離れたはずの荒畑寒村に対し、「昭和八年五月堺利彦ノ全集ノ編集ヲシツツアル事ヲ確認」して中央公論社宛で「私カラ文通」を開始し、「荒畑ノ依頼デインプレコ其他ノ左翼出版物ヲ送付」するようになり、荒畑の秘密アドレス宛にコミンテルン機関紙『インプレコール』のほか米国共産党機関誌『デイリー・ワーカー』、『モスコー・デイリー・ニュース』、国際パンフレット等を送付し、三六年五月一四日横浜上陸直後に荒畑と会って「国際パンフレット」等を手渡したことが、詳しく供述されている。これが、次節の荒畑寒村検挙と「手記　荒畑勝三」の前提となる。

「岡繁樹聴取書」の末尾は、反骨の独立社会主義者、心情的無政府主義者岡繁樹にとっては、拷問により強いられた、屈辱の記録である。

今日私ハ今迄米国ニ於テ永年米国共産党邦人党員ト交ハリ共産主義思想ヲ信奉謳歌シ其ノ活動ヲ援助シ又私自身積極的ニ何レモ日本内地ニ搬入ヲ禁止サレテオル国際共産党並ニ米国共産党関係ノ宣伝出版物ヲ内地ノ同志ニ送付シタリシテ日本ニ於ケル共産主義運動ヲ援ケ且ツ其ノ実現ヲ望ンデオリマシタ事ハ悉く問題イデアルコトヲ今回ノ取調べニ依リ初メテ判然ト自覚スルコトガ出来タ次第デス、今後ハ寧ロ現在ノ桑港ニ於ケル地位ヲ利用シテ日本人トシテ日本ノ為ニ働キ度イト思ヒマス（七月一八日陳述、前掲書四一四頁）。

岡繁樹は、家族や富田幸次郎らの奔走でようやく起訴猶予になり釈放され、即刻アメリカに帰国した。ただしこれが「偽装転向」であったことは、その後の彼の活動で明らかになる。日米戦争が始まると、金門印刷所の日本語活字・印刷機をすすんで米国政府に提供し、米軍の反日プロパガンダ、日本兵捕虜工作に協力した。そして、一九三六年「転向」供述の存在は、一九五九年に八〇歳の生涯を終えた後も、長く忘れ去られることができた。

## 4　荒畑寒村の試練――岡繁樹検挙に巻き込まれた淀橋警察署「手記」

### 第一次共産党指導者荒畑寒村の「りっぱな」獄中闘争歴

二〇世紀日本社会主義運動のシンボルの一人である荒畑寒村は、戦後の岡繁樹の著書『井伊大老』に序文を寄せているが（『祖国を敵として』所収）、この三六年五月の出会いについては触れていない。『社会運動をめぐる人々』（著作集五、平凡社、一九七六年）等にも岡繁樹についての記述はない。『寒村自伝』では、初版（論争社、一九六一年）では触れていなかったものの、石堂清倫の協力を得た一九七五年岩波文庫版「日本社会党の成立」の項で岡繁樹に言及し、とばっちりの検挙をさりげなく述べている。

［一九〇六年］六月下旬、幸徳秋水氏が滞留中の米国サンフランシスコに起った大震災にあって、岡繁樹君と共に帰国した。岡繁樹は黒岩周六の甥で『万朝報』の腕ききの若手記者であったが、主筆の松井柏軒をなぐるような乱暴をはたらいて黒岩社長から勘当され、幸徳・堺両氏の世話で米国に渡った。両氏が『平民新聞』を発行して社会主義運動を興すと、彼はサンフランシスコ平民社を設けて、社会主義書類を取次いだり、自ら邦字新聞を発行したりして、はるかに故国の運動に声援を送っていた。戦前、彼がちょっと日本に帰ってきた時、警視庁は彼が国際的連絡の使命をもって来たのではないかと疑って拘留した。そして、彼と会見したおかげで、私も警察に検束されて調べ

られたことがある（『寒村自伝』岩波文庫、上巻、一九四頁）。

つまり、「戦前、彼がちょっと日本に帰ってきた時、警視庁は彼が国際的連絡の使命をもって来たのではないかと疑って拘留した」さいの供述記録が、先に紹介した一九三六年「岡繁樹聴取書」である。しかし、そればかりではない。「彼と会見したおかげで、私も警察に検束されて調べられた」記録も、荒畑寒村の淀橋警察署での供述として、歴史に残された。社会運動資料センター渡部富哉氏所蔵の貴重資料であるが、同氏の提供と了解を得て、ここに一部を公開する（萩野富士夫の述べる『神奈川県特高関係資料』「荒畑寒村聴取書」と同一であるかどうかは未確認）。

淀橋警察署の便箋一六枚に自筆で書かれた「手記　荒畑勝三」は、「経歴」「前科」「家庭の事情」「運動の経歴」「思想推移過程と日本共産党に対する認識」「現在の左翼運動に対する認識批判」「岡繁樹との連絡、経過、動機」「外国に於て横行する左翼出版物入手関係」「猥本猥画入手関係」「現在の心境」「将来の方針」「所持品に対する説明」から成る。

荒畑寒村は、私がモスクワで発見した一九二二年九月の日本共産党綱領では「総務幹事」、つまり第一次共産党創設時の最高指導者であった（加藤「一九二二年九月の日本共産党綱領（上・下）」『大原社会問題研究所雑誌』第四八一・四八二号、一九九八年一二月・九九年一月、「第一次共産党のモスクワ報告書（上・下）」『大原社会問題研究所雑誌』第四八九・四九二号、一九九九年八月・一一月）。一九二五年の解党にもただ一人反対した中央委員であったが、いわゆる「二七年テーゼ」にもとづく日本共産党再建（第二次共産党結成）には加わらず、第一次共産党創設以来の盟友堺利彦・山川均らと共に雑誌『労農』に集い、「労農派」の一員となった。

一九二八年三・一五事件では、すでに共産党を離れていたにもかかわらず検挙されたが、その警察権力に対する態度は、「荒畑勝三予審訊問調書」を収録した『現代史資料二〇　社会主義運動七』（みすず書房、一九六八年）で山辺健太郎が解説しているように、余計なことは語らず、自己の主張をはっきり述べた「りっぱなもの」であった。

その一九二八年「予審訊問」に先がけて作られた「聴取書」は、今日では外務省外交資料館「日本共産党関係雑件　東京地方裁判所ニ於ケル共産党事件被告人聴取書」中にあり、筆者が発見して井上敏夫『野坂参三予審訊問調書』（五月書房、二〇〇一年）に収録された「野坂参三聴取書」と同じ綴りで閲覧できる。野坂参三が党内の指導体系や人間関係をあからさまに供述し、自分は共産党員だが「二七年テーゼ」の「君主制の撤廃」スローガンにもともと反対だったと弁明するのに比べれば、検事に聞かれた限りで自分の知り得た範囲の事実だけを答える荒畑寒村の供述の方が、はるかに社会主義者らしい格調高いものだった。

## 日本共産党との関係を否定する荒畑手記

この岡繁樹来日に巻き込まれた荒畑寒村の「手記」も、基本的には、彼のこれまでの警察権力への態度を踏襲している。ただし、その論理は、岡繁樹の弁明と似ている。

現在でも思想としての共産主義の正しい事は認めてゐますが、その運動から離れてゐる身では、実際運動に就て多くを言ふ資格がありません。殊に日本共産党の現状に就ては全く知る所がないので、之に対しては批評が出来ません。私の知ってゐる限りの日本共産党は福本イズムの全盛時代で止まってゐますが、その思想的傾向と運動方法に対しては、私たちはそれが日本のプロレタリア運動に有害な影響を及ぼす事を信じて反対して来ました。その後、所謂テロリズム、又はギャング事件等の起こるに及んで、かくて日本共産党は全く非大衆的なセクトと化して自滅する外はあるまいと考えてゐました。

天皇制については、問われなかったためか、敢えて語らない。だが、岡繁樹からコミンテルン機関紙英文『インプレコール』等を受領した事実は、認めざるをえない。ただし、国際連絡ではなく、文筆活動の研究用だとする。

私は岡が米国に在住して日本では購入困難なる「インプレコール」を自由に購入し得らるる便宜があるだらうと思ひ、手紙で岡に同誌を送ってくれないかと依頼してやった所、岡から定期的ではありませんが、同誌を郵送して呉れるやうになり、昭和八年（一九三三年）の末頃から本年の初め頃に至りました。……当初、岡に「インプレコール」の郵送を依頼した動機は、昭和八年（一九三三年）の末に開かれたドイツ国会放火事件の裁判記事を調べ、それを取材して雑誌に寄稿したいと思ったのであります。……

私が岡に向って「インプレコール」の郵送を依頼してやったのは、全く雑誌の原稿の取材が目的であって、他意ある訳ではなかったのですが、然したしかに不謹慎であった事を今は明らかに認め、深く責任を感じてゐます。私自身が共産党運動と何の関係もないばかりでなく、岡もそのやうな関係をもってゐないと思ってゐましたし、かう云ふ出版物を送ってくれるのも単に私に対する個人的な好意からと考へてゐますから、今では郵送を依頼してやった事を、岡に対してすまなかったと思ってゐるやうな訳です。

ただ私としては、これを非合法的な目的のために利用すると云ふが如き考へからしたのでない事は、断言して憚かりません。私は昭和二年の初めに出獄（第一次共産党事件）して以来、日本共産党とは全く無関係であったのみでなく、その方針、政策等に反対して来たことは周知の事実であります。殊に昭和三年七月、第二次共産党事件の連累で検挙され、四年三月に保釈出獄後、私を非難攻撃してやまなかった共産党被告が、私を渦中にまき込まんとするが如き予審の陳述を知るに至り、憤慨の余り彼等にまき込まれるよりは自決するに如かずと思って、自殺を企てたやうな短慮な事もやった位です。

### 「手記　荒畑勝三」の弱気な弁明

荒畑「手記」の「現在の心境」の項は、荒畑寒村の文章にしては珍しく、弱気なものである。もちろん、戦後の『荒畑寒村著作集』等に、収録されたことはない。

私の心を打割って言へば、ともかくも三十年来、社会主義者として行動して来た者が、単に文筆で衣食するジャーナリストになり切って、実際運動とは全く無関係となった現状を省みると、時に自責の念、慚愧の感、腑甲斐なさを覚へざるを得ないのは事実です。

然し、齢すでに六十を越へて二十余年間の心労のために病を得るに至った妻の身の上を思ふと、かうする以外に方法はないと思ってゐます。然るに自分の不謹慎と浅慮とから、今回のやうな問題にかつぱつて、誰よりも第一に妻の心を苦しめ、却って病をわるくするやうな結果を招いだ事は、実に心苦しく感ぜられてなりません。……

現在の私は文筆で生活してゐる関係上、雑誌社の注文に対して原稿を書かねばならず、また雑誌社が私に注文するのは主として労働運動、一般に左翼運動の批判と云ふやうな種類なので、勢ひ前述来の如き材料を求むるやうになったのでありますが、今後はそう云ふ方面に取材する事は致しません。

現在の私は深く自分の不謹慎と浅慮とを悔ひ氏の問題に対する責任は甘んじて受ける覚悟で居りますが、今後は自ら深く注意戒心を加えて、ふたたびかかる過失を犯さぬ事を誓ひます。

妻のためにも自分のためにも、かう云ふ問題の渦中にまき込まれまいと思って、実際運動から退いたにもかかはらず、こんな事にかかはるやうな結果を招いだのは、実に慚愧に堪へません。これも全く私の軽率と不注意から起った事で、決して他意ある次第ではありませんから、此の点は諒解して頂きたいと思ひます。

私は負ふべき責任は当然負はなければならぬと考へてゐますが、若し幸ひにして前記の諸事情を考慮して下さり、寛大に取扱って頂けるならば仕合せであります。　以上こうして、主犯の岡繁樹が富田幸次郎らの奔走で起訴猶予・帰国となったため、とばっちりを受けた荒畑寒村も、ようやく釈放された。しかし、一九三六年の日本は、一九二八年と同じではなかった。日本共産党との組織的関わりを否定し、『インプレコール』入手は文筆活動の取材のためだと弁明しても、特高警察は、そうした文書のアメリカからの流入自体に頭を悩ましていた。すでに検挙された日本共産党員の圧倒的部分が「転向」し、政治的行為のみならず、思想そのものの誤りの告白を迫られている時に、三・一五事件当時と同じ供述の繰り返しでは、海外からの危険思想流入を根絶しようとする権力に、許容されるものではなくなっていた。

この事件が、翌一九三七年一二月一五日の荒畑寒村逮捕に始まる「労農派」大弾圧＝人民戦線事件に直接につながるとは、断定できない。しかし、日本の官憲が、コミンテルン「反ファシズム人民戦線」の波が「労農派」工作にまで及んでいることに気づき、米国共産党日本人部とその構成員の動向にいっそう注目したことは、疑いない。

## 5 小林勇検挙から「人民戦線事件」「ゾルゲ事件」へ

### 「アメ亡組」小林勇を日本に派遣した野坂参三

岡繁樹が「聴取書」を残した一九三六年、日本官憲は、もう一つの有力なアメリカ共産党日本人部についての内部情報を得た。野坂参三・山本懸蔵がモスクワから日本に派遣し、日本で秘密使命を果たす前に大連で捕まった、小林勇の供述である。
サンフランシスコの米国共産党日本人部に所属した小林勇は、かつて一九三〇年九月、アメリカで逮捕された際の供述記録が、『外事警察報』第一〇六号（一九三一年五月）に「米国に於ける邦人共産主義者の審問」として掲載されていた。だから、三一年九月の上海における鬼頭銀一検挙（治安維持法違反木俣豊次の国外逃亡幇助）以降厳しくなった日本領事館の監視のもとで、鬼頭銀一供述に始まる一九三一・三二年の「外事警察概要」の米国共産党の項には、小林勇の比較的詳しい経歴が掲載されていた。一九三二年末の記録には、こうある。

小林勇（三一、自称John Kobayashi）　本籍、広島県御調郡向島島西村六〇一三　本名は大正十年十二月渡米　昭和二年バークレーに於て共産党に加入、同五年一月桑港に転居同地共産党幹部の一員として邦人間に宣伝を為しつつありしが、昭和五年九月検挙せられ、同年十二月八日労働長官より送還命令を受けたるも、正式裁判を求めて敗れ更に控訴したるが其の後前記健物と同様の条件にて釈放せられたる如く、次に掲ぐる西村銘吉と共に健物と同一手段により五月二十四日独逸総領事館より有効期間八日間の通過査証を得て同月二十六日桑港出帆のタコマ号にて独逸経由入露したる趣なり（「昭和七年中に於ける外事警察概要　欧米関係」『特高関係資料集成』第一六巻、不二出版、一九九二年、四一〇頁）。

つまり、小林勇は、アメリカでの弾圧を逃れて「労働者の祖国」ソ連に亡命した米国共産党日本人部「アメ亡組」一七人の一人であった。アメリカ本国の共産党の仲間たちとは、ソ連入国後、音信不通となった。ソ連では、東方勤労者共産主義大学（クートベ）に学んだ。そして、モスクワのコミンテルン日本共産党代表である野坂参三・山本懸蔵の指令で日本に帰国しようとし、活動を始める前に、大連で逮捕された。

治安維持法違反検挙者を列記した『特高外事月報』昭和一二年九月号には、「小林勇　三六歳　昭和一一年一一月二〇日逮捕、同一二年八月一三日起訴、昭和二年三月頃労働組合、日本赤色後援会、其他左翼団体に対し、活動資金提供、九年初頃より四月頃迄の間邦字共産主宣伝文書の印刷発行に従事し、プロフィンテルン日本人責任者山本懸蔵と日本共産党の組織闘争方針につき協議す　広島出身笹岡商業学校卒業」とある（『社会運動の状況』昭和一〇年、「予審終結決定」『思想月報』一九三八年四月をも参照）。

なにしろ共産主義の総本山モスクワと、当面の海外からの左翼文書流入の焦点となっているアメリカ共産党日本人部の、双方を経験した日本人活動家の逮捕である。検挙から起訴まで九か月もかかっているのは、特高警察が聞き出すべき情報が、十二分にあったからであろう。

### アメリカもソ連も経験した小林勇の詳しい供述

その供述の一部は、『思想月報』第三八号（一九三七年九月）に「在米邦人の共産主義運動に関する調査」と題し、「目下大阪に於て取調中の小林勇の聴取書に基づくもの」として、アメリカ共産党とその日本人部についての詳細な報告となっている。『思想月報』第四四号（一九三八年二月）にも「治安維持法事件被告小林勇手記　アメリカ及ソ連見聞記」が収録され、こまごまとした生活体験からスターリン粛清の様相まで述べられている。

司法省刑事局『思想研究資料』特集第六三輯「コミンテルン第七回大会の新戦術が裁判上に及ぼしたる影響」（昭和一四年七月）には、「密派員に対する訓練が、吾々の予想以上に微に入れ細に亘り、用意周到のものであると云ふ事及びコミンテルンが新戦術に依り現段階に於ける我国の共産主義運動を如何に展開せしむべきかと云ふ事の一端を知る資料に実例を引用して置くこととする」として、「被告人小林勇（明治三五年一二月一五日生）の予審に於ける供述の要旨」が、一〇頁に渡って掲載されている。行論の都合上、この最後の「聴取書」のみを、検討してみよう。

此の被告人は岡山県小田郡笠岡町立笠岡商業学校を卒業後渡米し、自由労働に従事し居りて、「モップル」米国支部国際労働者救援会――（インターナショナル・レバー・デフェンス）――及び米国共産党に加盟、共産主義運動に活躍した事から米国移民局に糾弾され、不良移民として本国送還の追放宣言を受け国際労働者救援会の斡旋で自由出国を認められ昭和七年（一九三二年）六月末頃入露したのであるが、米国共産党員の資格でクートベ日本部に入学し一ヶ年の課程を終え、其斯科所在のコミンテルン直属外国労働者東洋部及び「イスクラ」革命印刷所日本部で労働に従事中、昭和十一年（一九三六年）二月頃に至り密派員に選定されたのであった。爾来同じく密派員に選定されて居る「ワンピン」こと小石濱蔵（北海道亀田郡銭亀澤村石崎谷町三〇出身北樺太石油会社発動機船運転手、昭和七年九月サガレンより入露、クートベ卒業者）と共にコミンテルン東洋部主任

「ヴォルフ」並にクートベー日本部責任者「シニグラザー」、田中等より特殊訓練を受け同年九月十六日莫斯科出発、巴里上海線経由内地潜入の途次偶然同年十一月二十日関東州普蘭店警察署に於て逮捕されたのである（司法省刑事局『極秘　思想研究資料』特集第六三号、『社会問題資料叢書』東洋文化社、一九七三年、一五〇―一五一頁）。

そこには、一九三六年二月、モスクワで「岡野」＝野坂参三に呼び出されて隔離されて以来の、特殊工作員として受けた教育・訓練の実態が詳細に述べられている。隔離された一室での工作員教育の個人講師は、日本共産党モスクワ代表「岡野」＝野坂参三、プロフィンテルン日本代表「田中」＝山本懸蔵と、コミンテルン東洋部の日本担当ヤ・ヴォルクであった。

野坂参三から「天皇制の問題」については、その後の野坂の在外活動の基調となる「戦略的には日本に於ける天皇制打倒を最重視した三二年テーゼの見解は正当であるが、未だ日本の民衆は、天皇を以て殆んど宗教的信仰の対象にしている事実を見逃してはならぬ。日本の大衆から、斯うした宗教的対象を直ちに除去することは困難であるから、党が天皇制打倒を当面の戦術スローガンとして、前面に押出して大衆闘争を展開することは誤謬で、却って大衆を党より切り離す結果となる為に、此のスローガンに代へ、直接的な反ファシズム闘争として軍部の政策に反対すること」と教えられた。

野坂から与えられた直接の指令内容は、「帰国後半年か一箇年間は党との連絡をつけぬこと」「嘗て外国に居った事を絶対に洩らさぬ様」「生活の合法性を確保し労働者の中に融合して、低調な第一歩から漸次労働組合統一戦線の闘争に入り、コミンテルンの連絡を待つこと」という諜報活動だった。

帰国コースはパリ、上海経由で、無事帰国の報告は「米国ロサンゼルス市西七番街二四三四番地ハマンゲルハンツ方福田宛」の暗号書簡と新聞広告、連絡の際の合い言葉、準備の英語学習、等々が子細に語られる。渡された偽造旅券は「日本福岡産、米国市民、農業労働者　河村孝次郎」というものだったが、結局フランス紙幣七二〇〇フランを持って大連に入ったことが、逮捕のきっかけとなった。これらを小林勇は、特高警察・思想検事に詳細に供述している。

## コミンテルン国際連絡部＝オムスについても供述

注目すべきは、小林勇供述から得られた、コミンテルンの特殊機関「国際交通局」＝ＯＭＳ（オムス）についての情報である。日本官憲が、当時の野坂参三やリヒアルト・ゾルゲの情報活動の核心に迫りつつあった証左である。

それは、国際的には、一九三七年末に粛清を恐れてフランスに亡命し、四一年に謎の死を遂げるソ連工作員W・G・クリヴィツキーの一九三九年公刊手記で知られるようになり、日本では『外事警察報』第二二五―二三九号に一三回に渡り「スターリンの機密勤務に服して」と題し訳出・連載された。一九四一年四月―四二年一二月号の連載で、ちょうどゾルゲ事件の摘発・検挙・取調期にあたる（クリヴィツキー『スターリン時代』みすず書房、一九六二年、参照）。日本官憲が、クリヴィツキー手記を、ゾルゲ事件解明の参考にしていたことがわかる。

「国際交通局」コミンテルンの支部たる各国共産党は、各々代表者を莫斯科に派遣して、之と緊密を図り、各自国の革命運動の情勢を報告すると共に、指令を受け自国の革命運動を指導して居るので、コミンテルンと各国支部とを連結する堅固なる連絡機関を必要とし、一時は各国に駐在する蘇連邦の外交機関若しくは商務機関が巧みに利用されて居た。その為、兎角蘇連邦と当該国との「トラブル」を惹起し、蘇連邦は外交上の苦境に立ったので、国際関係の緩和策として其の利用を避け、別に莫斯科を中軸として、コミンテルンと各国支部との交通連絡を掌る、コミンテルン直轄の秘密機関たる国際交通局を設け、所謂「コミンテルン・ルート」即ち国際赤色路線の設定運用の役割を課して居るものと観察されて居るのである。前記被告人［小林勇］の内地潜入のコースに於ける「パスポート」及び旅費に関する供述に依るも、国際交通局の設置されて居る事実を推測し得ると思ふのであるが、昭和六年六月［ヌーラン］検挙以後、日本共産党とコミンテルンとの連絡の斡旋に当たって居た「上海極東局」の存在も不明となり、我国に対する赤色路線を確認すべき資料が発見されて居らぬやうである。一説に依ると［ソ連邦の］米国との国交回復［一九三三年］を利用して、日本の革命運動を指導する為に米国に人を送り太平洋を往復して居る船舶に船員として党員を乗込ましめるのみならず、商人其の他に扮装せしめて党員を我国に派遣し、日本共産党との連絡に当たらしめる計画が立てられて居るとの事である故、或は此の方面から路線が延びて居るのかとも思はるるが、明白になって居らぬ（同書、一五九―一六〇頁）。

## 反ファッショ人民戦線を予防するための労農派壊滅作戦

これに続く「米国共産党を通じての策動」では、『国際通信』『国際通信パンフレット』『太平洋労働者』

『太労パンフレット』『海上通信』等のアメリカで印刷された非合法日本語印刷物が、「郵送」「持込」「託送」の手法で日本に搬入され、それが一九三五年一月から三七年一二月の三年間で総計一六〇六部に達したこと、その内容が「民主的日本か、軍事独裁の日本か」とコミンテルン第七回大会の戦術転換を反映したもので、それを受けて国内共産主義運動が「再び蠢動を開始」し、各種合法団体の中でも影響し始めていたが詳細に述べられた。

コミンテルンの新戦術を支持する正統共産主義者も人民戦線の結成に当たっては、社会民主主義政党と認むる社会大衆党を重視し、労農派の労協及び全評も其の人民戦線の結成は、社会大衆党を中核となすべしとする事実との間に一脈相通じ其の揆を一にして居るものがあり、後者は内外客観情勢の変化に刺激され、コミンテルンが同派の従来の主張の正当性を裏書せる戦術を採用せること に力を得て活発なる活動を開始するに至ったものと看られて居る（三六四―三六五頁）。

このように、共産党と労農派の社会大衆党を介した再結合の危険をも、分析している。――日本官憲にしてみれば、米国共産党シンパ岡繁樹の労農派荒畑寒村宛のコミンテルン文書郵送・持ち込みは、この新しい情勢を告げる象徴的事件だった。

そして、これら米国共産党日本人部出身とみなされた帰国者・逮捕者の監視包囲網――鬼頭銀一の一九三八年南洋パラオ島での不審死、宮城与徳、北林トモの周辺監視――こそが、今日の研究では、戦後GHQウイロビー報告が政治的に用いた伊藤律獄中供述ではなく、内務省警保局長一九三八年八月三一日付「警保局外発用第百十一号　極秘　米国加州地方邦人共産主義者ニ関スル件」四七名のアメリカ共産党日本人党員リスト（外務省外交史料館「外務省亜米利加局　各国共産党関係雑件　米国ノ部三、昭和九―一六」）、翌三九年内務省作成の「在米邦人思想被疑者」四〇〇名のリストをもとにした北林トモ検挙のベースとなったことが、今日では明らかにされてきている（社会運動資料センター渡部富哉氏の『偽りの烙印』五月書房、一九九三年ほか一連の研究と資料公開、篠田正浩監督の映画「スパイ・ゾルゲ」は、この解釈を採る）。

おそらく岡繁樹供述がなにげなく記録に残した「鬼頭銀一」情報と、これら米国共産党日本人部情報をもとにして、真珠湾攻撃から日米戦争勃発の局面で、友好国ドイツ大使オットの顧問リヒアルト・ゾルゲや近衛首相嘱託だった尾崎秀実の検挙から、中西功・西里竜夫らの「中共諜報団」事件、さらには満鉄調査部関係者大量検挙＝満鉄調査部事件、大阪商大事件、横浜事件にまで及ぶ、情報戦としての一大「国際スパイ事件」が立件される。

（参考文献）
『海外よりの左翼宣伝印刷物集』全三巻（不二出版、一九八四年）
岡直樹・塩田庄兵衛・藤原彰編『祖国を敵として』（明治文献、一九六五年）
（一部は、田村紀雄編『海外にユートピアを求めて』社会評論社、一九八九年、所収）
山本武利『ブラック・プロパガンダ』（岩波書店、二〇〇二年）
カール・ヨネダ『在米日本人労働者の歴史』（新日本出版社、一九六七年）

カール・ヨネダ『がんばって』（大月書店、一九八四年）

野本一平『亜米利加日系畸人伝』（弥生書房、一九九〇年）

伊藤一男『桑港日本人列伝』（ＰＭＣ出版、一九九〇年）

犬丸義一『日本人民戦線運動史』（青木書店、一九七八年）

加藤哲郎『モスクワで粛清された日本人』（青木書店、一九九四年）

加藤哲郎『国境を越えるユートピア』（平凡社ライブラリー、二〇〇二年）

渡部富哉『偽りの烙印』（五月書房、一九九三年）

白井久也『未完のゾルゲ事件』（恒文社、一九九四年）

白井久也『国際スパイ・ゾルゲの世界戦争と革命』（社会評論社、二〇〇三年）

古賀牧人編著『「ゾルゲ・尾崎」事典』（アピアランス工房、二〇〇三年）

H・クレア＝J・ヘインズ＝F・フィルソフ『アメリカ共産党とコミンテルン』(五月書房、二〇〇〇年)

H.Klehr,J.E.Haynes,K.M.Anderson , *The Soviet World of American Communism,* Yale UP, 1998.

J.E.Haynes & H.Klehr, *Venona:Decoding Soviet Espionage in America*,Yale UP,1999.

T.Rees & A.Thorpe eds., *International Communism and the Communist International 1919-43*, Manchester UP, 1998.

UCLA, Karl G. Yoneda Papers（http://www.oac.cdlib.org/findaid/ark:/13030/tf0c6002wh）

Library of Congress(USA), The Records of CPUSA, Microfilm 435165 Frames(http://www.loc.gov/today/pr/2001/01-007.html)

# 二　情報戦としてのゾルゲ事件
## ――反ファシズム連合と米国共産党日本人部

### 1　はじめに――イラク戦争からゾルゲ事件を振り返る

現代の情報戦ということで、「イラク戦争」から「ゾルゲ事件」につなげようと思ったが、会場にはゾルゲ事件に関心をお持ちの方が多いようなので、今日は「ゾルゲ事件」の方を中心に話してみたい。

**「残置諜者」としてのゾルゲ**

リヒアルト・ゾルゲは、ある意味で、ソ連によって日本に残された「残置諜者」だった。「残置諜者」とは、たとえば戦後三〇年ほどたって、フィリピンのジャングルで、小野田寛元少尉が発見された。小野田さんは陸軍中野学校出身で、軍事戦が終わっても情報収集のため敵地に潜行していろと命じられ忠実に上官の教えを守った、典型的な「残置諜者」だった。日本軍は、本隊が戦地を撤退するとき、特殊な訓練を受けた諜報員を残留させて、周辺情報を本隊に通報する役目を担わせた。

元日本共産党議長野坂参三も、ある種の「残置諜者」だった。一九三〇年代後半の旧ソ連には一〇〇人近い日本人が住んでいたが、「敵国人」の烙印を押され、そのほとんどが粛清され処刑された。

生き残った人たちも、野坂の妻龍を含めて検挙され、強制収容所（ラーゲリ）送りか、国外追放になった。同じくソ連の「敵国」であるドイツ共産党員の場合は、数千人が粛清された。ゾルゲのロシア人妻カーチャも、粛清の犠牲になった。

ところがなぜか、当時ソ連にいた日本人の中で、野坂参三だけは、無傷だった。その頃主にアメリカで活動していたということもあるが、それは「一人ぐらいは日本人を残しておけ」というスターリンとディミトロフの「歪んだ善意」だったのではないかという意味で、私は、和田春樹『歴史としての野坂参三』（平凡社、一九九六年）への書評で、野坂を「残置諜者」と書いたことがある。

一九三六—三九年のソ連は、コミンテルンや共産党に忠誠を誓っていても、「人民の敵」は容赦しなかった。粛清の時代をソ連でくぐりぬけた外国人は、多かれ少なかれ、ソ連共産党への絶対服従と諜報の任務を負わされた。そういう時代であった。

ドイツ共産党出身で、あれほど知的で個性的なリヒアルト・ゾルゲが、なぜスターリン粛清の時代に生き残れたのかも、そうした観点から見直す必要がある。一九三六年に帰国命令があっても日本に留まっていたからこそ、四四年まで生き長らえたといえるかもしれない。ゾルゲと同じ頃に、同じ赤軍ルートで日本での諜報活動をし秩父宮に接近していたフィンランド人女性アイノ・クーシネンの場合は、モスクワに戻ってすぐに逮捕され、一五年間強制収容所に入れられた。スターリン粛清の嵐が荒れ狂った後、ゾルゲは、世界革命のための祖国なき「残置諜者」だった。

## 裁判記録には出てこない歴史の真実

日露歴史研究センター創立の提唱者でもあった社会思想研究家石堂清倫は、生前、ゾルゲ事件研究の方法について、重要なことをいっていた。

ゾルゲは、確かに四か国語を操り自ら手記も書いたが、警察・検察の供述調書や裁判記録に残されていることが事実だと思っていると、権力・特高警察の思う壺にはまる、歴史の「真実」を見分けることにはならない、という。その例として、次の二つをあげた。

第一に、ゾルゲは、陸軍軍務局長武藤章少将や馬奈木敬信大佐ら、ドイツと親しいけれども「皇道派」ではなく「統制派」に属する革新将校たちと非常に近い関係にあった。それなのに、ゾルゲ事件では、なぜか軍関係者はほとんど取り調べを受けなかった。

もう一つ、軍と同様に、皇室関係も、ゾルゲ事件捜査の射程外に置かれた。ソ連から見れば、ゾルゲと同じくらい重要な意味をもつ、もう一人の赤軍諜報員アイノ・クーシネンは、当時のコミンテルン（共産主義インターナショナル）幹部会員で「三二年テーゼ」作成者として知られるオットー・クーシネンの妻だった。日本で秩父宮と何回も会っているのに、またゾルゲとも時々会っていたのに、ゾルゲ事件の裁判記録にはでてこない。

こうしたことから、調書や判決文には出てこないところに大きな謎と真実があるのだと、石堂は指摘した。私も、まったく同感である。

私が今日お話しするのは、これまでの膨大なゾルゲ事件研究や小説・映画などでは、あまり知られていないことである。

## 二一世紀は情報戦の時代

最初に、今日のイラク戦争からゾルゲ事件を見た場合、何が問題かということを、二つだけ話しておく。

一九世紀の戦争は、武力と兵士を主体とした「機動戦」「街頭戦」だった。二〇世紀の戦争は、経済力と国民を動員した「陣地戦」「組織戦」だった。そして、二一世紀の戦争は、メディアと言説を駆使してグローバルな世界で正統性を競い合う「情報戦」「言説戦」となる、というのが私の考えである。

このことについては、拙著『二〇世紀を超えて』(花伝社、二〇〇一年)他、すでに書物や論文で論じてきた。また、インターネットの個人ホームページ「ネチズンカレッジ」「イマジン」を拠点に、平和のための言説戦を展開してきた。

ハーバード大学の国際政治学者ジョセフ・ナイ教授は「ハードパワー」に対する「ソフトパワー」と呼び、東大の田中明彦教授は「言力政治」「ワード・ポリティクス」と言っているが、同じような意味合いである。政治や戦争の中で、「情報」のもつ意味が格段に大きくなって、直接的な軍事力の衝突でさえ、「大量破壊兵器の有無」「捕虜虐待」のような情報をめぐって、情報を媒介にして正統性が競われる。二一世紀はそういう時代になったということを、認識する必要がある。

こうした観点からすると、九・一一以後の情報戦の一つの重要な特徴は、戦争当事国のアメリカ・ブッシュ政権が「情報戦」の中で揺れ動き、また「陣地戦」時代の二〇世紀後半、東西冷戦期の米国を動かしてきた情報機関CIAの権威が失墜したことが注目される。

## アブグレイブの虐殺で大義を失った米国のイラク戦争

たとえば、二〇〇四年アメリカ大統領選挙の流れである。

二〇〇四年七月の段階で、米国の大統領選世論調査で、ブッシュを再選させたい人が四〇パーセント、再選反対が五一パーセントだった。

それは、その春にイラクのアブグレイブ刑務所で米国人兵士がイラク人を虐待している写真を米国マスコミが発表したことにより、世界の世論ばかりか、米国の世論でさえも「あんまりだ」ということで、「ブッシュじゃだめだ」という雰囲気が生れていたためで、後に盛り返して再選されるが、危機的局面にあった。

イラク戦争で、米国の情報戦は失敗した。武力行使が絶対正しいという世論が圧倒的なら、米国人兵士の戦死が一〇〇〇人以上になり、イラク人文民を何万人殺しても、ブッシュ支持に結びつくはずだが、そもそも攻撃の最大の口実だった大量破壊兵器が見つからず、アブグレイブでイラク人を虐待したという追い打ちを受けて、ブッシュの支持率は急落した。

戦争の純軍事的側面、一九世紀的な「機動戦」の原理からすれば、虐待でも何でも、敵を殲滅すればよかった。しかし、二〇世紀の二度の世界大戦で、戦争にもいろいろなルールができてきた。宣戦布告なく奇襲すれば、国際世論ばかりでなく国際法でも裁かれる。捕虜の扱いや毒ガス・化学兵器の禁止も決められた。戦争にも客観的な「道義」や「大義」が必要になった。もちろん普通選挙権や議会政治など、民主主義の広がりが背景にある。

第二次世界大戦の連合軍の勝利は、経済力の圧倒的な差や、米ソ両大国のイデオロギーを超えた参戦という「陣地戦」の要素が大きいが、それも「ファシズム・軍国主義の脅威に対して民主主義を守れ」という大義があればこそ、犠牲を伴う国民動員、総力戦が可能だった。

東西冷戦の終焉した湾岸戦争以降の戦争、コソボ紛争もそうだが、今日のイラク戦争は、「道義」と「大義」がすべてである。開戦が国際世論の支持、国際連合の同意を得ているか、国際法に沿っているのかが問題になり、武力行使の正統性が問われる。

アメリカ大統領選挙では、イラク戦争が争点になり、マイケル・ムーア監督の「華氏九一一」という反ブッシュ映画まで参入して、選挙そのものが、虚報・誤報・雑音（ノイズ）を交えた情報戦となった。アブグレイブで、現地の米軍兵士たちのやったことを調べてみると、その虐待＝拷問の手法は、CIAが長く開発しマニュアル化してきた「敵スパイ」に対する尋問方法そのもので、「上官の命令」なしにはできないものだったことも、インターネットで報じられた（加藤『情報戦の時代――インターネットと劇場政治』花伝社、二〇〇七年）。

## オサマ・ビンラディンに救われたブッシュ大統領の再選

ではなぜそれが、一一月の大統領選挙ではブッシュが巻き返し、共和党が勝利したのか？　この問題も、「情報戦」という観点から見れば、ブッシュ対ケリーという政治戦・陣地戦ではみえない側面がある。

投票日の数日前に、オサマ・ビンラディンが、アルジャジーラというアラビア語のテレビ放送に登場した。そもそもオサマ・ビンラディンは、CIAが旧ソ連のアフガン侵略のさいに育成した、アメリカの反共反ソ戦略の鬼子だった。

そのオサマ・ビンラディンが、投票日の直前に、「九・一一は自分たちがやった。米国大統領がケリーになろうとブッシュになろうと、われわれはアメリカとの戦争を続ける」と断言する姿が放映された。

このテレビ放送は、どういう効果をもたらしたか。大統領選挙の結果を見れば、ブッシュの勝利と言うよりも、オサマ・ビンラディンの勝利だった。つまり「テロに対する脅威」を、投票直前にアメリカ人に再認識させた。オサマ・ビンラディンが出てきたために、せりあっていた民主党ケリーの国際協調主義が敗れ、ブッシュの単独行動主義・先制攻撃主義のネオコン強硬路線が勝ってしまった。

オサマ・ビンラディンにしてみれば、米国がイラクから撤退して、国連の管理する「国際協調」の新政府が生れると、彼のいう永続戦争がかえってやりにくくなる。こういう関係なので、オサマ・ビンラディンの狙い通り、イラク戦争を単独でも継続するというブッシュが大統領になった。

皮肉な意味では、この情報戦の最大の勝利者は、オサマ・ビンラディンになる。米国大統領選挙という枠内で見れば、選挙直前にオサマ・ビンラディンが出てきて、ケリーではこの危機に対応できないというアメリカ人の中にある不安や危機意識が中南部の宗教右派や保守的中間層に効いて、ブッシュ再選につながった。

## 権威が地に堕ちた米国CIA

情報戦としてのイラク戦争について、もう一つ重要なのは、大統領選挙ではブッシュが最終的に再選されたが、九・一一以降の三年間で、米国の情報戦の総本山、中央情報局（CIA）の権威が、地に堕ちたことである。

米国CIAは、かつて東西冷戦時代には、ソ連の国家保安委員会（KGB）に対抗し、「ソ連の脅威」を封じ込めるために、クーデタからVOA放送まで、さまざまな陰謀や秘密工作を行い、アメリカの西側世界支配を支えてきた。ところが現在、CIAやNSA（国家安全保障局）をはじめとした米国の情報戦体制全体が、大きく揺らいでいる。

そもそも二〇〇一年九月一一日の航空機を用いたテロの情報を、米国諜報機関は状況証拠を集めていたにもかかわらず、未然に防げなかった。ノイズ（雑音）と国家的重要情報の区別が、正しく分析できなかった。アフガニスタンのタリバン政権を倒し、占領してまでオサマ・ビンラディンの行方を追ったが、いまだにその行方をつかめずにいる。

「イラクに大量破壊兵器はなかった」「イラク戦争は米国がアラブの石油を狙って始めたのではないか」「ブッシュはイスラエルと組んで、九・一一以前からイラクに攻め込みフセインを倒す計画を持っていた」といった情報が、CIA筋からもれてくるようになった。そして、開戦の最大の口実であったイラクの大量破壊兵器が幻だったことは、いまやアメリカ政府の公式報告書でも明らかになった。

そこで、第二次ブッシュ政権では、既存の一五の情報機関を統合する国家情報長官をおき、情報収集・分析体制を引き締めようとしている。「第二次世界大戦の夢をもう一度」ということだろう。

実は、米国の国家的情報戦は、ちょうどゾルゲがソ連赤軍ルートで情報活動をやっていた時期に、本格的に始まった。今日のCIAの前身は、一九四一年七月に作られた情報調整局（COI）、それが四二年六月に再編された戦略情報局（OSS）である。

その当時まで遡って、国家的情報収集・分析体制を統合し、米国を強大な情報国家として甦えさせるための法案が、二〇〇四年九月に提出された。CIAなど既存の一五の情報機関を束ねる国家情報長官のポストを新設して、今よりもっと強力な統一的情報機関を作ろうという方向である。初代の国家情報長官に任命されたのは、直前までイラク大使だったネグロポンテだった。

## 2　コミンテルンの時代の情報戦

### 現代情報戦の原型としての第二次世界大戦期

もちろん「機動戦」「陣地戦」の時代にも、「情報戦」がなかったわけではない。国家間戦争の、主要な側面ではなかっただけである。

第二次世界大戦の直前、ゾルゲが諜報活動を行っていた時代は、ソ連だけではなく、同じ連合国となった英国・米国も、枢軸国のドイツ・日本も、第一次世界大戦の頃と比べてはるかに情報戦・心理戦を重視し、飛躍的に情報収集・分析・宣伝の手法を発達させた。ゾルゲも尾崎秀実も、そういう中で情報戦の戦士となった。

しかし、その収支決算はどうだったのか？　ゾルゲ事件を、こうした国際的情報戦の中で見る視点も必要だろう。

第二次世界大戦は、基本的には戦時総動員体制や軍事物資備蓄・供給、航空母艦や都市絨毯空撃が戦況を左右する「陣地戦」だったが、その「国民戦」「総力戦」の性格に関わって、「敵国」ないし「仮想敵」の国力を測定し、軍備・軍事拠点や「国民統合・動員」上の政治的弱点についての情報収集・分析・予測、戦略・戦術策定の基礎的情報収集・分析能力が、著しく重要な意味を持ってきた。ましてや第一次世界大戦の帰結として、ロシア革命と社会主義・共産主義勢力の台頭を経験しており、資本主義勢力・社会主義勢力ともに、諜報・情報技術を飛躍的に高めた。

## コミンテルンの情報戦とアメリカ共産党の役割

この時代に、社会主義・共産主義勢力の情報戦の中心になったのが、ソ連の秘密警察とコミンテルン（共産主義インターナショナル）＝世界共産党だった。

コミンテルンは、一方で各国支部＝各国共産党がそれぞれの国で革命運動・労働運動を展開しながら、他方では、「労働者の祖国」ソ連邦を防衛し拡大する国際情報ネットワークを作っていた。

第一の革命運動の最重要の顔であるドイツ共産党が、一九三三年一月、ヒトラー政権樹立で地下に追いやられ、「世界革命」の望みが最終的に絶たれると、コミンテルンの基本的活動は、ソ連の外交政策に従属した防衛的情報戦となった。日本で左派がかつてもてはやしたディミトロフの「反ファッショ統一戦線」は、そうしたソ連一国社会主義防衛の性格を、色濃くもっていた。

そこで浮上したのが、第一の革命運動ではとるにたらない弱小党でありながら、第二の情報戦・諜報戦では世界各地の活動にさまざまな人材を提供しうる、アメリカ共産党だった。

アメリカ共産党には、世界中のあらゆる人種・民族の、現地語と英語の両方を話せる亡命者・移民共産主義者が集まっていた。また、当時のアメリカ共産党は、書記長アール・ブラウダーが、一九二〇年代後半に上海の汎太平洋労働組合書記局（ＰＰＴＵＳ）初代書記長だったのをはじめ、スティーヴ・ネルソン、ユージン・デニス、ハリソン・ジョージ、サム・ダーシー、チャールズ・クランベイン、ルディ・ベーカーら、コミンテルンの国際連絡部（オムス、ＯＭＳ）と深く関わり、アジアの秘密活動・諜報活動に精通した党員たちが、指導部を固めていた。

ブラウダー書記長指導下の一九三〇年代米国共産党は、そうした二重組織として、ソ連共産党＝コミンテルンから位置づけられ、世界各地での工作担当者を輩出した。ゾルゲ事件の宮城与徳や、野坂参三の在米活動を助けたジョー小出は、在米日系アメリカ共産党員だったが、居住地で労働運動や反戦運動を行う一般党員ではなく、ニューヨークの米国共産党本部に直属し、モスクワの要請・指令で世界革命のために活動する特殊な秘密党員だった。

## 旧ソ連防衛の情報戦としてのゾルゲ事件

一九三〇年代の、ゾルゲが日本で秘密の情報活動に携わっていた時期、米国では、コミンテルン幹部会員・日本共産党代表の野坂参三が、サンフランシスコとロスアンジェルスを拠点に、ジョー小出を助手にして、『国際通信』『太平洋労働者』の発行・送付など、反戦・反ファッショの統一戦線を日本に働きかけて訴える、さまざまな活動をしていた。一方のゾルゲは、尾崎秀実を片腕に、日本国内で、日本政府の動き、軍部の戦争準備を追っていた。

これは、情報戦の用語でいうと、「ホワイト・プロパガンダ」と「ブラック・プロパガンダ」の違いとなる。

野坂の『国際通信』のように、コミンテルンの名の下に、戦争に反対しようと公然とよびかけ、実際に運動を組織していく宣伝方法が「ホワイト・プロパガンダ」である。これに対して、身元を隠したまま、非合法手段をも使って敵から情報を密かに取って分析・工作したり、偽情報を流して敵を撹乱したりする活動を「ブラック・プロパガンダ」という。

第二次世界大戦中のアメリカでは、ビラ・ラジオ・映画や新聞・雑誌のホワイトの部分を戦時情報局（ＯＷＩ）が担い、ブラックの部分を戦略情報局（ＯＳＳ）が担当して、ブラック・プロパガンダのＯＳＳが戦後のＣＩＡに受け継がれた。

ソ連の場合、ホワイトの部分がソ連政府の宣伝・煽動やコミンテルンの公式活動・機関紙活動であり、ブラックの部分が、赤軍情報部（ＧＲＵ）や内務人民委員部ＮＫＶＤ（後のＫＧＢ）だった。同時にコミンテルンは、国際連絡部（ＯＭＳ）などを通じて、ブラック・プロパガンダの補助機関ともなっていた。一方で各国支部＝各国共産党がそれぞれの国で革命運動・労働運動を展開しながら、他方で「労働者の祖国」ソ連邦を防衛し拡大する情報ネットワークを作っていた。

## 一九三五年夏のディミトロフ宛米国共産党ブラウダー書簡

第二次世界大戦前の情報戦のあり方を端的に示す、一つの資料がある。

一九三五年夏、「反ファッショ統一戦線・人民戦線」を決議したコミンテルン第七回世界大会直後に、米国共産党書記長アール・ブラウダーが、コミンテルン書記長ゲオルギ・ディミトロフに宛てた書簡である。これは、一九九一年のソ連解体によって、初めて表に出た資料である。モスクワの旧コミンテルン史料館か、ワシントンの米国議会図書館に行けば、現物を見ることができる。

親愛なる同志ディミトロフ

急いで出発するので、その前に貴兄と話すことはできないと思う。むろん、われわれの活動の主要な方針は、先の大会以後はっきりしているし、アメリカ合衆国共産党はそれを十全に実現するために全勢力を注ぎ込むだろう。だが、それでもなお、決定を必要とし、貴兄が熟知しておくべき問題がいくつか残っている。それについてかいつまんで話すことにするが、詳しいことが必要なら同志ゲアハルトに聞いてもらいたい。

一　ピーク、マヌイルスキー、クーシネン、エルコリと討議した結果、私の意見としては、同志ゲアハルトを少なくとも一九三六年初頭の党大会までにはアメリカに戻してほしいと思うし、そうすれば、その一方で同時に同志ゲアハルトはアメリカでドイツ共産党の活動をしながら、必要に応じて、大会の準備をすることができる。同志ゲアハルトは、われわれが次の大会を準備しているまさにこの時期だからこそ、アメリカ合衆国共産党にとってきわめて貴重な人材なのである。

二　われわれは同志岡野［野坂参三］、東洋書記局、プロフィンテルンとともに、日本共産党への支援計画とも連動させせつつ汎太平洋労働組合書記局の計画を練ってきた。全員がその計画に賛同し、同志ブラッドフォード［＝ルディ・ベーカー］をアメリカに送りその計画を指揮させるという重要なポイントを含めて同意した。もし、貴兄がこの計画に同意するなら、残る問題は形式上の決定と資金の手配だけである。

三　目下、上海にいるアグネス・スメドレーが現地で反帝国主義の英字紙［Voice of China］を発行するのを援助するという提案は、最終決定されるべきである。情勢はますます好転しており、そのような新聞が出れば大きな影響力を発揮するだろうと、彼女は手紙に書いている。アメリカ合衆国共産党は、政治的にも技術的にも優れた助手を彼女に提供することができる。中国人の同志たちも同意している。ただし、これら上海の同志たちが、もし中国共産党と接触した場合にはその活動が危険に晒されるから、それを避けるために彼らに中国共産党と接触させないという条件つきである。このプロジェクトの政治的価値は明白だ。承認の形式的手続きと必要な資金の準備が待たれる。

この三件は、未決の主要問題だ。迅速な決定が効果的な活動を促す。最後に、今大会とその成果についての深い満足と、この大会がアメリカ合衆国共産党および全世界の党を新しい高次の体験に導くだろうという私の見解とを表明しておきたい。アメリカ共産党がこの目的のために貢献し得るどんなことであれ、貴兄からの要請を私は喜んで受け入れる。

［一九三五年九月二日（旧ソ連秘密文書「ブラウダーからディミトロフへの手紙」、出所RTsKHIDNI495-74-463、邦訳『コミンテルンとアメリカ共産党』文書二〇、五月書房、二〇〇〇年、一〇六ページ）］

この手紙は、邦訳が出ても誰も注目していないが、コミンテルン第七回大会を知るものにとっては、奇妙で不可解な手紙である。ゾルゲ事件の性格を理解するうえでも、きわめて重要なものである。

これは、コミンテルンが、それまでの「階級対階級」戦術、「社会民主主義主要打撃」の方針を改め、共産党と社会民主主義者・平和主義者を含む反ファッショ統一戦線・人民戦線へと政策転換した画期的な大会の直後に、それに出席し、新たに幹部会員になったアメリカ共産党書記長が、コミンテルン書記長に宛てた書簡である。にもかかわらず、なぜか、反ファシズム闘争のことも、アメリカにおける人民戦線の問題も、何も語られていない。アメリカ共産党の方針をどう改めるとか、アメリカの労働運動をどう組織するかといった国内における運動の話は、一言もでてこない。

その代わりに、大会で新たにコミンテルンの最高指導者である書記長となったディミトロフに対して、「貴兄が熟知しておくべき問題」としてブラウダーが挙げたのが、ゾルゲ事件にも関係する、三つの国際問題だった。

それがなぜか、(一)上海でゾルゲと親しかった「同志ゲアハルト」＝ゲアハルト・アイスラーを引き続きアメリカ共産党担当として派遣してほしいという話、(二)岡野進＝野坂参三の米国での活動について、(三)中国でのアグネス・スメドレーの活動への資金援助の話と、すべて中国や日本と関係している。一つの手紙のなかの、アメリカ共産党にとって当面最重要な三点として、すべてゾルゲ事件と関わる問題が語られている。

## ゲアハルト・アイスラーとリヒアルト・ゾルゲ

その第一は、ピーク、マヌイルスキー、クーシネン、エルコリ＝トリアッティという当時のコミンテルンを代表する幹部たちと討議した結果、ゲアハルト・アイスラーを一九三六年初頭の党大会までにアメリカに戻してほしい、ということである。これは、何を意味するのか？

ゲアハルト・アイスラーは、一九三一年ヌーラン事件時のコミンテルン極東部上海ビューロー政治担当で、ゾルゲと同じくドイツ共産党員であった。その彼を、引き続き米国共産党駐在のコミンテルン代表に留めてほしいという。

当時、コミンテルンは、コミンテルン執行委員会の命を受けて各国共産党を指導する駐在代表を、主要国に送っていた。一九二〇年代の日本共産党には、ソ連大使館員の名目でカール・ヤンソンがきていた。

ゲアハルト・アイスラーは、ドイツ共産党員だが、米国共産党に派遣されたコミンテルンの代表であった。コミンテルンの立場から米国共産党を指導し、同時にソ連共産党の立場からアメリカの運動を監視する役割を持っていた。

ゲアハルト・アイスラーのこの頃の動きを、B・ラジッチ＝M・M・ドラチコヴィチ『コミンテルン人名辞典』（至誠堂、一九八〇年）から抽出すると、次のようになる。


一九二九年から三一年にかけては中国へのコミンテルン執行委員会の代表であり、主として上海と南京に住み、ソヴェト秘密情報部員（特にリヒアルト・ゾルゲ）との接触を保持し、プロフィンテルン［赤色労働組合インター、汎太平洋労組PPTUSの上部機関］のために尽力した。モスクワに帰国し、しばらくコミンテルンのレーニン大学で教鞭をとった。その後、フランス経由で合衆国に渡り、そこで一九三三年から三六年まで（党名エドワーズの名の下に）米国共産党へのコミンテルン代表として活動した。在米期間中、彼は一、二度モスクワへ旅行した。……（邦訳八七頁）。

つまり、アイスラーは、一九三一年までは、中国を工作拠点にしていた。ちょうどゾルゲや尾崎秀実、スメドレーらが上海にいるときに、上海のコミンテルン極東部の政治代表だった。極東部組織代表のヌーランが逮捕されたため、弾圧を避けていったんモスクワに帰り、その後米国に派遣された人物である。

## アイスラーと三回しか会わなかったという手記は正しいか？

ゾルゲ事件の調書の中にも、小さくではあるが、名前が出てくる。ゾルゲは、いわゆる「第二手記」の中で、書いている。

［上海のコミンテルン・グループの］政治班は、私がドイツにいたときからの知人で、私のコミンテルン時代に一緒に働いたことのあるゲルハルト［アイスラー］と、一、二の補助員とで構成されていた。……ゲルハルトとは偶然上海で会って旧交を温めたが、仕事の上では無関係であった。……私がゲルハルトに会ったのは、全部を通じて三回にすぎなかった（『現代史資料一　ゾルゲ事件一』みすず書房、一九六二年、一六九頁）。

この程度の供述なので、日本のゾルゲ事件調書や、それをもとにした研究では、アイスラーとの関係はあまり重要ではないことになっている。しかし、ゾルゲとアイスラーは、上海で本当に三回しか会わなかったのだろうか？

二人とも、もともとドイツ共産党員で、コミンテルン本部に抜擢された国際活動のアジア担当要員である。一緒に上海で何をしていたかを、日本の警察・検察に、詳しく述べるはずはない。中国共産党が中心的に関わる上海時代のゾルゲやアイスラーの活動の研究は、中国側資料の未公開もあって、まだまだ未開拓である。

当時のコミンテルンの情報戦の全体の仕組みの中では、ゲアハルト・アイスラーは、大変重要な人物だった。つまり、一九三一年まで、中国共産党や上海の汎太平洋労働組合（ＰＰＴＵＳ）書記局を指導し、ヌーラン事件でいったんモスクワに戻る。ちょうどジョー小出が在学中のコミンテルン幹部養成学校レーニン大学で教え、三三年のジョー小出の帰国、ゾルゲ・宮城与徳のアメリカから日本への入国の頃に、米国共産党へのコミンテルン代表としてアメリカへ渡る。そこでブラウダーらの米国共産党の活動や、野坂参三の米国西海岸から日本への秘密工作を指導していた。

ジョー小出の自伝『ある在米日本人の記録』（有信堂、一九八〇年）には、レーニン大学の教師の一人として、「アメリカ共産党には、永いことドイツ共産党のゲルハルト・アイズラーが、スターリンの命を受けて、やってきていた。エドワードという名前で知られていた」と書いてある（上巻、四八頁）。

## 野坂参三と米国共産党地下指導者ルディ・ベーカー

ブラウダーの手紙の第二の主題は、日本共産党代表で、コミンテルン幹部会員である岡野進＝野坂参三の米国での活動を、野坂参三と米国共産党秘密活動の指導者ルディ・ベーカー（＝ブラッドフォード）を組み合わせて推進したいので、そのための承認と資金を調達してくれという話である。

つまり野坂参三の米国での活動内容は、ディミトロフとブラウダーのコミンテルン・トップレベルで決められ、またコミンテルン秘密諜報活動のエキスパートであるルディ・ベーカーが担当した、世界工作の重要な一部であったことを物語っている。

「同志ブラッドフォード」＝別名ルディ・ベーカーとは、暗号名「サン」で、アメリカ共産党内の最有力諜報組織である「ブラザー・サン」を率いた、モスクワ直結の指導者である。アメリカ共産党の地下活動の最高幹部で、戦時中は、いわゆる原爆スパイ工作の責任者であった。『アメリカ共産党とコミンテルン』第三章・第四章に、詳しく出てくる。

このルディ・ベーカーが、野坂参三と共に対日工作を行っていたことは、このブラウダーのディミトロフ宛手紙で、初めて明らかにされた。

それは、野坂参三自身が、『国際通信』発行のようなホワイト・プロパガンダばかりではなく、対日ブラック・プロパガンダや秘密諜報活動に従事していたことを意味する。つまり、アメリカでの野坂の活動は、信頼できるルディ・ベーカーが指導するコミンテルンの重要な秘密活動の一環であるから、そのための活動資金を出してくれということを、アメリカ共産党の最高指導者ブラウダーが、コミンテルン書記長のディミトロフに述べ、要求している手紙である。

## 『風雪のあゆみ』の謎の人物「K」こそルディ・ベーカー？

野坂参三は、自伝『風雪のあゆみ』（新日本出版社）で、ブラウダーやジョー小出のことは一応書いているが、この手紙にあるルディ・ベーカー（別名ブラッドフォード、ベトフォード）のことは、触れていない。

しかし、一九三四年のアメリカ入国時から幾度か現れる「アメリカ共産党の国際連絡の責任者」で「ユダヤ系らしい、年齢のほど五〇歳ぐらいの肥った同志」＝Kがそれである可能性は、きわめて高い。ブラウダーはじめほとんどが本名で書かれた『風雪のあゆみ』の中で、Kだけは、なぜかずっと匿名Kのままである。

ただし、このブラウダーの手紙と関連する重要な文書が、別の所に眠っている。

和田春樹教授がモスクワでみつけ、『歴史としての野坂参三』（平凡社、一九九六年）巻末に「資料一　野坂参三のディミトロフ宛報告、一九三八年八月末―九月八日以前」として収録した資料がある。和田教授はアメリカ共産党にうとく、内容をうまく解読できなかったためか、資料としてのみ紹介している。しかしそれは、野坂参三の在米活動を知る上で、第一級の重要資料である。しかも、スターリン粛清の真最中で、後に日本共産党から野坂が除名されるさいの最大の理由となる、盟友山本懸蔵がすでに逮捕され獄中にあった時期のものである。

そこに、アメリカからの対日工作を相談する相手として「同志E・B、Bed、D」といった米国共産党幹部の名前が、イニシャルで出てくる。これを『アメリカ共産党とコミンテルン』中の野坂参三関係文書と重ね合わせると、容易に解読できる。「E・B」とはアール・ブラウダー書記長、「D」

とはサム・ダーシー、そして「Ｂｅｄ」とはベトフォードことルディ・ベーカーにほかならない。いずれも野坂参三のアメリカでの秘密活動を支えた、米国共産党の指導者たちである。

野坂参三のアメリカでの活動は、米国共産党内でモスクワとつながる秘密活動の最高指導者ルディ・ベーカーの直接指導下にあった。そして、ルディ・ベーカーも、もともと上海汎太平洋労働組合書記局（ＰＰＴＵＳ）の活動家で、米国共産党派遣のレーニン大学卒業第一期生であった。

ゾルゲ事件で宮城与徳を送りだすハリソン・ジョージや、野坂参三の助手ジョー小出は、共にその指揮下にあった。

## コミンテルンの秘密資金でスメドレーが新聞を発行

ブラウダーの手紙の第三の主題は、東京で活動するゾルゲ・尾崎秀実の共通の友人で、緊密な「同志」である、アメリカ人作家アグネス・スメドレーの中国での活動に関するものである。

アグネス・スメドレーが米国共産党員であったかどうかは、戦後のマッカーシズムの一つの焦点だったが、この手紙で見る限り、ブラウダーの直接指揮下にある米国共産党の秘密党員のようである。

事実、上海の英字紙『ボイス・オブ・チャイナ（Voice of China）』は、この手紙にもとづき、ブラウダーの秘書グレース・グラニッチ夫妻がわざわざ上海に派遣されて発行された。この新聞発行が、スメドレーと孫文夫人宋慶齢との仲違いの一因となったことが、マッキンノン夫妻『アグネス・スメドレー　炎の生涯』（筑摩書房、一九九三年）第一〇章に書かれている。

スメドレーは、一九五〇年の死の直前、共産主義者としてマッカーシズムに告発され、自分はコミュニストではないと反論して、米軍に謝罪させた逸話の持ち主である。そのいきさつは、日本でも、石垣綾子の書物などで紹介されている（『回想のスメドレー』みすず書房、一九六七年）。

しかしこの手紙は、スメドレーは本当は共産党員ではなかったかと、改めて疑わせるものである。事実、アメリカの研究者たちはそのように断定している。少なくともコミンテルンの資金援助を受けていたこと、しかもそれは、ブラウダーとディミトロフというコミンテルン最高指導部で決められたことがわかる。

以上のように、この一九三五年夏のブラウダーのディミトロフ宛手紙には、ゾルゲや尾崎秀実のことは何も出てこないが、ゾルゲ事件の周辺にあった三つの問題が、一つの手紙のなかの三つの主要論題として語られている。

「この三件は、未決の主要問題だ」というのは、ゾルゲもまたコミンテルン第七回大会時にモスクワに一時帰国しているので、そこで決まったゾルゲ機関の活動の後方支援という意味がありうる。ゾルゲらの「ラムゼイ・グループ」の活動にも、モスクワからアメリカ共産党を経由するルートが、何らかの役割を果たしたことを、示唆する。

そのような目でゾルゲ事件を見直すと、アメリカ共産党員宮城与徳や北林トモの関与ばかりではなく、なぜゾルゲの日本入国は、シベリア鉄道でのソ連・中国経由ではなく、わざわざ大西洋からアメリカ大陸を横断してバンクーバー・横浜経由であったのか、宮城与徳の来日に、なぜ汎太平洋労働組合（ＰＰＴＵＳ）サンフランシスコ書記局のハリソン・ジョージが関わるのか等々が、改めて問題になる。また、野坂参三の米国西海岸からの日本工作、スメドレーらの上海での活動、それに同時期の日本でのゾルゲ＝尾崎グループの活動が、どのように関わっていたのかの解明が今後必要になる。

## ゾルゲの諜報活動と野坂の反ファッショ活動のリンク

先にも述べたが、一九三〇年代のアメリカ共産党というのは、党員はせいぜい二万人〜三万人、アメリカ政治のなかでは影響力を持たない泡沫政党と思われがちである。国内政治的には、全くその通りである。

しかし実際は、ヒトラーが政権を取って、コミンテルンの本来の活動である「世界革命」の展望がなくなったところで、コミンテルン＝世界共産党の活動と任務は、もう一つの活動、つまり当時の状況の中でなんとか「労働者の祖国」ソ連を防衛しなければならないという方向に、収斂していた。

そのために、革命運動の面では余り意味のないアメリカ共産党が、コミンテルンの中で、一段と重要な存在になった。なぜだろうか？

一つは、世界中で行われるどんな秘密活動にも、現地で怪しまれず情報収集できる現地語と英語のできる人材を、供給できるからである。つまり、もともとアメリカ共産党の中心部隊は移民や亡命者たちで、あらゆる人種・民族出身の共産主義者を党内に含んでいた。三〇年代にはアメリカ共産党内に、一般の州・地区委員会、工場・地域細胞の系列とは別に、一六の言語別党員グループがあって、それぞれ全国的に組織されていた。

いま一つ、一九二〇年代の党内抗争を経て、三〇年代米国共産党指導部が、W・Z・フォスターら労働者派を退けて、もともと海外、特にアジアでの国際秘密活動に従事してきたブラウダーら国際派ないしモスクワ派により占められたことが、重要である。

たとえばアメリカ共産党日本人部は、ニューヨーク、サンフランシスコ、ロスアンジェルスが三大拠点で、最高時約二〇〇人が組織されていた。その中から、西海岸労働運動などには参加せず、日本領事館からも米国FBIからもマークされたことのない画家の宮城与徳が、日本に送られることになった。そうした人選は、すべてニューヨークの党本部の直轄だった。

アメリカ共産党は、ヨーロッパ諸国はもとより、ラテン・アメリカでもアフリカでもアジアでも、まるで人材派遣業みたいに、モスクワの必要と求めに応じて、党員を送り出した。世界中どこへ行っても活動できる人材を、アメリカ共産党は、即座に供給することができた。

ゾルゲの一九三三年夏日本入国も、モスクワから米国に向かい、ニューヨーク・シカゴ経由で、バンクーバーから横浜到着だった。日本での活動の詳細について、アメリカで米国共産党の密使から指示を受けたことを、ゾルゲは隠していない。

ちょうどその頃、モスクワのコミンテルン高級幹部養成学校レーニン大学出身の米国共産党員ジョー小出＝本名鵜飼宣道が、野坂参三の助手となるため帰国し、サンフランシスコの汎太平洋労働組合（PPTUS）で、ハリソン・ジョージのもとで勤務しながら、地下活動を開始する。

その直後に、同じく米国共産党員で、西海岸労働運動にはほとんど参加していなかった宮城与徳が、日本へと旅立つ。

一九三四年、野坂参三が秘かに米国に渡り、ジョー小出の助力で『国際通信』を発行しはじめた頃、日本に入ったゾルゲは、尾崎秀実と奈良公園で会見し、本格的情報活動を始める。ゾルゲ機関と野坂機関の活動は、奇妙に時期的に一致する。

## 尾崎とゾルゲを結びつけたのは米国共産党の鬼頭銀一

しかし、尾崎秀実とリヒアルト・ゾルゲは、一九三〇—三二年、上海で既に知りあっていた。二人を上海で最初に引き合わせたのは、ゾルゲの供述・手記をもとにつくられた宮城裁判長の判決文によると、米国人ジャーナリスト、アグネス・スメドレーということになっている。

ところが、ゾルゲ事件の関係調書を詳しく分析すると、ゾルゲに対する尾崎秀実の最初の紹介者は、スメドレーではなかった。尾崎秀実の当初の供述に紹介者として何度も出てくるのは、米国共産党所属の日本人「鬼頭銀一（きとう・ぎんいち）」の名前である。時期や場所まで、具体的に述べている。ただし、ゾルゲの方は、「有名な共産党員」鬼頭銀一とのつながりを否定した。裁判への過程では、ゾルゲが上海での「有名な共産党員」鬼頭銀一の関与を強硬に否定したために、口裏合わせのために尾崎も途中で供述を変更させられ、最初の紹介者はスメドレーということに調書が統一された。

「鬼頭銀一」の名は、そのために、ゾルゲ事件の「謎の人物」として、長く忘れ去られてきた。米国共産党の日本人・日系人について書いたカール米田の書物（『在米日本人労働者の歴史』新日本新書、一九六七年）では、鬼頭銀一の存在そのものが抹殺された。よく知られているように、カール米田は、戦後も長く野坂参三と親しかった、アメリカ在住の日系共産党員であった。

しかし、私の調査では、鬼頭銀一は、実在していた。それどころか、三重県出身の、当時の上海では「有名な共産党員」（ゾルゲ）で、一九二八年にアメリカ共産党日本人部が再建された時の、初代書記だった。再建というのは、一九二〇年代初めに一度、片山潜・鈴木茂三郎・猪俣都南雄らの日本人部がアメリカ共産党内にあり、片山がソ連に移り、鈴木、猪俣らは日本に帰国して、その後とだえていたからである。

鬼頭銀一は、ご遺族提供の資料によりその軌跡を調べていくと、すぐれた政治・組織能力と英語力が米国共産党中央で認められ、当時上海にあった汎太平洋労働組合（ＰＰＴＵＳ）書記局に、米国共産党本部から派遣された日本人共産主義者であった。

## ジョー小出と鬼頭銀一はデンバー大学同級生

実は、二〇〇四年夏にアメリカ・デンバー大学まで出かけて私が学籍簿から確認してきたことは、このゾルゲと尾崎の仲介者鬼頭銀一と、野坂参三の助手ジョー小出＝鵜飼宣道が、同年代の近しい友人だったことである。二人は一九二五―二八年、米国中部のデンバー大に留学していた数少ない日本人であり、同級生だった事実である。

共に日本では、キリスト教と白樺派の影響を受けたヒューマニストであったが、デンバー大学で国際政治学者チェーリントン教授に学び、共産主義に近づいた。英語が良くできる若くて有能な日本人学生党員だったため、西海岸の日系労働運動の経験を経ることなく、ニューヨークの米国共産党本部に直接抜擢された。

鬼頭銀一は、一九二九年に、米国共産党日本人部を初代書記として再建後、上海の汎太平洋労組（ＰＰＴＵＳ）書記局に派遣された。満鉄傘下の国際運輸という運送会社にもぐりこんで、尾崎秀実や水野成を発掘・オルグし、尾崎をゾルゲに紹介した。水野成のゾルゲ事件供述・判決文には、鬼頭銀一の名が、中国共産党と水野の仲介者として出てくる。

ジョー小出は、初代書記であった同級生の鬼頭が抜擢され上海に派遣されたため、一九二九年に、米国共産党日本人部の第二代書記に任命された。ジョー小出は、その政治的才能と英語力を米国共産党書記長ブラウダーに高く評価され、一九三〇年には、ソ連のレーニン大学に派遣された。

レーニン大学はあまり知られていないが、東洋勤労者共産主義大学（クートベ）なら知っているという人も多いだろう。風間丈吉、山本正美、袴田里見等一九三〇年代前半の日本共産党最高指導者は、モスクワのクートベで学んだということで、帰国すればすぐに日本共産党の最高幹部になった。

アメリカ共産党の場合は、同じモスクワ帰りでも、クートベで学んだくらいでは、せいぜい州委員会書記など中級幹部である。レーニン大学は、コミンテルンの高級幹部養成学校で、ここを卒業して帰国すると、アメリカ共産党では、本部の要職についた。先に述べたルディ・ベーカーが、その第一期生である。それほどジョー小出は、コミンテルン内部で、高く評価されていた。

## 鬼頭銀一と尾崎秀実の神戸での再会

他方、一九三二年に上海から帰国して大阪朝日新聞本社に戻った尾崎秀実は、神戸で、鬼頭銀一と再会する。

鬼頭銀一は、一九三一年に上海で別件で逮捕され（浜松の活動家木俣豊次の上海逃亡幇助）、三三年に市ヶ谷刑務所を執行猶予付きで出所した。米国での合法共産主義運動参加は、治安維持法では罪にできなかったためで、鬼頭銀一は、特高警察に対して、上海でのゾルゲや尾崎との関係は述べなかったが、米国共産党日本人部については供述した。

その米国共産党員リストは、幹部クラスだけの大雑把なものだったが、その後の日本官憲による米国からの帰国者監視の、基礎資料となった。鬼頭銀一自身は名をあげなかったが、彼の供述した米国共産党員日系人名簿が補充・拡充されて、一九三三年の外事警察記録では、宮城与徳や北林トモも、リストに加えられていた。

鬼頭銀一は、一九三三年に、神戸でゴム販売業「鬼頭商会」を開く。それまで商売の経験も土地勘もなかったのに、なぜか神戸であり、貿易商品ゴムを扱う。神戸は、当時の日本で最も海外情報の入りやすい港町であり、アメリカ西海岸の野坂参三＝ジョー小出による『国際通信』等の反ファシズム文書は、野坂の言う「海のルート」を使って、神戸にも持ち込まれていた。いうまでもなく神戸は、野坂参三がソ連亡命の直前まで住んでいた妻龍の実家のある場所でもある。ただし、鬼頭銀一が、野坂参三ラインの活動をしていたという確証はない。

鬼頭銀一の「鬼頭商会」は、一九三三―三六年、神戸で店を開いていた。上海時代に知り合った尾崎秀実は、大阪朝日の記者の時代も、その後東京に移ってからも、鬼頭とたびたび会っていた。これは、鬼頭家に残された資料と証言で、実証できる。

それればかりではなく、鬼頭商会の三人しかいない店員の一人永田美秋は、尾崎秀実が鬼頭に紹介・推薦したことが、『尾崎秀実著作集』第四巻所収の永田美秋宛尾崎秀実書簡からわかる。永田美秋も、上海帰りだった。

つまり、ゾルゲと奈良公園で会い東京に転勤する以前から、尾崎秀実は、上海で自分とゾルゲを結びつけた米国共産党員鬼頭銀一と日本で再会し、神戸や大阪で会見を重ねていた。上海で鬼頭銀一の勧誘により中国共産党と接触した水野成は、同じ頃に、大阪の大原社会問題研究所に勤務していた。後に尾崎の誘いで、ゾルゲ・グループに加わる。その頃米国共産党から直接派遣された宮城与徳は、すでにゾルゲとの接触に成功し、活動を開始していた。

## 宮城与三郎が粛清された頃、鬼頭銀一は南方で不審死

鬼頭銀一は、一九三六年末に、神戸のゴム販売店をたたんだ後、三七年に南洋パラオ諸島の小島ペリリュー島に渡る。理由は、ご遺族の所蔵する資料からは特定できないが、当時ペリリュー島では、日本海軍が大きな軍事基地を建設中で、そこに日本人向けの雑貨店を開いた。

ところが一九三八年五月二四日、何ものかにペリリュー島で毒を盛られ、食中毒死する。真相は明らかでないが、現在日本にいる鬼頭家のご遺族は、鬼頭銀一は毒殺されたものと信じている。それが、日本の特高警察や憲兵隊によるものか、それともスターリンの刺客によるものかと、疑っている。

一九三八年五月といえば、スターリン粛清の最中である。ちょうどモスクワでは、米国共産党からソ連に亡命した宮城与徳の従兄宮城与三郎をはじめとした十数人（いわゆる「アメ亡組」）を含む八〇人近くの日本人が、総粛清された時期である。そのなかで野坂参三だけが、なぜかスターリン粛清を逃れて生き残った。鬼頭銀一は、「知りすぎた男」だったのかもしれない。そして、野坂は「残置諜者」となった。

鬼頭銀一とジョー小出の生涯を含むこれらの点は、両家のご遺族や関係者の協力で、ようやく最近明らかになってきたことである。両家のご遺族をみつけること自体、ひとつのドラマだった。いずれにしろ、こうした裁判記録にはない、アメリカ共産党関係の史実をくぐらせると、ブラウダーのディミトロフ宛手紙の意味が、浮上してくる。

モスクワの使命を帯びて、コミンテルン米国駐在代表ゲアハルト・アイスラーと米国共産党書記長ブラウダーを中継地に、中国のアグネス・スメドレーら、日本のゾルゲ・尾崎秀実・宮城与徳・鬼頭銀一ら、米国西海岸の野坂参三・ジョー小出らが、それぞれに使命感を持ち、一つの大きな目的のために活動し、援助されていた。彼らは、「世界革命」の情報収集・分析戦＝情報戦の戦士たちだった。たとえその実際は、「世界革命」はユートピアに留まり、「ソ連擁護」に収斂されていったにしても……。

## 3　戦時アメリカの情報戦システム

### アメリカ日本学の方向を定めた二・二六事件

ゾルゲ＝尾崎秀実らは、日本で一九三六年二・二六事件を経験し、中国侵略の拡大と日本軍国主義のファッショ化に、衝撃を受ける。その時のゾルゲの二・二六事件分析は、今日読んでも新鮮な、きわめてすぐれた日本国家論である。

同じ頃、アメリカでは、本格的な日本研究が、花開こうとしていた。後に戦時・戦後の対日政策策定に大きな影響力を発揮する日本学の若者たちが、日本に留学していた。コロンビア大学からは国務省日本担当になるヒュー・ボートン、ハーバード大学から戦後駐日大使になるエドウィン・ライシャワー、ノースウェスタン大学から戦後日米文化交流の仕掛け人になるチャールズ・B・ファーズらが、二・二六事件当時、日本に留学し、日本社会を研究していた。

国務省に入って在日米国大使館に赴任したばかりのジョン・エマーソンも、二・二六事件を東京で体験した。後に一九四四年夏、米国「ディキシー・ミッション」の一員として延安を訪問し、野坂参三との詳しい会見記録を作り、戦後GHQと日本共産党の繋がりのきっかけを作る。

戦時国務省内で対日政策作成の中心となるボートンの回想録『戦後日本の設計者』(朝日新聞社、一九九八年)には、ライシャワー、ファーズ、ボートンの三人が、日本で二・二六事件について話し合った話が出てくる。

戦後一九六〇年代ケネディ政権時に、ライシャワーが日本大使として赴任した時、ファーズは文化担当公使、エマーソンは政治担当の公使として、「ケネディ=ライシャワー路線」を支えた。当時の在日アメリカ大使館最高指導部は、まるで二・二六事件を日本で体験した米国ジャパノロジストの同窓会であった。

彼らは、太平洋戦争時の米国における最も有能な日本社会の体験者・分析者であり、占領民主化政策の形成、特に天皇制の扱いと治安維持法撤廃、日本共産党獄中幹部の解放と党の合法化に、重要な役割を果たした。

## アメリカにおける戦時OSS＝RAの情報戦

二・二六事件から日中戦争、中国西安事件・抗日国共合作への展開が、アジアでの情報戦を、ソ連・米国の双方にとって、死活のものにした。

一九四一年七月、日本でゾルゲ・グループが摘発・検挙される直前に、アメリカでは、ナチス・日本・ソ連の情報布陣をはるかに上回る、情報戦に特化した国家機関が、英国情報機関の援助を得て作られた。ドノヴァン長官のCOI（情報調整局）である。

COIは、日米開戦後の翌四二年六月にOSS（戦略情報局）に改組され、戦後のCIAの前身となる。連邦警察局（FBI）のフーバー長官は、この新興情報機関発足を目の仇にし、ドノヴァンのOSS対フーバーのFBIの対立は、戦後のCIAとFBIの不仲に受け継がれる。

COI＝OSSの特徴は、世界全域を対象に、情報を組織的に収集し、詳しく分析し、戦略・戦術の基礎に据えたことだった。秘密情報部（SI）、特殊工作部（SO）、モラル工作部（MO）等の特殊工作網を世界全域に「手足」として張り巡らしたばかりでなく、米国中の最高の研究者を総動員して「頭脳」となる調査分析部（RA）を持った。

戦時米国の情報戦は、ゾルゲ＝尾崎グループの個人的技量に依拠した手工業的活動とは異なり、機械性大工業段階の機能的・集団的共同研究で、日本の政治・経済・文化を分析した。歴史研究と実証データにもとづき、総合的に敵国の弱点を浮きぼりにし、戦略・戦術を立案した。あわせて戦後の日本をどうするかをも、真珠湾攻撃直後から計画を立てていた。詳しくは、私の『象徴天皇制の起源』（平凡社新書、二〇〇五年）を参照されたい。

ＯＳＳの発足は、ちょうど原爆作成のマンハッタン計画と同時で、マンハッタン計画が物理学など自然科学者を集めたのに対して、ＯＳＳの調査分析部（ＲＡ）は、社会科学と人文科学、特に歴史学・経済学・人類学・地理学・心理学等の最優秀な学者を、全米から総動員した。

## コミュニスト・マルキストも活用したＯＳＳ

面白いことに、アメリカでも国務省や陸軍の在来情報機関が保守的な手工業的諜報活動を展開している時、ドノヴァンのＯＳＳは、左翼・マルキストをも積極的に取り込んで、「客観的・科学的分析」にもとづく「現実的に可能な戦略・戦術情報」を、政府・軍の関係各部局に提供した。最高時約二〇〇〇人の研究者が加わり、前ハーバード大学歴史学部長ランガー等米国社会科学・人文科学界の重鎮たちと、彼らの選抜した最優秀な若手の助教授・博士たちによる情報分析体制がとられた。

戦時ＯＳＳと米国共産党とのつながりは、前掲『アメリカ共産党とコミンテルン』第七章・第八章で、旧ソ連秘密文書により解明されている。アメリカ共産党がＯＳＳに進んで協力を申し入れ、ルーズベルト大統領、ドノヴァン長官は、それを承知しながら、共産主義者を連合軍の一翼として利用した。そのことを、コミンテルンのディミトロフ書記長も、ソ連の秘密警察ＮＫＶＤフィチン将軍も承知していた。

日本の真珠湾攻撃による米国参戦で、米ソが連合軍として日独とたたかうようになると、このアメリカが「科学的」に収集・分析・立案した世界戦略・対日戦略が大きな力を発揮し、ゾルゲや尾崎のような手工業的諜報活動は、副次的なものになった。

ＯＳＳが、対独戦線でユーゴスラヴィアのチトーを、アジア戦線ではインドシナ共産党のホーチミンを助けたことは、よく知られている。それればかりではない。中国戦線では、国民党蒋介石の反対を押し切って、延安の毛沢東や野坂参三に接触した。そこに国務省のエマーソンも同行した。

また、ＯＳＳのモラル工作部（ＭＯ）の対日ブラック・プロパガンダには、ジョー小出・藤井周而ら、在米日系共産主義者の最優秀な人々が動員された。延安の野坂参三も、重慶の鹿地亘や青山和夫も、エマーソンを通じて、アメリカの対日戦略策定に一役買う。

そのＯＳＳ調査分析部（ＲＡ）の真珠湾攻撃時における日本担当の最高責任者、後の極東課長が、二・二六事件を東京で体験したチャールズ・Ｂ・ファーズであった。彼を中心に、日本についての詳細な戦略的分析と、「天皇を平和のシンボルとして利用する」日本改造の基本計画が作られた（加藤「一九四二年六月米国『日本プラン』と象徴天皇制」『世界』二〇〇四年一二月号、『象徴天皇制の起源』平凡社新書、二〇〇五年）。

## 大工業的なアメリカ情報戦と、手工業的なゾルゲ機関の悲劇

こうした米国国家機関の大がかりな情報戦が、ソ連のゾルゲ機関風手工業的諜報活動を凌駕するのは、時間の問題だった。

ＯＳＳには、極東情報分析だけで、約一〇〇人の専門家が配置されていた。新聞・雑誌情報の解析ばかりでなく、日本社会と歴史についての百科全書をつくり、日本語文献解読マニュアルや日本語教育の体系的教材も作られていた。日本の軍備や経済力の限界、階級分析や国民性分析も入っていた。

個々のアナリストの分析は、第三者のレフェリーを経て、正式な報告書に盛り込まれた。関係する政府・軍の各部門には、それが遅滞なく配布された。アメリカにとって不利な問題や戦況情報を含め、関係者にオープンに回覧され情報が共有された。開戦直後から、連合軍の勝利を前提して、戦後改革の各種シミュレーションが進められていた。その作業の中から、戦後にGHQの占領改革や米国日本研究の中心となる、多くの日本問題専門家が育成された。

他方で、ゾルゲや尾崎秀実の個人的能力に頼ったコミンテルン=ソ連の情報戦は、悲劇的だった。強固な確信と使命感を持ち、彼らが命がけで収集した日本の最高機密情報は、せっかくモスクワまで届きながら、スターリンにより無視された。事実と情報を踏まえて、政策決定に活かされることはなかった。

それどころか、捕虜交換で生命だけでも助ける可能性もあったはずだが、ソ連はゾルゲを見放した。だから、同じ連合国でも米国情報機関OSSの対日戦略の方が、国務省や軍の政策立案の基礎になり、連合軍総司令官マッカーサーによる戦後占領下での民主化・非軍事化改革、日本国憲法制定へと結実した。

しかし、戦時情報機関OSSは、一九四五年終戦時、そこにコミュニストを数多く抱えていた理由もあって、フーバーのFBIに告発された。支えのルーズベルトが病没し、後任のトルーマンに見放される。オーウェン・ラティモアら中国共産党に近いグループへの「アメラシア事件」が、後のマッカーシズムの先駆けとなり、OSSは、一九四五年九月にいったん解散する。

## 情報戦の「頭脳」を失ったCIAの凋落

ＯＳＳの「手足」だった諜報・秘密工作部門は、一九四七年に発足したＣＩＡに受け継がれた。だが「頭脳」だった調査分析部（ＲＡ）は、解体された。一部は国務省等の各地域部局に分散して継承されるが、大部分の関係者は、平時の大学・シンクタンク・財団等へと戻っていった。

日本担当の中心だったファーズの場合は、ロックフェラー財団に入り、国立国会図書館創設、北海道大学スラブ研究所開設など、戦後米国の対日文化交流を企画し実行する。

秘密工作の「手足」は継承したものの、戦時ＯＳＳが持っていた「頭脳」を失い弱体化したＣＩＡは、冷戦時代の情報を、反共主義のイデオロギーで裁断し、解析した。

偏向した眼鏡には、自分に都合のいい、歪んだ情報しか映らなかった。朝鮮・ベトナム・中南米・中東など、冷戦時代の情報戦でも秘密工作を繰り返すが、親米反共傀儡政権の恣意的樹立・育成は、ことごとく失敗した。しかも、戦後二〇〇か国近くに膨れあがった国際社会の発展と変容の解析には、秘密工作では対応できなくなった。

各種のクーデタや陰謀工作で悪名高くなったため、かつて戦時ＯＳＳには積極的に協力した学者たちも、戦後ＣＩＡには近づかなくなった。どんなに世界中から情報を集めても、それを科学的に解析し、政策へと洗練する人材を、ＣＩＡは欠いていた。

## 正義と大義の確信こそが優れた情報戦士を育む

その帰結が、今日のイラク戦争である。ゾルゲ的な手工業的諜報活動は、過去のものとなった。アメリカOSSに遠い起源を持つ、新たな「科学的」IT情報戦が、支配的になった。国際社会は、歴史のIT革命・グローバル化段階にみあった、新しい情報戦と情報秩序を必要とするようになった。

ただし、そこでも残される問題がある。そうした情報活動に使命感を持ち、身を殉じる、優秀な人材が、どれだけいるかという問題である。

情報そのものの量や質だけではなくて、その収集者・送り手と、受け手・分析者が、その情報が味方に有利であれ不利であれ、自分たちの目的・理想にとって意味を持つと自覚した時点で、初めて情報は意味を持ち、本格的な情報戦の武器となる。

その意味で、尾崎秀実やリヒアルト・ゾルゲは、情報収集の手法は個人的で手工業的だったが、きわめてすぐれた情報戦の戦士であった。自分たちが収集し分析した情報が、歴史の洞察にもとづく客観的なものであり、必ずや世界を大きく変革するだろうと確信してやまなかったという意味で、彼らの情報活動は、ある種の歴史的役割を持った。

戦時中の米国は、必要不可欠な情報を巨大な規模で集めていたが、それも、ファシズムと軍国主義を憎み、自由と民主主義を求める情報戦士を大量に抱え、組織できたからである。だからこそ、日本を含むアジアの民衆の解放と戦後の民主化にも役立った。日本国憲法には、そうした反ファシズム情報戦の成果が、結実している。

しかし、戦後のCIAになると、いわばサラリーマン情報屋に堕落して、自分のやっている情報活動の歴史的意味が、分からなくなる。目的・結果に確信を持てないまま、上司から言われて、時の政権に都合のいい情報だけを入手し送り出すことになった。

こうした段階で、ブッシュの米国は、情報戦というレベルでは、敗北を余儀なくされた。たとえ軍事的に勝利し、最新兵器と大量物資でイラクを一時的に平定しても、大義なき戦争・占領は、長続きしない。民心を掌握できない親米政府、正統性なき傀儡政権は、必ず民衆に見放され、敗北する。今日のアメリカは、軍事的に一時的に勝っても、情報戦では永続的勝利を得ることは難しいことを、自覚すべきなのである。

情報の送り手も受け手も、結局は人間である。情報戦に献身する人々を動員しうる「正義」と「大義」こそが、今日でも情報戦の帰趨を決する鍵である。そのことを強調して、私の報告を終える。

# 三　ノモンハン事件期のゾルゲ＝尾崎秀実グループ
## ――リュシコフ亡命とシロトキン証言

### 1　はじめに――ゾルゲ＝尾崎グループの国際的広がり

#### ゾルゲ＝尾崎グループは一〇年活動した

ソ連赤軍第四部諜報員リヒアルト・ゾルゲと日本の朝日新聞記者・近衛内閣嘱託尾崎秀実を中心としたグループ「ラムゼイ機関」は、満州・中国侵略を続ける日本軍国主義に対するソ連赤軍、コミンテルン＝世界共産党の諜報工作に携わったとされている。

当時の情報戦における最大の功績は、一九四一年六月のドイツ軍のソ連侵攻を事前にモスクワに打電し、また日本の天皇が臨席した四一年夏の御前会議で、日本が北進政策（満州からソ連への侵攻）ではなく南進政策（中国から東南アジアへの侵攻）を採った決定を伝えて、ソ連軍の対独戦への軍事力集中を可能にしたことだとされている。

アメリカのあるインターネット・サイトには、ゾルゲについてのさまざまな歴史的評価が集められている。曰く、「スパイの中のスパイ」「世界を変えた男」「スターリンのジェームズ・ボンド」等々。

確かに一九四一年秋、日米戦争開始直前に検挙されたゾルゲ＝尾崎グループの最終局面での活動は、独ソ戦を戦うソ連にとって有益であったことは間違いないであろうが、それらは三三年末のゾルゲの来日、三四年のゾルゲと尾崎の再会から数えても八年後のことであり、三〇年上海でのゾルゲと尾崎の初めての出会いから一〇年以上の活動の最終的果実であった。

## 記録に残された諜報戦、残されなかった情報戦

その一〇年の間にも、独ソ戦や日米戦争の前提となる世界史的な出来事は数多く起こっていた。検挙直前の政治的機密事項の漏洩は厳しく追及され供述も詳しくなるのは当然であるが、既に起こった政治外交的問題への敵国情報活動による漏洩は、裁判において厳しく追及されたとはいいがたい。厳しく追及すると、当時の政府・軍中枢にも関係者がいて責任問題が生じる。諜報員にとっても隠蔽・黙秘するのは容易であったから、史実は警察・検察調書、裁判記録に残されるとは限らない。

しかも、日本での立件は日ソ間の問題に集中されたため、日中・日米・米ソ・ソ中・独ソ・英米関係、さらにはソ連国内の政府・軍部・党情報機関同士の対立やドイツと日本の同盟国間の矛盾など、第二次世界大戦と戦後国際秩序に関わる当時の問題群は、調書や裁判では副次的に扱われる。

ましてや、日本軍憲兵隊と特高警察の縄張り争い、ドイツとソ連、ソ連と英米の連合国間諜報戦、日中ソの狭間でのモンゴルの運命などは、訊問でも厳しく追及されず、記録には残らない。こうした問題は、これまでのゾルゲ=尾崎事件の研究において、一つの盲点になってきたのではないだろうか。

## 2　ゾルゲ事件へのさまざまな眼差し

### 名誉回復もゾルゲ事件研究も情報戦の一環

かつて一九九八年一一月に東京で開かれた第一回国際シンポジウム「二〇世紀とゾルゲ事件」において、九〇歳を過ぎて存命中だった石堂清倫は、その記念講演「世界史の問題としてのゾルゲ事件」において、「ゾルゲも尾崎も、権力の中枢に潜入しようとした形跡は皆無であり、反対に、権力の方から迎えに来た」点を、一般のスパイ事件と異なるゾルゲ＝尾崎グループの活動の特徴とした。

そのさい、「日本の軍部がゾルゲを信頼し、彼の情報収集に便宜をはかった」のに、裁判記録では日本軍高官（馬奈木敬信、山県有光、武藤章ら）とゾルゲとの関係の問題はでてこないこと、当時のコミンテルン指導者オットー・クーシネンの妻アイノ・クーシネンが「イングリット」の名で調書に出てくるが、アイノが昭和天皇の弟秩父宮と会っていた事実等はなぜか追及されなかったことに、注意をうながしていた（白井久也・小林峻一編『ゾルゲはなぜ死刑にされたか』社会評論社、二〇〇〇年、九四―九五頁）。

ゾルゲ事件研究は、戦後一九六二年からみすず書房刊『現代史資料』全四巻に収録された裁判記録を、最も重要な基本史料としてきた。一九四八年末にアメリカで大々的に発表されたチャールズ・ウイロビーの報告書にはマッカーシズムの影がつきまとい、一九六四年にソ連でゾルゲが突如「名誉回復」した経緯にも東西冷戦の情報戦の色彩がつきまとっていて、日本での検挙直後の裁判記録の方が、より史実に近いとみなされたからである。

というよりも、第二次世界戦争当時の情報戦の主人公の一人であるゾルゲの研究は、それ自体が冷戦時代の国際情報戦の一部であり、その基本的性格は、冷戦が終わり、ソ連国家が崩壊した今日においても、受け継がれている。

## 冷戦型思考が陰を落とした研究史

例えば、すでに六〇年にもなる世界的規模でのゾルゲ事件の研究史を、各国別に簡単に見てみよう。アメリカのゾルゲ事件研究は、明らかに戦後冷戦の影を帯びている。ウィロビー報告書での「上海諜報団（Shanghai Conspiracy,1952 邦訳『赤色スパイ団の全貌』東西南北社、一九五三年）」「ゾルゲ＝スメドレー事件」という扱いが、典型である。そこでは、マッカーシズムの標的とされた中国でのアグネス・スメドレーとゾルゲの関係が中心で、尾崎秀実ら日本人は脇役になる。

チャーマーズ・ジョンソンのスタンフォード大学フーバー研究所史料をもとに尾崎秀実と彼の中国革命観に着目した研究（*An Instance of Treason*,1964 邦訳『尾崎・ゾルゲ事件』弘文堂、一九六六年）や、ゴードン・プランゲの関係者インタビューを交え『リーダース・ダイジェスト』読書向けに記した「東京のスパイ団」中心の遺著（*Target Tokyo*,1984 邦訳『ゾルゲ・東京を狙え』上下、原書房、一九八五年）も、対ソ冷戦の産物だった。

旧ソ連と現ロシアの研究では、主としてゾルゲ情報の軍事的意味が中心になる。つまりゾルゲが実際に進めた日本社会や国家、一九三〇年代日本の政治過程の分析そのものよりも、そこから引き出された結論、ソ連に打電された情報が、当時のソ連の戦争遂行にどのような意味を持ったかという観点から論じられる。

「大祖国戦争の英雄」ゾルゲという、フルシチョフ時代末期の一九六四年に突如ゾルゲが「名誉回復」したさいの影が、今日までつきまとっている（例えばイ・デモンチェワ他『同志ゾルゲ』邦訳刀江書院、一九六五年、コレスニコフ夫妻『リヒアルト・ゾルゲ』邦訳朝日新聞社、一九七三年）。

## 中国で始まったゾルゲ研究、ドイツから研究が現れない理由

他方、ゾルゲが眼前で見てきた日本の侵略の直接被害者であった中国では、長くゾルゲは、振り返られることはなかった。上海でゾルゲを助けたアグネス・スメドレーは、英語で朱徳将軍や中国紅軍のルポルタージュを書き、一九四九年の中華人民共和国成立に貢献したジャーナリストとみなされ、毛沢東を描いたエドガー・スノーらと共に、建国当初から高く評価されてきた。

ところが、ゾルゲについて中国で報じられるようになったのは、ようやく最近のことである。ゾルゲが上海で活動した時代の中国共産党は、毛沢東の主導権確立以前の李立山路線から王明路線への転換期で、公式の中国共産党史では政治的に疎んじられる。楊国光『諜報の巨星ゾルゲ』が二〇〇二年に出版されて、一部で知られるようになったばかりである。

ドイツでは、ソ連での「名誉回復」に触発された旧東ドイツのユリウス・マーダーらの研究（*Dr. Sorge funkt aus Tokyo*,1965 邦訳『ゾルゲ諜報秘録』朝日新聞社、一九六七年、*DR.Sorge Report*,1984 邦訳『ゾルゲ事件の真相』朝日ソノラマ、一九八六年）があるが、ソ連がナチスに送りこんだ諜報団

としては、トレッペルらの「赤いオーケストラ」の方が知られており、ゾルゲは『シュピーゲル』誌などでたまに取り上げられることはあっても、注目されることは少ない。

マーダーによるドイツでのゾルゲの経歴発掘や、東京のドイツ大使館内のゾルゲの動向の記述は有益であるが、むしろ二冊の書物の日本語訳者の短い文章が貴重である。というのは、訳者の植田敏郎が、ゾルゲ＝尾崎グループの裁判時の通訳で、ゾルゲの死刑判決時の堂々とした態度を証言しているからである。

冷戦崩壊以後のドイツでは、日独枢軸の隙間の亀裂として、オイゲン・オット大使のゾルゲの過信や、ナチスの送り込んだゲシュタポであるマイジンガーと在日ドイツ人社会の対立、オットとマイジンガーを告発したナチスのジャーナリスト、イーヴァー・リスナーの事件からナチス全体主義の多頭制を導き出すような研究はあるが、ゾルゲ事件の全体像を描く本格的研究は見あたらない。

## 尾崎秀実中心の政治主義的研究とその陥穽

だから、かえって、直接の当事国でないイギリスやフランスのゾルゲへの眼差しが、グローバルなスケールでのゾルゲ・グループの活動を、客観的に描き出している。

一九六一年にフランスで作られたイブ・シャンピの映画（*QUI ETES-VOUS, MONSIEUR SORGE?*、邦題『真珠湾前夜』）は、フルシチョフが見て「名誉回復」のきっかけになったといわれる。

イギリスのF・ディーキン＝G・ストーリイの研究は、その実証主義的手法で、この分野での古典となっている（*The Case of Richard Sorge*,1980 邦訳『ゾルゲ追跡』筑摩書房、一九八〇年）。最近のロバート・ワイマントのノンフィクション（*Stalin's Spy*,1995 邦訳『ゾルゲ　引き裂かれたスパイ』新潮社、一九九六年）やモルガン・スポルテスの小説（*L'Instanse*,2002 邦訳『ゾルゲ　破滅のフーガ』岩波書店、二〇〇五年）も、「国益」を離れて客観的なゾルゲ像を探求している。

ゾルゲ事件の研究に、それぞれの関係国の日ソ情報戦への関わりが反映してくるのは当然のことであり、今日のゾルゲ像は、それらの波長の違いの先に、クリスタル（結晶）している。

それでは当事国日本での研究が、それらを総合した最先端にあるといえるかというと、必ずしもそうではない。

日本の場合は、主役がゾルゲというよりも、戦後すぐの時期から盟友尾崎秀実の方で、「売国奴」なのか「反戦平和の闘士」「国際主義的共産主義者」であったかと、政治的に問題にされてきた経緯がある。

戦後すぐの時期に、尾崎秀実の家族に宛てた獄中書簡集『愛情はふる星のごとく』がベストセラーになったが、世界評論社から出たその一九四六年初版に収められていた作家宮本百合子（日本共産党指導者宮本顕治夫人）の解説「人民のために捧げられた生涯」はその後の版で削除され、松本慎一の解説も変更された。義弟の文藝評論家尾崎秀樹が、戦後日本共産党の有力指導者であった伊藤律を事件発覚のもとになった「生きているユダ」として告発したため、ゾルゲ事件そのものが政治的に扱われてきた。

右派にとっては、国策として戦争を進めた日本の権力中枢にあって御前会議の情報を外国に流した尾崎秀実は「非国民」「売国奴」であった。逆に左派にとっては、共産党さえ壊滅して戦時体制が作られた時期に「社会主義の祖国」ソ連の諜報員ゾルゲに協力した尾崎秀実らは「国際主義者」「平和運動家」だった。

ただし、尾崎が日本共産党員ではなかった故に、左派のなかでも評価が分かれた。こうした政治的バイアスが、資料的には最も整った日本での研究には、長くつきまとってきた。

今回モンゴルで開かれる国際シンポジウムは、これまで日本、ロシア、ドイツで四回開かれ、さまざまな関心と視角からゾルゲ＝尾崎グループの多面的な活動を明らかにしてきたが、こうした交流こそ、遠回りのようにみえながら、最も実り多い真実への道である。

## 3　ノモンハン事件＝ハルハ河戦争にゾルゲはどう関わったか

### モンゴルでゾルゲ事件を振り返る意味

各国の研究動向を踏まえ、これまでゾルゲ＝尾崎グループ研究においてスポットを当てられなかった問題に接近することで、新たな側面が見えてくる場合がある。

私は、二〇〇四年一一月六日に行われた日露歴史研究センター主催のゾルゲ・尾崎秀実処刑六〇周年記念講演会で「イラク戦争から見たゾルゲ事件」という報告を行い、これまで無視されてきた三〇年末上海でのゾルゲと尾崎秀実の出会いの仲介者であったアメリカ共産党日本人部の「鬼頭銀一」にスポットを当てることによって、東京でのゾルゲ＝尾崎グループの活動と、上海でのアグネス・スメドレーらの活動、それにアメリカ西海岸での野坂参三、ジョー小出（鵜飼宣道、鬼頭銀一のデンバー大学同級生）らの活動を統一的に捉える視座を提唱した。

これらを統括するアメリカ共産党ブラウダー書記長の一九三五年九月二日付コミンテルン書記長ディミトロフ宛て手紙（RTsKHIDNI,495-74-463、邦訳『コミンテルンとアメリカ共産党』文書二〇、五月書房、二〇〇〇年、一〇六ページ）からは、アメリカ共産党の諜報組織「ブラザー・サン」指導者ルディ・ベーカー、ゾルゲの親友でもあるアメリカ共産党コミンテルン駐在員ゲアハルト・アイスラー、汎太平洋労働組合（PPTUS）指導者ハリソン・ジョージ、サム・ダーシー、ユージン・デニスらが、当時のソ連邦の諜報活動とコミンテルン国際連絡部（ＯＭＳ）のアジア工作で重要な役割を果たしたことがわかる。

ゾルゲ＝尾崎グループの活動も、上海時代からの国際情報戦のなかに位置づけるべきであろう（日露歴史研究センター『現代の情報戦とゾルゲ事件』二〇〇五年、前章参照）。

今回は、せっかくモンゴルで行われるシンポジウムなので、ノモンハン事件（ハルハ河戦争）との関わりでのゾルゲの活動に、スポットを当ててみよう。

## 裁判で重視されなかったノモンハン事件時の諜報

内務省警保局保安課がまとめて『昭和一七年中に於ける外事警察の概況』（一九四三年）に収録した総括記録「ゾルゲを中心とせる国際諜報団事件」のゾルゲの行動欄には、ノモンハン事件についての特別の記載はない。

ただし、尾崎秀実の活動についての「別表」には、尾崎がゾルゲに「昭和一四［一九三九］年五月

『ノモンハン事件』に就ては政府側に対ソ戦争の決意なく、国民一般も対ソ戦争を欲せざる事情を観測し且つ戦況も日本側の旗色悪しとの風評行われつつたるとの報告を行ふ」とある（『現代史資料一』みすず書房、一九六二年、五〇頁）。宮城与徳の項には、一九三九年五月以降頻繁にノモンハン情報を収集・調査したとある（同六七―六九頁）。

無線技師マックス・クラウゼンについては、満州・中国北部の日本陸軍の動きをモスクワに打電したとあるが一般的記述であり、ブランコ・ブーケリッチは、アバス通信特派員として現地まで出かけゾルゲに報告したはずなのに、この日本内務省の総括報告書には記載がない。

これは、日本側が暗号を解読した「七　諜報機関に対するモスコー本部の主要指令」中に、一九三九年は「四　一九三九年二月一九日　日本に於ける兵器製産能力に関する図表入手に努められ度し」「五　一九三九年四月一三日　日本陸軍将校をグループ員として獲得せよ」の指令があったと述べるのみで、モスクワからはゾルゲにノモンハン戦についての特別の要請がなかったかのようにも読める。

よく知られたゾルゲの第一手記には、ノモンハンの記載は無く、第二手記では、「ノモンハンの戦闘が起ると、私は各人に命じて、蒙古国境方面に対する日本の増援計画を探ることに専念させて、この衝突事件がどの程度に拡大するものであるかについて判定を下す材料を求めた」とあっさり触れるのみである（一七一頁）。

むしろ、日ソ戦争の勃発可能性については、「私がいくら反対の説を立ててもモスクワ当局はどうも十分にわかってくれなかった」と慨嘆し、そうしたソ連側の猜疑心の事例として、「ノモンハンの戦闘中や、一九四一年の夏日本軍の大動員［関特演］が行われたころ」を挙げている（一八〇頁）。

つまり、自分はノモンハンの戦闘は局地戦で本格戦争への拡大はないと伝えたのに、モスクワではノモンハンの過大評価があったといわんばかりである。

ブーケリッチのアバス通信通信員としてのノモンハン旅行は「ヴケリッチの情報の出所」に簡単に出てくる。しかし、概してノモンハン事件は、一九四〇年以降の活動に比して、さりげなく触れられる程度である。

ゾルゲは予審訊問・検事訊問でノモンハンについても追及はされたが、特に重視された形跡はない。起訴状に当たる「予審終結決定」では、宮城与徳とブーケリッチに対して「ノモンハン事件の推移」を報告させたことが、他の多くの事項の一つとして挙げられたに留まる。

一九四三年九月東京地裁判決はそれらをほぼ認め、ゾルゲに死刑を下した。一九四四年一月大審院判決は上告を棄却し、刑は四四年一一月七日に執行された。

## ソ連にとっては貴重だったノモンハン情報

こうした裁判記録からは、ノモンハン事件へのゾルゲの主たる関わりは、戦闘開始後に本格的戦争になるかどうかの戦況判断であったかのように見える。

実際、日本のＮＨＫ取材班が冷戦崩壊後に収集した一九三九年一月以降のゾルゲの暗号電報では、一月二〇日に「もし、事態が危険な方向に発展しない場合には、遅くとも今年の五月までには帰国する許可をいただきたい」と言っていたのに、二月から日独伊三国同盟の帰趨の探求に忙しくなった。

五月一一日にノモンハンでモンゴル軍と満州国軍の戦闘が起こった後も、六月四日の報告で「ハサン湖やモンゴル国境であったような衝突の続発を防止するためには、日本人に対して毅然とした、厳しい手段を用いるように切に勧告する。さもないと、国境での絶えざる紛争をもたらすことになろう」と述べつつ、同じ報告中で早期帰国の希望をもう一度繰り返しており、特に重視している形跡はない（『国際スパイ　ゾルゲの真実』角川書店、一九九二年、二九六頁以下）。

しかし、ソ連で一九六四年一一月にゾルゲが「名誉回復」したさいの、A・シェレーピン以下三人の署名したKGB対外諜報局報告書「価値あるゾルゲ情報の中身」の中には、「一九三六年前半ならびに一九三九年中頃の、ソ満国境での関東軍による軍事的挑発の理由と性格。一九三七年の日中戦争勃発と、これに関連した日本軍の展開」がソ連にとって重要であったという（コンドラショフ、セルゲイ・アレクサンドロビチ「ゾルゲとその仲間たちの諜報活動を巡るソ連本国の評価」白井久也編著『国際スパイ　ゾルゲの世界戦争と革命』社会評論社、二〇〇三年、一六一頁）

旧ソ連公文書館でモンゴルに関わるさまざまな資料を収集し、当時の国際関係の中でのノモンハン事件の意味を探求したモンゴル人研究者マンダフ・アリウンサイハンの一橋大学提出博士論文「日ソ関係とモンゴル」（二〇〇三年）は、ゾルゲが一九三九年二月八日、赤軍参謀本部諜報局長宛てに電報を送り、日本軍部の急進派グループの中で「板垣陸相、寺内元陸軍大臣などのグループは中国の南部、中部の作戦を縮小して、対ソ連戦の基地を確保するため中国北部とモンゴルを保持することを望んでいる」ことを伝え、それらをもとに、赤軍参謀本部諜報局長代理オルロフが三九年三月三日に「日本軍がソ連との国境で軍事行動を起こす危険が差し迫っている」「上海の日本の軍人の間には『一九三九年五月にソ連に対して軍事行動を開始するらしい』といううわさが広まっている。このうわさによると日本軍の行動が戦争に拡大する可能性があるとされている」と予告する報告書を作成して、ヴォロシーロフ国防人民委員に提出した点に注目している（ロシア国防省史料館資料）。

第一回ゾルゲ事件国際シンポジウムのワレリー・ワルタノフ報告「われわれは最後の最後まで、ソ日戦争回避のため力をふりしぼった」は、「極東におけるソ連の安全確保に当たって、かなり重要な役割を果たしたのは、モンゴルにおけるソ連政府の政策であった。この政策は、とりわけラムゼイ・グループのおかげで、非常に柔軟かつ有効な政策が実施できた。はっきり言えることは、日本が一九三六年にモンゴル攻撃の準備をしているというゾルゲ情報は、労農赤軍政治指導本部長ガマルニクのスターリン宛一九三六年二月二二日付の報告メモ作成にとって、大変役立った。恐らくゾルゲ情報は、同年三月一二日のソ連・モンゴル相互援助協定締結のため、有益な意見の一つとなったはずだ」と、一九三六―三九年のゾルゲ情報が、いかにハルハ河戦争（ノモンハン事件）でのソ連の勝利に貢献したかを、軍事史の専門家として詳しく述べた。

ゾルゲ情報の貢献は、戦略的には独ソ戦にあたって日本が中立を保つだろうという見通しを可能にし、戦術的には、一九三八年七月二九日のゾルゲ報告が、日本の参謀本部は満蒙国境紛争の不拡大方針を採っていると述べていたことだったという（『ゾルゲはなぜ死刑にされたのか』一七三頁以下、ただし『国際スパイ　ゾルゲの世界戦争と革命』所収の一九三八年七月二九日付フェシュン文書一〇からは、ワルタノフの述べる主旨は読みとれない。別の電文のことであろうか？）。

## 4　ゾルゲのリュシコフ情報こそノモンハン戦勝利の条件？

### 吉河検事の見いだしたリュシコフ亡命事件の意味

こうしたゾルゲ情報の意味を、実は、もっと早い時期に述べた日本人がいた。ゾルゲ事件担当の主任検事だった吉河光貞である。

ゾルゲ事件の主任検事である吉河光貞は、一九三九年に起こったノモンハン事件で、関東軍がジューコフ将軍によって大敗を喫したのは、概してリューシコフ事件に際してゾルゲがその任務を完全に果たしたことによるものと信じている。ゾルゲのおかげで、ソビエトは日本軍が蒙古に浸入する前に、日本軍がシベリアの赤軍の兵力をどの程度に見ているかを厳密に知ることができたのである（C・ジョンソン『尾崎・ゾルゲ事件』弘文堂、一九六六年、一四四頁以下、ワイマント前掲訳一三四頁）。

つまり、吉河光貞は、ゾルゲ情報のノモンハン事件への貢献を、ワルタノフの見た満蒙ソ連国境についての直接的な軍事情報よりも、張鼓峯事件（ハサン湖作戦、三八年七月一二日―八月一一日）直前の三八年六月一三日に、ソ満国境を越えて日本に亡命したソ連極東内務人民委員部長官リュシコフ将軍についての政治情報をゾルゲが日本で手に入れモスクワに伝えたことに見出し、それがノモンハン事件での日本の敗北につながったと考えていた。

それは、軍部の責任追及につながるために、日本の法廷では前面に出せなかったが、司法省検事として吉河が、当時から抱いていた考えだったであろう。

チャーマーズ・ジョンソンは、ゾルゲ情報が必ずしもモスクワのスターリン指導部によって信頼されなかった問題に触れて、「ゾルゲや彼の同志にとって重大な目標は、つねにソ連邦に対する攻撃を見張り、ソビエト［＝スターリン］に警告を発することだった」とも述べている。日本軍・政府の知り得たリュシコフ訊問情報、それを補強してドイツ国防軍防諜部がまとめた報告書を、ドイツ軍武官ショル大佐を通じて入手しモスクワに送ったゾルゲ情報は、ノモンハン事件における情報戦の鍵だったことを、吉河光貞は示唆しているのである。

## ゾルゲの送ったドイツ国防軍リュシコフ報告書の行方

だが、ライカのカメラを使ってゾルゲが撮影し、膨大な量をモスクワに送ったという、一九三八年秋にドイツ国防軍がまとめたリュシコフ報告書は、ソ連崩壊後に次々に明らかにされてきたゾルゲからモスクワへの交信記録の中に、なぜか見あたらない。NHK取材班『国際スパイ　ゾルゲの記録』(角川書店、一九九二年)にも、A・G・フェシュン編著『秘録　ゾルゲ事件』を含む本国際シンポジウムの記録集にも、なぜか一九三八―三九年にゾルゲの送信したリュシコフ関連情報は入っていない(白井久也編著『国際スパイ　ゾルゲの世界戦争と革命』社会評論社、二〇〇三年)。

先に引いた一九六四年「名誉回復」時のソ連KGBの見た「価値あるゾルゲ情報の中身」は、「一九三六年前半ならびに一九三九年中頃の、ソ満国境での関東軍による軍事的挑発の理由と性格。一九三七年の日中戦争勃発と、これに関連した日本軍の展開」と、三八年夏のリュシコフ亡命事件がなぜか抜けている。フルシチョフ、ブレジネフ時代には、リュシコフ将軍亡命事件は、なおタブーだったのだろう。当時のスターリン粛清及び極東ソ連軍配備に決定的に関わるリュシコフ亡命情報が、東京のゾルゲからモスクワにどのように送られたかについては、実はまだ、本格的には解明されていないのである。

ただし、フェシュンの『秘録　ゾルゲ事件』は、その序章で、当時モスクワが日本とドイツの軍情報部が得たリュシコフ情報に「異常なまでに興味を持った」ことに注目し、それをソ連の参謀本部諜報総局内の二つのグループ（ゾルゲ情報を信じた極東部日本課キスレンコ、シロトキン、ザイツェフらと、信用しなかったパクラードク、ラゴフ、ウォロンツォフら及び諜報総局長ゲンジン）の分岐に関連づけていた。リュシコフ亡命問題に触れた数少ないロシア側の研究であるが、残念ながらリュシコフ亡命事件の基本資料が使われておらず、日本側資料も、檜山良昭の小説『スターリン暗殺計画』のみである（同書、二四六―二四七、二五六―二五七頁）。同書所収の極めて貴重な一九一種類の文書・書簡・電文・回想にも、リュシコフ関連文書は入っていない。

## リュシコフ亡命情報に無関心を装うゾルゲ

無論、日本側の裁判記録には、ある程度の記述がある。一九四二年三月七日の吉河光貞検事によるゾルゲの第三九回検事訊問調書には、「私としてはリシュコフが亡命したのは彼がソ連の態度や待遇に対して不満を懐いたのみならず、シベリヤで何か不正な所為を敢てして居り折柄ゲー・ペー・ウー内の粛正工作が行われて居た為彼自身も摘発される虞があったからだと思ひました」「私は裏切者の言動は何時も決まり切ったことなので特に彼には興味を持てなかった」という、スターリンに忠実で、ソ連での粛清に無関心な素振りを示す、ゾルゲの言葉が残されている。

予審訊問調書もそれを追認し、ゾルゲはただ忠実に、「(一)リシュコフ自身の反共産主義的態度、(二)スターリン並ソ連共産党中央委員会に対する非難」等をモスクワに打電し、「之に私の見解としてリシュコフの報告中に強調された赤軍の弱点を捉へて、日独双方がソ連に対して軍事行動を採る危険性があることを附加した」としている(『現代史資料　ゾルゲ事件一』二六五頁以下)。

ゾルゲは、日本の国家権力に対しては、忠実なスターリン主義者としてふるまっている。

## モスクワはリュシコフ情報を求めていた

だが、実際にリュシコフの日本での言動を知り、彼が日本軍・ドイツ軍へ供述した内容を収集してそれをモスクワに打電する時、ゾルゲには、一切の疑問も一抹の不安もなかったのだろうか。

ゾルゲの吉河検事への供述では、主として在日ドイツ大使館付陸軍武官補佐官ショル中佐から得たリュシコフ情報を、一九三八年中に「三、四回に亘り之をモスコウ中央部に打電」した。その後ドイツ国防軍諜報部の特使が来日して「リシュコフ［ママ］訊問の結果を纏めて数百頁に亘るタイプライターの報告書」を作成したことを知り、「私が度々リシュコフに関する報告を打電したにも拘わらず之に関心を示さなかった」モスクワにその報告書が「入用か否かを問合わせた」ところ、モスクワ中央部からは「判明したことは詳細に知らせよ」と言ってきた、そこで、一九三九年初めに、ドイツ国防軍特使の報告書を「ショル武官から見せて貰い之を通読し其の中特に重要と思はれる部分の半分位を写真に撮影して」フィルムをモスクワに送った、という（同書、二六五―二六六頁）。

そのさい奇妙なことに、ゾルゲは、「恐らくモスコウ中央部としてはリシュコフの陳述には相当関心は持って居り乍ら、私の方から決って通報して居たので別に何とも指示して来なかったのではないかと思ひます」と弁明を加えている。

自分はリュシコフ情報をちゃんとモスクワに送った、しかしモスクワからは何も言ってこなかった、そこでドイツ軍特使報告書の件は必要かどうかとわざわざ問い合わせた、それでようやくモスクワから詳細を送れと言ってきたので三九年に入って半分くらい（それでも数百頁なら百頁以上になる）をフィルムで送った、と吉河検事に答えている。

実は、この問合わせに対するモスクワからの回答は、ゾルゲ自身による第三九回検事訊問ではなく、内務省警保局のまとめた「ゾルゲを中心とせる国際諜報団報告書」の「七　諜報機関に対するモスコー本部の主要指令」の項に、日本側が解読したモスクワの暗号指令として出ている。

そこには「二　一九三八年九月上旬　カナリズ（独逸秘密機関長）の特使が日本陸軍から受領する文書の写若しくは該特使が直接リュシコフとの会見に於て受領する文書の写を獲得する様全努力と全能力を尽せ獲得せるものは直に送れ」とある。つまり、モスクワからは、三八年九月に「全努力と全能力」を尽くして「直ちに送れ」と言ってきたものを、ゾルゲは三か月後の三九年一月頃にようやくモスクワにフィルムで送ったことがわかる（『現代史資料　ゾルゲ事件一』七七頁）。それも、報告書の中の「リシュコフ自身の政治的立場に関する声明の様な重要でないものは捨て」て、「シベリヤに於ける反対派の活動」、赤軍関係の情報、等々のみを送ったと語っている（二六六頁）。

## リュシコフ事件時のゾルゲに葛藤はなかったか？

だが、ゾルゲにとって、またモスクワにとって、「リシュコフ自身の政治的立場に関する声明」は、本当に「捨て」てもいい「重要でないもの」だったのだろうか。ゾルゲは、本当に軍事技術的情報のみを選別して、モスクワに送ったのであろうか。

このリュシコフ亡命事件をめぐる第三九回検事訊問の問答には、日本で東大新人会の学生運動をくぐって思想検事になった吉河光貞と、世界革命を信じて母国を離れ活動するコミュニスト・ゾルゲの、緊迫した情報戦が孕まれている。

ゾルゲは、リュシコフ亡命情報を直ちにモスクワに送ったが、モスクワからは何も言ってこなかった。それで、ゾルゲは不安になった。これは現在のモスクワでは余計な情報なのか、と。

しかも、正確な情報を送るためには、リュシコフが語った言葉をそのままモスクワに伝えなくてはならない。そこには、スターリン粛清の実態、ソ連とスターリンの共産党への悪罵さえ含まれている。その伝達情報が「モスクワ中央部」の不快を買ったのではないか。それなら「政治的」情報は省いて、赤軍関係の軍事的情報に限定しよう、だが、そこにも「シベリアに於ける反対派」についての情報が含まれる。しかし、だからといって日本官憲に対して、ソ連の弱みも自分の動揺も見せるわけにはいかない——そんな葛藤が、透けて見える。

## 5　フェチュン文書におけるリュシコフ情報の欠落——受信者シロトキン

### ゾルゲはリュシコフのソ連批判をそのまま打電していた

最近、日本のドイツ外交史研究者である田嶋信雄成城大学教授は、「リュシコフ、リスナー、ゾルゲ——『満州国』をめぐる日ソ関係の一側面」と題する論文で、研究史の空白を埋める、一つの重要な知見を加えた（江夏由樹ほか編『近代中国東北地域史研究の新視角』山川出版社、二〇〇五年）。

ゾルゲの撮影したドイツ国防軍防諜部のロシア専門家グライニング大佐（国防軍防諜部長カナリス提督の特使）によるリュシコフ訊問報告書は、確かに東京ドイツ大使館のショル中佐からベルリンのドイツ国防軍最高司令部に複数部送付されたが、今日ドイツの公文書館に残る関係文書綴りの中には、肝心の報告書は存在しない。戦後アメリカないしソ連が押収して持ち帰った可能性はあるが、なお見つかっていない。

日本側は、軍のリュシコフ関係資料を焼却・隠滅した可能性が高い。周知のように、リュシコフは終戦直後の一九四五年八月二〇日、大連で彼の身柄がソ連軍に渡ることをおそれた日本陸軍特務機関の手で射殺されている。

ゾルゲがマイクロフィルムでモスクワに送った報告書の写しは、田嶋教授によれば「なんらかの理由で、現在まで刊行されているゾルゲ関係資料集には掲載されていない」。先述したように、フェシュン編『秘録　ゾルゲ事件』にも入っていない。

この報告書の欠落に、田嶋教授が注目した理由が重要である。

このドイツ国防省報告書（グライニングによるリュシコフ訊問は一九三八年八―九月）の撮影・送付以前に、ゾルゲは、一九三八年七月一三日東京でのリュシコフの外国人特派員団との記者会見に、『フランクフルター・ツァイトゥング』特派員として出席していた。ナチ党機関紙『アングリフ』の記者イーヴァー・リスナーも、そこにいた。ゾルゲは、その模様を、モスクワに八月二六日付で送電した。問題は、その電文の中身である。それは、ロシア語で一九九七年に発表されたロシア古文書資料集に収録されたが（Moscow,TEPPA,1997,ctp.148-151）、これまで日本では紹介されていなかった。

そこでゾルゲは、リュシコフの記者会見発言中の「政府や軍の責任を負っている中心的指導者のなかで、逮捕された人は一万人を数える」「ソヴィエトの雰囲気のなかで強力な反スターリン的気分が感じられることはまったく明らかだ」「現在ソヴィエトは、恣意によりプロレタリア独裁を一掃したスターリンの個人独裁のもとにある。もはや組織された共産党は存在しないともいえる」といった表現を、リュシコフの言葉としてではあるが、モスクワ宛電文報告中でそのまま伝えていた。

田嶋教授は、これについて、「いくら『裏切り者』リュシコフの公式発言の引用とはいえ、これはあからさまにスターリンを批判したものであり、その内容が当時のソ連において持つ含意をゾルゲが理解できなかったはずはない。ゾルゲはこの報告を送信する際、スターリンとの関係において重大な躊躇を克服したものと思われる」とコメントしている。

## ゾルゲはスターリン粛清をどう受け止めたか

この時期のゾルゲは、一九三八年四月に最有力の情報源オットが駐日ドイツ大使に任命されたのに、五月に酒に酔ってのオートバイ事故で大怪我をした。その後遺症もあり、精神的に極めて不安定だった。リュシコフの日本亡命は、その退院直後のことだった。

すでにスターリン粛清は、赤軍に及んでいた。前年一九三七年六月に、国内戦の英雄で、赤軍最高の頭脳であったトハチェフスキー元帥（国防人民委員代理）を始めとする赤軍最高幹部八名が「ドイツのスパイ」容疑で突如逮捕され、七名（他の一名は逮捕直前に自殺）が六月一一日の秘密軍法会議で有罪判決を受け、控訴なしで即刻銃殺されていた。

以後、一九三七年から三八年まで、赤軍大粛清が進行する。元帥五名中三名、軍管区司令官一五名中一三名、軍団長八五名中六二名、師団長一九五名中一一〇名、旅団長四〇六名中二二〇名が粛清された。赤軍全体で四万名以上が粛清され、旅団長以上の幹部・政治将校の四五％が非業の死を遂げた。

ゾルゲの直属上司で尊敬していたベルジンも粛清された。ゾルゲが一九三七年一二月一四日のメモで、日本人のソ連軍事力過小評価の例に挙げた「ブリュッヘル元帥の分離主義的傾向への期待」は、ゾルゲがリュシコフ情報をモスクワに送っていた一九三八年一一月九日にブリュッヘル将軍が銃殺され、現実のものとなっていた。

ゾルゲはそれらを知っていた。だから一九三七年末に、日本からソ連への帰国命令を受けたゾルゲとアイノ・クーシネンは秘かに会ったが、ゾルゲは、暗にスターリンを批判して帰国を拒んだ。忠誠を示すため帰国したアイノ・クーシネンは直ちに逮捕され、強制収容所（ラーゲリ）に送られた。

日本国内では南京陥落が祝われるちょうどその頃、日本から「労働者の祖国」ソ連に「亡命」した女優岡田嘉子と演出家杉本良吉も、樺太国境を越えて直ちに投獄され、杉本は銃殺された。彼等の拷問による訊問記録は、ソ連演劇界のメイエリホリドらを「日本のスパイ」として粛清する材料となった。岡田・杉本のスパイ容疑を日本で調査したのは、ゾルゲだった（加藤『国境を越えるユートピア』平凡社、二〇〇二年）。

一九三八年のリヒアルト・ゾルゲは、「ソ連邦擁護」の態度は揺るがなかったにしても、多数の「日本のスパイ」をでっち上げたスターリンの粛清に、動揺しないはずはなかった。リュシコフ情報の送り方は、モスクワから自分がどのように見られるかの試金石になることを、ゾルゲは十分自覚していただろう。

## ゾルゲのリュシコフ情報を受信したシロトキン少佐

このような視角から見ると、直接リュシコフ情報の含まれないフェシュン編著『秘録　ゾルゲ事件』の一九一の新資料は、改めて重要な事実を教えてくれる。

アイノ・クーシネンの帰国直後の暗号電報である文書九〇は、一九三八年一月二〇日付けで「シロトキンが翻訳」している。日付はないが一九三八年二月頃の文書九三も「リュビムツェフが解読、シロトキンが翻訳」している。

リュシコフ亡命記者会見後の、文書一〇三として収められている一九三八年八月六日の暗号電報は、リュシコフには全く触れていないが、「ザイツェフが解読、シロトキン少佐が翻訳」している。同じく文書一〇四の八月一〇日付け暗号電報も「ザイツェフが解読、シロトキン少佐が翻訳」で、局長から「シロトキンへ。満州での軍隊の部隊配置の送付について、ラムゼイに任務を与えよ。八月一七日」と決裁されている。

九月二日の文書一〇五も「マリンニコフが解読、シロトキン少佐が翻訳」で、リュシコフ亡命問題をゾルゲが日本から報告していた一九三八年夏に、モスクワの参謀本部諜報局極東課でゾルゲ情報の暗号受信からロシア語への翻訳を担当していたのは、シロトキン少佐と特定できる。

ところが、一九三九年一月二三日の文書一一二からは、「ラクチノフが解読し、ポポフ少佐が翻訳」に代わり、ノモンハン事件を経て一九四〇年八月三日の文書一二九までは「翻訳　陸軍大佐ポポフ」となる。

一九四〇年一二月二八日の文書一三五からは、さらに「マリンニコフが解読、ソニン少佐が翻訳」と代わる。その後も翻訳官は代わるが、三八年リュシコフ亡命事件時の受信翻訳官シロトキン少佐の名はない。

つまり、リュシコフについてのゾルゲ情報をモスクワで受信・翻訳し参謀本部に伝えたシロトキンの名は、なぜか消える。

このシロトキン少佐が、暗号解読官ザイツェフと共に、参謀本部諜報局極東部日本課で「ゾルゲ情報を信じた」グループであったことは、フェシュンが序章で述べていた。シロトキンは、ゾルゲと並ぶもう一人の赤軍諜報員アイノ・クーシネンを日本に派遣した係官でもあった（アイノ・クーシネン『革命の堕天使たち』平凡社、一九九二年、一六〇頁以下）。

つまり、田嶋教授が発見した一九三八年七月リュシコフ記者会見発言をゾルゲが八月に送稿した電文「現在ソヴィエトは、恣意によりプロレタリア独裁を一掃したスターリンの個人独裁のもとにある。もはや組織された共産党は存在しないともいえる」は、モスクワではシロトキン少佐が受信し翻訳したものと推定できる。

## 6　一九四一年夏――ゾルゲもシロトキンも「日本のスパイ」と疑われた

### 人民の敵と疑われたシロトキンらゾルゲ情報信頼派

しかも、フェシュンの序章は触れていないが、日本でのゾルゲ＝尾崎グループ逮捕直前の赤軍参謀本部諜報総局第四部長コルガノフ陸軍少将の手紙である文書三八「インソンに対する政治的不信の由来」（一九四一年八月一一日付け報告書）によれば、この頃「インソン」＝ゾルゲは、「人民の敵であることが分かった以前の幹部［＝ベルジン、ウリツキーら］の下で、働いていた」、その頃「日本課長ポクラドクは日本のスパイであった」とある。

それだけではない。

前日本課長シロトキン（ポクラドクの後任）は、日本のスパイであった。シロトキンは、インソンと彼の情報源全員を日本に売り渡したと、内務人民委員部機関員に証言している。内務人民委員部でのシロトキンに対する取調べの一つに、陸軍大佐ポポフが居合わせていた。シロトキンの証言によると、一九三八年末に彼はインソンを売り渡した。そしてこの時期からインソンの仕事ぶりは悪くなり、疲労を訴え、祖国に呼び戻してくれるようにしきりに頼むようになっている。一九四一年にはほぼ一年中、インソンはソ連への帰国を要求している。……インソンの問題は新しいものではなく、一度ならず討議にかけられている。もし、彼がソ連のスパイとして、日本あるいはドイツに引き渡されたのなら、なぜ彼らはインソンを抹殺しないのか。いつも結論は一つです。スパイとしてわれわれのところに差し向けるために、日本あるいはドイツはインソンを抹殺しないのである。インソンからの情報を、他の筋からの情報並びに国際情勢の全般的成り行きと常に比較することが必要であり、そして綿密に分析したうえで、批判的に見なければならない（邦訳二八七―二八八頁）。

つまり、ゾルゲの諜報活動が、独ソ開戦日を予測し、日本の南進政策通知という頂点を極めた一九四一年夏の時期に、ゾルゲと、ゾルゲ情報を信じたソ連側受信翻訳者シロトキン少佐は「人民の敵」と疑われていた。一九三八年リュシコフ亡命情報発信時の受信翻訳官シロトキンは、「日本のスパイ」で「ゾルゲを売った」と断罪され、訊問されていた。

そのシロトキン有罪の証言者・立会人は、一九三九年のゾルゲによるドイツ国防軍リュシコフ報告書とノモンハン事件情報の受信翻訳官ポポフ大佐――日本資本主義分析で知られるコンスタンチン・ポポフ博士であろうか――のようである。いいかえれば、ポポフは「ゾルゲを信用しない」側にあった。

一九三八年のゾルゲ情報は「ゾルゲを信用する」シロトキンにより忠実に翻訳され参謀本部に提出されたが、最も大部のリュシコフ情報であるドイツ国防軍報告書のフィルム送付は一九三九年一月だったために、ポポフによって解読・翻訳されたと推定できる。ゾルゲの三九年ノモンハン事件情報や日独伊三国同盟関連情報も、ポポフと参謀本部の「疑わしい眼鏡」を通じて扱われたと推定できる。ゾルゲ情報は確かに正確で、ソ連にとって有益だったが、当のソ連では、発信者ゾルゲを「日本かドイツのスパイ」と見なしていたのである。

## 命を取りとめてゾルゲを名誉回復したシロトキン証言

ただし、一九四一年にモスクワで「日本のスパイ」と認定されたシロトキンは、拘留され訊問はされたが、銃殺されなかった。すでに大粛清の嵐は、おおむね去っていた。ゾルゲは、日本の警察に逮捕され処刑されることで、少なくとも「日本のスパイ」ではないことを証明できた。

フェシュン資料中でも特別に長大な文書一八八は、M・I・シロトキン『『ラムゼイ』諜報団の組織と活動の経験」という、一九六四年の回想である。彼は、生き残って、ウィロビー報告やシェレンベルク回想を読んだうえで、ゾルゲのソ連での「名誉回復」に力を尽くした。同じく「ゾルゲを信用」して、ゾルゲ＝尾崎グループ逮捕時に在日ソ連大使館二等書記官として「ラムゼイ機関」と接触していたヴィクトル・ザイツェフも、「ラムゼイ」の業績をソ連邦英雄に値するものと認める短い証言を残した。ただしザイツェフは、一九三八年元旦にアイノ・クーシネンが逮捕されたさいの取調官と同一人物と思われるが、アイノ・クーシネンの無実までは語っていない（『革命の堕天使たち』一八九頁以下）。

フェシュン資料の最大の功績の一つは、このシロトキン証言の収録である。フェシュンが、ゾルゲ＝尾崎グループ検挙の発端が伊藤律問題ではないことを述べた主要な根拠の一つも、このシロトキン証言をもとにしたものだった。

シロトキンは、「伊藤律は『ラムゼイ』の諜報網と、何の関係も持っていなかった」「ゾルゲ事件は、幅広い反コミンテルンの支持者を増やし、日本共産党の名誉を失墜させるための土台となりうる、警察にとって極めて好都合なもの」で、「アメリカの防諜機関は、その後、日本の警察の目論見をすぐに理解し、伊藤律の裏切り行為説の作者が計画していたその任務を大々的に実現した」と、発覚問題の本質を衝いていた（邦訳三九四ー三九五頁）。

このように、シロトキンの証言は、アメリカのウィロビー報告書やドイツのシェレンベルク回想を発表当時の情報戦の文脈から読み解いて、その情報識別の仕方においても、ゾルゲ事件研究における一つの範を示している。

## ゾルゲ情報は上海時代から疑われていた

シロトキンの一九六四年カーティン委員会証言では、モスクワの参謀本部におけるゾルゲに対する懐疑と不信の根拠が、「必ず『ラムゼイ』の上海での『過ち』」と関連づけられていたことに、注意を促している。そのゾルゲの「過ち」とは、「暗号が敵方に解読された」おそれと共に、上海での「個人的な行動、すなわち、秘密保持規定の無視と度が過ぎた飲酒による行動、暴飲、バーやレストランで酒盛りした際の大騒ぎや喧嘩」であった。

だが、同時に、ゾルゲの活動目的は「主にドイツ大使館」の偵察で、「オランダ人との交流」も蘭領東インド（インドネシア）との関係で重要であったこと、「ノモンハン事件の際には、紛争発展の可能性を探るため、日本がモンゴル国境に差し向ける増援部隊に関する情報に集中する指示を全員に出した」と、ゾルゲの（スターリンに対してではなく）ソ連国家への忠誠を認めている（三八四、三八九，三九〇、三九五頁）。

他方でシロトキンは、ゾルゲは、（一）ベルリンのドイツ国防軍防諜部、ナチスのゲシュタポから疑われるリスク、（二）上海でのミスで日本の防諜機関の名簿に名前を登録された可能性、（三）上海ドイツ租界や中国警察から共産主義活動家としてマークされていた可能性、があったために、参謀本部で疑われていたという。そのため「一九三八年あたり」から、ゾルゲのドイツ大使館情報は「しばしば高い評価を得」たものの、モスクワの本部組織では「軽視」された（三八二―三八三頁）。

シロトキンによれば、（一）の疑いは、ドイツ大使オイゲン・オットばかりかゲシュタポのマイジンガーをも欺き通すことができて、ほぼ完璧だった。上海での「左翼過激派との関係やアグネス・スメドレーとの親密さ、共産党系新聞『チャイナ・フォーラム』との関係」など（二）（三）に関する「上海からの噂」についても、事実としてゾルゲが日本に派遣され一九四一年まで活動できたことから、結果的にゾルゲの諜報活動は成功だったとする。

ただし、シロトキン証言と一緒に白井久也編『国際スパイ　ゾルゲの世界戦争と革命』に収録された、名越健郎「英警察、一九三〇年代に『ソ連スパイ』と断定」によると、上海のイギリス警察は、一九三二年一月にはゾルゲを監視下におき、約一〇〇頁のゾルゲ・ファイルを作成していた。一九三二年八月二九日にはゾルゲは「ソ連共産党のエージェント」と見なされ、一九三三年五月に在上海イギリス警察が作成した「上海におけるソ連スパイ・リスト」一三人の中に、アグネス・スメドレーらと共にリストアップされていた。

つまり事実としては、シロトキンのいうゾルゲの（三）のリスクは、イギリス警察・諜報機関（MI五，MI六）によって一九三二年にはつかまれており、そのファイル文書は三〇年代後半に一時日本軍の手中に落ちた後、戦後米国ウィロビー機関の手に渡り、今日では米国国立公文書館（NARA）に保存されている（同書五四頁以下）。

（二）も実は、危ういものだった。名越によれば、イギリス警察の一九三三年五月「上海におけるソ連スパイ・リスト」一三人中に、日本人は入っていなかった。一九三〇年代後半に上海を占拠した日本軍は、この英文ゾルゲ・ファイルを読みうる状態にあったが、実際にチェックされた形跡はない。この筋は、日本敗戦後に、上海に焦点を当てたウィロビー報告書のもとになった。ウィロビーは、それを知りつつ、伊藤律端緒説を大々的に広めた。当時の日本共産党も尾崎秀樹も、アメリカの情報操作に振り回されたのである。

## 鬼頭銀一供述から始まった日本の米国共産党日本人への監視

私の研究では、もう一つの危険な筋があった。それは、一九三〇年末に尾崎秀実にゾルゲを紹介したアメリカ共産党日本人部初代書記鬼頭銀一が、一九三一年九月一八日に上海で日本領事館警察に検挙されたことである。

東京に送還された鬼頭銀一は、日本の特高警察の毛利基による訊問を受けている。ただし、上海でコミンテルン＝汎太平洋労働組合（ＰＰＴＵＳ）系列の情報活動に関わっていた鬼頭銀一の検挙容疑は、一九三一年夏に危篤の母の見舞いで三重県の実家を訪れたさい、治安維持法違反で指名手配中の静岡出身木俣豊次の上海逃亡を助けた逃亡幇助であった。上海で尾崎秀実、水野成を中国共産党員に紹介したり、ゾルゲやスメドレーと連絡していたことは、掴まれていなかった。

だから鬼頭は、治安維持法では罪にならないアメリカでの米国共産党日本人部での活動と木俣の逃亡幇助のみを認め、三二年一〇月執行猶予つきで出所し、三三年一月には神戸でゴム販売業「鬼頭商会」をはじめた。ちょうど日本から大阪朝日新聞本社に戻った尾崎秀実と連絡を再開し、尾崎の推薦した永田美秋を店員に雇っている。

鬼頭とゾルゲが日本で再会した形跡はないが、一九三三—三七年は神戸で実業家として活動し、三八年五月二四日——スターリン粛清最盛期でリュシコフ亡命の直前——なぜか南洋パラオのペリリュー島で、日本海軍基地建設場のそばで雑貨店を開いていたところ、何ものかに毒を盛られて不審死する。

この鬼頭銀一の日本の警察へのアメリカ共産党日本人部の供述が、日本の内務省による在米日本人共産主義者リストの本格的作成の端緒となった。

一九三二年当時は、鬼頭銀一自身の供述で、鬼頭銀一・健物貞一・小林勇・石垣栄太郎ら一四人の幹部党員に限られていたが、翌一九三三年末「昭和八年中に於ける外事警察概要・欧米関係」では、約二〇〇名の「在羅府邦人共産主義者名簿」に拡大されて、「党員票番号四四　北林トコ　第三五街細胞」「(番号不明) 宮城 (街区不明)」を含むものとなった。

ゾルゲ事件でしばしば問題にされる、一九三八年八月三一日付の内務省警保局長から各府県長官宛

「警保局外発用第一一一号　極秘　米国加州地方邦人共産主義者ニ関スル件」四七人のリスト、同じく一九三九年「在米邦人思想被疑者」約四〇〇人のリストの原型は、鬼頭銀一供述にもともとの起源を持ち増補された、この一九三三年末のリストだった。

尾崎秀実は、検挙後の一九四二年三月、吉河検事から「鬼頭銀一の事件の調書」を読まされてから、鬼頭との関係を強く否定したゾルゲの供述に合わせるため、自分へのゾルゲの紹介者名を鬼頭銀一からアグネス・スメドレーへと変更し、判決文にも、そのまま採用された。逆に鬼頭銀一は、その後のゾルゲ事件研究から、長く忘れ去られた。

## スターリンに役立てられなかったゾルゲ発シロトキン解読情報

つまり、シロトキンの証言する、上海時代まで遡るゾルゲの三つのリスクは、幸いドイツのゲシュタポにも、日本の特高警察にも、周辺まで迫られながらも、辛うじて発覚することはなかった。

しかし、ゾルゲが所属した当のモスクワ赤軍参謀本部では、常にゾルゲのモスクワへの忠誠を疑い、ゾルゲ情報に不審を抱き信頼されない根拠となった。その容疑は、一九三八年リュシコフ亡命の頃に頂点に達し、受信翻訳者のシロトキンは「日本のスパイ」と断罪された。

一九三九年初めのドイツ国防軍リュシコフ訊問報告書のフィルム送付、三九年五―九月のノモンハン事件時には、ゾルゲ情報は、ゾルゲに不審を抱くポポフらにより受信・解読されていた。そこで、リュシコフの日本での反スターリン・反ソ連の供述がモスクワでどのように扱われたかが興味深いが、残念ながら、それは今日まで公表されていない。

そのことにより、ゾルゲも吉河検事も予想できなかったことであるが、ゾルゲが苦心して送ったノモンハンの軍事情報も、ポポフの眼鏡により裁断・選別されて参謀本部に伝えられた。一九四一年の独ソ戦情報、御前会議南進決定情報も、モスクワでは事前に生かされることはなかった。スターリンに伝わる以前に、赤軍参謀本部極東部日本課内の粛清によって、軍事的には決定的なゾルゲ情報の政治的信頼性が、疑われていたのである。

とすると、ゾルゲが一九三九年一月ドイツ国防軍のリュシコフ報告書のどの部分を「特に重要と思われる部分」と見なしてフィルムで送ったかの探求が、きわめて重要になる。ロシアの研究者に、ぜひこの報告書の有無を探求してもらいたいところである。さらにいえば、ゾルゲの裁判記録に現れるすべてのモスクワ宛報告文書が、本当にモスクワに送られて使われたか否か、それらが現存しているか否かを、厳密にチェックする必要がある。

## 7　おわりに――モンゴル人粛清とソ連・モンゴル関係再編の意味

### モンゴル民衆にとってゾルゲ事件とは

第一回ゾルゲ事件国際シンポジウムのワルタノフ報告は、吉河光貞のリュシコフ亡命への着目より更に遡って、一九三六年のゾルゲの「日本がモンゴル攻撃の準備をしている」とする情報が、一九三六年三月一二日のソ連・モンゴル相互援助暫定協定締結に役立ち、ハルハ河戦争でのソ連軍勝利の一因になったと述べていた。確かに軍事的には、その通りであろう。

だが、この点も、今日のモンゴル民衆の側から見ると、異なる側面が見えてくる。一九三六年三月のソ連・モンゴル相互援助協定は、一九三七—三九年のモンゴルでのスターリン粛清、ゲンドゥン首相、デミド国防大臣らの「右翼日和見主義」「日本のスパイ」名での解任・粛清・暗殺、スターリンに忠実なチョイバルサンの権力確立、モンゴル政府・軍・人民革命党幹部二万六〇〇〇人の「日本のスパイ」の汚名での大量逮捕・処刑と結びついていた。「ファシストの手先」「反革命」とされたラマ教は、八〇〇の寺院の内七六〇が破壊され、三七年に一一万人いた僧侶は、翌年には一一〇〇人になっていた。ゾルゲはその内実を知り得なかっただろうが、彼が軍事情報を伝えている間に、約四万人のモンゴル人の生命が奪われた。

ここでは、先にも引いた、マンダフ・アリウンサイハン氏の博士論文「日ソ関係とモンゴル」のインターネット上に公開された要旨の一部を、やや長くなるが、以下に紹介しておこう。

一九三五年一月のモ・満国境で発生したハルハ廟事件をきっかけとして、モンゴル人民共和国と満州国との国境付近で国境紛争が頻発するようになった。モンゴル側がハルハ河東方二〇キロの地点を国境線と主張していたのに対し、日満側はハルハ河をもって国境線と主張していた。ソ連政府は、一九三五年以来のモ・満国境におけるモンゴル軍と日満軍との間の度重なる国境紛争を日本軍による対ソ攻撃の脅威としてとらえ、モンゴルにおける基地保有の必要性を一層確信した。そして、極東での日本軍の行動を抑止するために、モンゴルにおける協力関係を一段と固め、モンゴルの軍事力の増強に本格的に取り組むことを決定した。

一九三六年三月一二日、ソ連とモンゴルとの間で、締約国の一方に対して武力攻撃が加えられた場合、軍事的援助を含む一切の援助を相互に与えることを約定した「モンゴル・ソ連相互援助規定書」が締結された。この協定は、ソ連の対モンゴル軍事援助を正式に認め、ソ連とモンゴルの対日政策が共同防衛体制という新段階に入ったことを示すものであった。モンゴル政府としては、この議定書の締結によって、モンゴルに対する関東軍の軍事行動の抑制と、モンゴルの独立と安全の保障を期待していた。また、ソ連政府も、この議定書の締結によって、モンゴルに軍事基地を確保し、ソ連の極東地域での安全を一段と強化させることが出来た。実際、本議定書に基づき、一九三六年四月からソ連赤軍の部隊がモンゴルに進駐し、ノモンハン事件の際には約四万人ものソ連軍兵士が参戦している。

他方で、この条約によってソ連がモンゴルへ自軍を進駐させるのに必要な法的根拠を得たことは、日本軍に大きな危機感を抱かせ、モンゴルを取り巻く国際情勢を複雑なものにしてしまった。そして、ソ連・モンゴルの間に共同防衛体制が確立され、ソ連の日満に対する無言の威圧が強まったことは、ソ連抑止のため日本がドイツとの同盟関係を強化しようとする一つの要因となり、一九三六年一一月二五日、日独防共協定が締結された。これをきっかけにして、日本の対モンゴル政策は一段と強硬になり、関東軍は、国境問題を実力で解決しようとする行動をとるようになった。

日独防共協定の締結はソ連にも大きな衝撃を与え、ソ連のモンゴルに対する内政干渉の強化をもたらした。ソ連は、日本との戦争に備えてモンゴル方面に対する兵備を強化するとともに、モンゴルにおける影響力の強化を図って、モンゴル政府内の「対日宥和派」追放に乗り出した。

日中戦争開始で始まったモンゴル人民革命党総粛清

アリウンサイハン論文によれば、モンゴルでの粛清犠牲者は、四万人にのぼる。

一九三七年七月に日中戦争が起こると、ソ連政府は、ソ連軍の大部隊をモンゴルに進出させた。このソ連軍部隊の兵力を背景に一九三七年九月にモンゴルで、四万人にのぼる犠牲者を出した大粛清が行われた。この粛清のモンゴル側の背景には、モンゴル政府内の、僧侶問題や対日政策の選択をめぐっての対立があった。当時のゲンドゥンなどのモンゴルの政治指導者は、日本の脅威に対処するためにソ連との友好関係を強化させていたが、他方では、なるべく日ソ間の戦争にモンゴルが巻き込まれる危険を回避するため、一九三五―三七年にかけて日本・満洲と国境紛争の平和的解決を目的とした会議を継続的に行っていたからである。

この大粛清によって、ソ連の外交政策を全面的に支持するチョイバルサン元帥が党・政府の権力を一手に握り、この時期を境に、日本に対して極めて強硬な態度をとるようになった。満州事変勃発以降の極東をめぐる日ソ対立の激化が、ソ連のモンゴルに対する内政干渉の強化をもたらし、モンゴルの粛清を助長した。モンゴルの粛清の理由づけに、モンゴルの指導部と日本との関係が強調されていることからも、当時のモンゴルの政治動向に対して日本の満州進出が大きく影を落としていることが分かる。結局、この大粛清の結果、モンゴル政府が政治・経済や安全保障の面でソ連に依存する度合いが一層高まり、モンゴル自身の外交政策というものが、その独自性を失った。……

満州里会議は、モンゴルと満州の国境で発生したモ・満国境紛争の平和的な解決を目指して、一九三五年から三七年にかけてモンゴルと満州国との間に行われたが、……モンゴルの大粛清などの影響で、結局挫折に終わった。しかし、この会議は何の結果を出すことなく終わったわけではなかった。満州里会議は日ソ衝突の牽制に重要な役割を果たしていたからである。事実、交渉が行われていた三年間は、日ソ間に大きな衝突事件が起こらなかった。また満州里会議は、モ・満両国が日ソより一足先に国境紛争をめぐる会議の開催に成功し、三年間にわたって交渉を続けたという点で、国境紛争の平和的解決への道を開き、後の日ソ関係改善の交渉にも寄与したのである。この満州里会議の決裂によって、日ソ関係は対立化の度合いを一段と深めた結果、日ソ間の戦争の危機が現実のものとなり、やがて両国はノモンハン事件に突入していった。……

## 粛清はモンゴル自主派を「日本のスパイ」としてソ連従属派に政権を委ねた

ゲンドゥン首相以下粛清犠牲者の罪状は、満州国との外交交渉に真剣に取り組んでいたがゆえに、「日本のスパイ」とみなされたものだった。そして、ソ連の支持を後ろ盾にしたチョイバルサン政権こそが、ソ連が崩壊した今日では、ソ連に国を売ったスターリンの傀儡政権とされているのだ。

一九三〇年代のモンゴルの対外政策は、ソ連の圧倒的影響を受けていたが、従来考えられていたよりも、はるかに積極的能動的な性格を有し、満州里会議、ソ連・モンゴル相互援助条約、満州国との国境確定などをふくむ、いくつかの具体的な成果を生み出している。モンゴルは、一九二一年のモンゴル人民革命以来、ソ連の唯一の同盟国であったが、両国の関係は、一般に言われているほど友好的ではなかった。実際、少なくとも戦前までのソ・モ関係は非常に複雑で、当時の国際関係の推移に大きく左右されるものであった。この意味で、満州事変勃発以降の極東をめぐる日ソ対立の激化が、ソ連のモンゴルに対する内政干渉の強化をもたらし、モンゴルの大粛清を助長した、といえる。

次に、満洲事変から日ソ中立条約締結にかけての日ソ関係の歴史的展開を概観すると、当時のモンゴル人民共和国と満洲国をふくむ地域で、両国の利害関係は、国境・領土問題や小国の動向ともからんで激しく衝突し、ついに戦争という帰結を生んでいる。この意味では、この極東アジアをめぐる日ソ両国の緊張・対立の激化の根本的要因の一つは、モンゴルの国境問題、あるいはモンゴルの国際関係上の地位をめぐる問題であった。従って、モンゴル・満州問題（モ・満地域における勢力圏画定問題）の解決は、日ソ国交調整が実現される過程で重要な役割を果たした。この観点からすれば、一九三九年九月のノモンハン事件停戦協定、次いで一九四〇年六月の日ソ両国の協議によるモンゴルと満州国の国境画定を経て、モンゴルの国境問題が日ソ間でようやく解消されたことこそが、日ソ両国の軍事的政治的緊張関係の改善・懸案解決への重要な転機をもたらし、その結果、一九四一年四月に、日ソ中立条約が締結された。この意味では、満州国建国以来の極東における日ソ両国の角逐は日ソ中立条約によって突如解決されたものではなく、満州里会議、ソ連・モンゴル相互援助条約、モンゴルの大粛清、ノモンハン戦、停戦協定、国境画定会議などといった日・ソ・モ・満間の一連の政治的諸出来事の帰結であった。

そして、……この満州事変以降の極東に対する日ソ対立の過程で、小国モンゴルは粛清、戦争、領土の損失といった被害を負った。すなわち、日ソの国交調整の代償は小国モンゴルが払わせられたのである。この意味では、当時の大国である日ソの極東政策の本質を考えるにあたって、モンゴル問題は再検討されねばならない。それは、三〇年代の極東国際政治をめぐる日本とソ連との角逐過程には小国モンゴルの悲劇と苦悩が内在しており、その悲劇と苦悩の歴史が、満州事変から日ソ中立条約成立に至る極東の二大国日ソの関係の全貌をはっきりとみせているからである。(一橋大学大学院社会学研究科二〇〇三年度博士論文、http://www.soc.hit-u.ac.jp/thesis/doctor/03/summary/ariunsaihan.html)

一九三六年以来のゾルゲが日本から送った満モ・日ソ間関係情報が、ノモンハン事件でのソ連の勝利に結びついたとすれば、それは、中国北部やモンゴルの人々にとってはどんな意味を持ったのかを、改めて考える必要がある。情報戦は、今も続いているのである。

# 第Ⅲ部　社会主義運動と情報戦——在外日本人のネットワーク

# 一　ベルリン反帝グループと「三二年テーゼ」の流入

## 1　旧ソ連秘密資料と「国崎定洞ファイル」

### 秘密資料で明るみに出た共産主義国家ソ連の七〇年

国崎定洞が、一九三七年一二月一〇日、異郷の地モスクワで非業の死を遂げてもうすぐ七〇年になる。一九九一年のソ連崩壊以後、それまで国家論・政治理論の研究に専念していた私は、旧ソ連秘密文書から新たな情報を得て、戦前社会主義・共産主義運動の歴史的再認識にとりくんできた。きっかけは、学生時代から関心を持ってきた元東京大学医学部助教授国崎定洞の、旧ソ連での死にまつわる真相の解明であった。極端に情報が少なかったスターリン粛清期モスクワでの日本人コミュニティについて、クレムリンの奥に眠っていた秘密情報が現れてきたのである。

旧ソ連の秘密文書は、建国時からのソ連共産党の書記局文書を含めて、膨大な量のマイクロフィルムが、公開されつつある（島田顕「モスクワのコミンテルン資料」『大原社会問題研究所雑誌』第五二五号、二〇〇二年八月、など参照）。

『レーニン全集』未収録の内戦期のテロル指令やイネッサ・アルマンドへの恋文を含む三七二四点のレーニン資料は、一足早くヴォルコゴーノフの『レーニン――新しい伝記』(D.Volkogonov,*Lenin: A New Biography*,New York 1994)で一部が公開された。ただし、その邦訳である『レーニンの秘密』上下巻(NHK出版、一九九五年)では、なぜか資料番号など典拠を示す注解が省略されて、歴史的資料としての価値は半減だった。

イタリアでは、戦後のコミンフォルムの完全会議録・秘密文書が公開されて、ソ連・ユーゴスラヴィア両共産党間の決裂の決定的契機の一つがバルカンにおけるスターリンとチトーの権益争いであったことが明らかになった(*The Cominform: Minutes of the Three Conferences 1947/1948/1949*,Milano 1994)。ドイツでは、かつて日本のマルクス主義経済学に大きな影響を与えたヴァルガの晩年の政治的遺書も、ようやく陽の目をみた(G.Duda,*Jeno Varga und die Geschichte des Instituts für Weltwirtschaft und Weltpolitik in Moskau 1921-70*,Berlin 1994)。

アメリカのイエール大学出版会からは、ロシアの公文書館と提携しながら、続々と資料集が発刊され、日本でもその一部は翻訳された(ラーズ・リーほか編『スターリン極秘書簡』大月書店、一九九六年、クレア=ヘインズ=フィルソフ『コミンテルンとアメリカ共産党』五月書房、二〇〇〇年、ゲッティ=ナウモフ編『ソ連極秘資料集　大粛清への道』大月書店、二〇〇一年、など)。

フランスでは、一九九七年に『共産主義黒書』が刊行され、二〇世紀の共産主義の犠牲者を、中国六五〇〇万人、旧ソ連二〇〇〇万人、北朝鮮・カンボジア各二〇〇〇万人、東欧・ベトナム各一〇〇万人、等々と数え上げ、総計一億人にのぼると見積もって、世界各国語に訳されるセンセーショナルなベストセラーになった（クルトワ＝ヴェルト『共産主義黒書・ソ連編』恵雅堂出版、二〇〇一年、同『コミンテルン／アジア編』二〇〇六年）。

イギリスでは、旧ソ連国家保安委員会（ＫＧＢ）の文書館員で一九九二年にイギリスに亡命したヴァシリ・ミトロキンが、米国ＣＩＡに対抗した冷戦時代のソ連の情報戦資料を、次々に公開し始めた。いわゆる「ミトロキン文書」には、戦後自民党の大物政治家石田博英がＫＧＢのエージェントだったという情報など、各国での秘密工作の証言が含まれており、世界中でセンセーションを巻き起こした（Christopher Andrew and Vasili Mitorokhin, *The Sword and the Shield: The Mitokhin Archive*, New York 1999, *The Mitrokhin Archive 2: The KGB and the World*, London 2005）

私の探求してきた元東京大学医学部助教授国崎定洞の死の真相も、一九三〇年代の在モスクワ日本共産党指導者片山潜・野坂参三・山本懸蔵らとの関わりで、思わぬかたちで明らかになった。

国崎定洞は、一八九四年生まれの医学者で、日本の社会衛生学の開拓者である。東京帝大医学部助教授として留学中の一九二八年にドイツ共産党に入党し、日本人部責任者として千田是也、勝本清一郎、小林陽之助、野村平爾らを在独日本人の反戦反ナチ活動を指導した国際的革命家である。ベルリン日本人反帝グループの代表としてアムステルダム国際反戦大会に出席した直後、一九三二年九月四日に片山潜の招きでモスクワに亡命、三七年八月四日に逮捕され、一二月一〇日に銃殺された。いわゆるスターリン粛清による日本人犠牲者の一人である。

## 鈴木東民のフリーダ夫人発見と「国崎定洞を偲ぶ会」

実は、国崎定洞のこんな経歴が最終的に明らかになったのは、一九九四年のことである。東大医学部時代については小宮義孝・曾田長宗ら医師・医学者たちの、ベルリン留学時代については有澤廣巳・千田是也・鈴木東民・山田勝次郎・平野義太郎・堀江邑一ら共に青春をすごした友人たちの証言・回想で、ある程度は知られていたが、モスクワでの国崎定洞については、謎につつまれ、タブーにされてきた。

一九三〇年代後半にソ連で行方不明になったのだから「偉大な同志スターリン」によって暴かれた「帝国主義の手先・スパイ」であったろうという憶測が、戦後の日本共産党周辺でささやかれ、党幹部から公然と語られていた（神山茂夫「武装メーデー事件」『文藝春秋臨時増刊・昭和の三五大事件』一九五五年八月）。

国崎定洞が戦後に再発掘されたのは、医学史家川上武らの『国崎定洞——抵抗の医学者』（勁草書房、一九七〇年）によってである。川上は、日本医学史を資本主義発達史のなかで位置づける作業のなかで、小宮・曾田・有澤・千田らからの綿密な聞き取りによって、社会衛生学の先駆者としての国崎定洞の生涯に光をあて、国崎の名を歴史に蘇生させた。

国崎定洞のソ連での粛清・客死が明らかになったのは、一九七四年のことである。ベルリン時代の友人で、戦後読売争議の指導者、釜石市長を長く勤めた鈴木東民夫妻が、西ベルリンの電話帳を手あたり次第にあたって、フリーダ夫人・遺児タツコの存命を奇跡的に確認した。

一九三二年ソ連亡命後の国崎が、クートベ（東洋勤労者共産主義大学）大学院に学び、外国労働者出版所で働いていたこと、三三年の片山潜の死後は、なぜか国崎は在ソ日本人のなかで孤立したこと、フリーダ夫人は、夫の生死も不明のまま、スターリンのソ連からヒットラーのドイツへと強制送還され、娘タツコとともに苦難の生活を強いられたことなどが、フリーダ夫人の証言で判明した。

ドイツ共産党員であったフリーダ夫人は、一九三七年八月四日の深夜にモスクワで国崎定洞が突然逮捕された後、獄中の夫との面会もままならないまま、三八年二月にソ連政府から国外追放になった。当時九歳のタツコと共に、ナチス・ドイツへと強制送還された。フリーダ母娘は、ナチス支配下の迫害・差別、ドイツの敗戦、東西ベルリンの分断をかいくぐって、なんとか西ベルリンに生き残り、夫国崎定洞の消息をソ連大使館に問い合わせてきた。

一九五九年頃に、フリーダ夫人は、突如在東独ソ連大使館によびだされ、国崎の死の通知を受けた。しかし何の証拠も文書もない口頭でのものだったので、成人した娘タツコにも、それを告げずにきた。

鈴木東民は、石堂清倫と共に、一九七五年二月、有澤廣巳・千田是也ら国崎のベルリン時代の友人たちによびかけ、フリーダ夫人とのベルリンでの再会の報告会を開いた。小宮義孝・曾田長宗ら東大医学部の後輩たちも参集した。

国崎の生存は絶望的になったが、異郷の地でのスターリン粛清最盛期における不当逮捕と客死の真相を探求し、「名誉回復」を求める運動が始まった。この動きが新聞・雑誌で大きくとりあげられると、日本共産党も、ソ連共産党に公式に問い合わせ、国崎定洞は一九三七年八月四日に逮捕され、同年一二月一〇日に「獄死」したこと、その逮捕は不当なものと認められ、五九年にソ連政府が法的に「名誉回復」していたことを発表した。

私は、大学闘争の末期に、川上武らの『国崎定洞』を読んで国崎に興味を持ち、卒業後の一九七二—七三年のドイツ留学中に、国崎がナチス台頭期ベルリンで組織した革命的アジア人協会機関誌『革命的アジア』を発掘してきた。川上武と共に「国崎定洞を偲ぶ会」を結成し、日本における「名誉回復」の運動に加わった。そして、フリーダ夫人・遺児タツコと文通・交流をはじめ、一九二六—三二年当時の国崎のベルリンでの友人たちから聞きとりをして、いくつかの論文にまとめた。それらは、川上武『流離の革命家——国崎定洞の生涯』（勁草書房、一九七六年）、川上武・加藤哲郎・松井坦編訳『社会衛生学から革命へ——国崎定洞の手紙と論文』（勁草書房、一九七七年）に収録された。

しかし、国崎定洞の逮捕・粛清の理由は、依然謎に包まれていた。「偲ぶ会」事務局の川上武と私は、国崎の伝記を改訂し、遺稿集を編んで、その粛清の理由を、ベルリン時代の国崎がドイツ共産党反対派として後に粛清されたハインツ・ノイマン、ヴィリ・ミュンツェンベルグらと親しかったこと、三六年に国崎がスペイン戦争国際義勇軍に志願しソ連出国を拒否されたので、それが「トロツキスト」と疑われたのではないかと推定した。

## 「獄死」ではなく「銃殺」だった国崎定洞粛清の真相

ところが、一九八九年のベルリンの壁の崩壊、九一年のソ連解体は、全く予想外の国崎定洞粛清の真相をもたらした。

日本共産党名誉議長野坂参三の失脚・除名を導いた小林峻一・加藤昭『闇の男』（文藝春秋社、一九九三年）の巻末付録資料のなかに、国崎定洞の名が出てきた。そこには一九五九年一〇月のソ連最高裁判所「国崎定洞の名誉回復決定書」も入っていた。

私は、それらソ連共産党公文書館秘密資料「国崎定洞ファイル」を解読して、粛清の真相をつきとめた。国崎の「獄死」とは、「銃殺」であった。「売った」のは、当時のコミンテルン日本共産党代表山本懸蔵であった（詳細は、加藤『モスクワで粛清された日本人』青木書店、一九九四年、『国民国家のエルゴロジー』平凡社、一九九四年、及び川上・加藤共著の決定版伝記『人間　国崎定洞』勁草書房、一九九五年）。

モスクワでの国崎定洞は、党籍はドイツ共産党のままでも、多くは日本共産党関係の仕事に従事していた。国崎をモスクワに招いた当時の片山潜は、日本からやってきた指導者山本懸蔵・野坂参三と折り合いが悪かった。特に、片山と山本は、たがいに「スパイ」と疑いあっていた。三三年片山死後の三四年秋から、後見人を失った国崎は、山本の密告により、ソ連秘密警察にひそかに監視されていた。銃殺時の国崎のスパイ容疑は、東大助教授就任前の兵役中に陸軍諜報部とつながったということであったが、「ファイル」を仔細に検討すると、入国時からモスクワ日本共産党指導部内の疑心暗鬼に巻き込まれ、プチブル出身の片山派として山本に逆恨みされ、秘密警察に売られていた。

国崎定洞と同期に粛清された一九三〇年代ソ連在住日本人は、国崎を売った山本懸蔵夫妻や野坂参三夫人龍を含め、約四〇人が確認された。その他の四〇人余も逮捕・銃殺・強制収容所送り・国外追放になった可能性が高いが、行方不明のままである。そのほとんどは、モスクワでの片山・山本・野坂・国崎の四人の指導者との政治的・人的つながりが、そのまま「日本帝国主義のスパイ」とされたものであった。

在ソ日本人コミュニティは、連鎖的に粛清され、壊滅した。その頃、ソ連の雑誌では「外国に居住する日本人はみなスパイであり、また外国に居住するドイツ人はみなゲシュタポの手先である」と公言されていた。この時代を、自己保身を重ねて無傷で生き残りえたのは、戦後の日本共産党議長野坂参三だけであった（詳しくは、『国民国家のエルゴロジー』を増補改訂した加藤『国境を越えるユートピア』平凡社ライブラリー、二〇〇二年）。

## 2　ベルリンとモスクワの粛清連鎖

### 「国崎定洞ファイル」から見えてきた亡命共産主義者の運命

ロシアからの新しい情報によって、私の戦前日本社会運動史の見方は再考を迫られた。野坂参三や山本懸蔵はともあれ、「国崎定洞ファイル」に登場する在ソ連日本人の名は、ほとんどが初めて聞くものであった。

国崎定洞と共にドイツで反帝反ナチ活動を行った、千田是也・勝本清一郎・平野義太郎・島崎蓊助・三宅鹿之助らの名前も、秘密文書には出てきた。ただし、スターリンの指導する国際共産主義運動を支持した人々としてではなく、モスクワや日本共産党の意向に従わない「スパイ」の疑いもある「ブルジョア知識人」グループとして。

秘密文書を解読していくと、次々と新事実がでてきた。

フランス共産党員でベルリン経由モスクワに入り、片山潜の私設秘書であった勝野金政は、すでに一九三〇年秋に、山本懸蔵の密告で強制収容所に送られていた。

その根拠となったのは、ベルリンの国崎定洞の紹介で、片山潜を頼ってモスクワに渡った根本辰という哲学青年がスパイと疑われ、勝野が根本をかばったからであった。

根本辰は、ソ連を国外追放になり、日本で病死したが、遺族のもとにはいくつかの遺品が残されていた。勝野金政は、三四年に強制収容所を脱出し、モスクワ日本大使館の助けで奇跡的に日本に帰国した。『赤露脱出記』など貴重なラーゲリ体験の証言を書物にしたが、日本の左翼運動には関わらなかった。戦後はひっそりと実業家として生きて、回想『凍土地帯』(吾妻書房、一九七七年)の他にも、多くの未発表手記を残していた。

私は、秘密文書中の党名・偽名を含む日本人の名前を一つ一つ洗いだし、当時の特高警察文書など乏しい日本側情報を整理しながら、千田是也、山本正美、寺島儀蔵らの生存者や関係者遺族から聞き取りをし、史実を再構成していった。

国崎定洞らベルリン反帝グループと、旧ソ連で粛清された日本人についての情報は、無秩序であり、断片的であった。秩序立てられた日本共産党の公式党史や歴史学者の既存の仕事はほとんど役に立たず、逆に真相解明の妨げになる「雑音」も少なくなかった。

関係者の一人一人について情報ファイルをつくり、ベルリンやモスクワ時代のことばかりでなく、彼らの全生涯の情報を集め整理していくと、現代政治史のいろいろな断面が見えてきた。インターネット上の個人ホームページ「ネチズンカレッジ」にその検討結果を公開し、更なる情報・資料収集と、真相解明を進めてきた。

## 岡田嘉子と杉本良吉の「恋の逃避行」の場合

たとえば、比較的よく知られた、戦前日本の女優岡田嘉子と日本共産党員であった演出家杉本良吉の「恋の逃避行」の真相と帰結である。

二人の樺太経由でのソ連越境は、一九三八年一月三日、それを決意したのは、三七年一二月中旬だった。ちょうど日本軍の南京入城、すなわち南京大虐殺の頃である。

越境を言い出したのは、共産党員杉本良吉ではなく、愛人の岡田嘉子だった。岡田は、排外ナショナリズムの熱狂のなかで、もはや自分の思うような芝居や映画は、日本国内では不可能になったと感じとった。軍国主義のお先棒をかつぐのはまっぴらだったと、後に語っている。

杉本良吉は、越境の五年前に、当時獄中の宮本顕治から「コミンテルンとの連絡」を命じられ、北海道から渡航を試みて失敗していた。特高警察の監視と、病弱の妻と愛人岡田との葛藤から逃れるためにも、杉本にとっては、渡りに舟の誘いであった。

だが、彼らの情報収集はあまりにお粗末で、計画は無謀であった。当時のソ連は、数百万人に及ぶ大粛清のさなかであった。共産党員杉本にとってソ連はあこがれの「労働者の祖国」であったが、実際には共産党員であれ一般労働者であれ、全労働力の一―二割は強制収容所の奴隷労働に従事していた。

ソ連の官僚主義や民主主義抑圧についての情報も、ないわけではなかった。たとえばソ連の擁護者から批判者に転じたフランスの作家アンドレ・ジイドのソ連旅行記は、日本でもすぐに翻訳・紹介されていた。だが、民主主義と自由の抑圧なら、日本の軍部・特高警察も負けず劣らずであった。杉本の親しかった宮本百合子らは、ジイドを批判しソ連を信じて疑わなかった。岡田は、素朴にソ連の演劇にあこがれていた。杉本も岡田も、幻想の社会主義に酔っていた。

なによりも、二人がモスクワにいけば会えると信じていた日本人演出家、土方与志夫妻も佐野碩も、すでに国崎定洞の逮捕の頃、三七年八月には国外追放になっていた。岡田嘉子による国境警備隊慰問を装って奇跡的に越境した二人は、「天国」のはずのソ連側に入って、即座に逮捕された。政治亡命を主張したが認められず、密入国とされた。取り調べも別々にされ、二度と会うことはなかった。

モスクワから粛清ノルマを課されていたサハリンの国境警備隊は、二人に「日本のスパイ」としての自白を迫った。それどころか、二人が頼ってきた佐野碩も、その師である当代ソ連の著名な演出家メイエルホリドも「スパイ団」の一味であることを認めさせようとした。

岡田嘉子がまず拷問に屈し、越境一週間後の三八年一月一〇日の供述では、日本の特務機関のスパイであると認めた。その供述書をもとに、杉本良吉も佐野碩・土方与志がスパイであったと認め、三九年一〇月二〇日に銃殺刑に処された。岡田も、一〇年の強制収容所送りとなった。

佐野碩の師であったソ連の演出家メイエルホリドは、岡田・杉本の供述を根拠に、三九年六月に「日本のスパイ」として逮捕され処刑された。つまり、彼らの冒険は、ソ連の前衛演劇全体の粛清の引き金になった。

岡田嘉子は獄中で、対日工作の情報戦にも従事させられた。戦後に釈放されてモスクワで演劇を学び、一九七二年以来幾度か来日して九二年二月一〇日に没した。

だが、生前の三種の自伝やインタビューでも、ラーゲリ時代の真実を語ることはなかった。旧ソ連に残された岡田嘉子、杉本良吉、メイエルホリドらのファイルによって、岡田の死後にようやく真相が解明された（以上、加藤『モスクワで粛清された日本人』、名越健郎『クレムリン秘密文書は語る』中公新書、一九九四年、今野勉「岡田嘉子の失われた十年」『中央公論』一九九四年一二月）。

## 在ソ連在住日本人八〇人以上が野坂参三を除き全員粛清

岡田嘉子・杉本良吉のような有名人の場合は、それでも生存の噂を含む情報が戦後にも残され、その消息を求める友人・知人・ジャーナリストたちがいた。

戦前日本共産党やマルクス主義文献の影響を受け、ソ連を「労働者の天国」と信じて海を渡った無名の日本人数十人の粛清については、存在そのものがソ連の崩壊後に明るみに出た。

旧ソ連の野坂参三や国崎定洞に関わる秘密ファイルのなかに、日本人と思われる人物の供述や名前が出てきた。「アメ亡組」とよばれる、アメリカ経由でソ連に渡った日本人一七人がいた。多くは沖縄出身で、貧しい日本からアメリカ西海岸に移民し、人種差別のなかで労働運動やアメリカ共産党に加わった。三〇年代初めに国外追放になって、日本に帰らず、ソ連に渡り行方不明になっていた。その大部分が、一九三六―三八年に無実の罪で逮捕され処刑されたことが、ソ連側の文書によって確認された。

それ以外にも、多くは東北・北海道の貧しい農家の出身で、鉱山労働者や船員・漁師として北樺太オハ石油鉱業所、ウラジオウトックなどに渡り、そのままソ連に住み着いて善良な市民となっていた数十人の日本人が、「スパイ」として逮捕・粛清されたことがわかってきた。

そのうちソ連でロシア女性と結婚して子供をもうけた須藤政尾・安保由五郎・健物貞一については、

ロシアの遺族と日本の遺族に連絡がつき、法的「名誉回復」がなされた。小石濱蔵、松田照子についても、日本の遺族は半世紀以上たってその命日を知った。

スターリン粛清日本人犠牲者のほとんどは、他の日本人の自白供述をもとに「スパイ」とされていた。野坂参三、山本懸蔵、国崎定洞ら指導者との直接・間接のつながりが、そのまま「日本のスパイ団」とされ、拷問で友人の名前を挙げさせられ、その友人たちも逮捕された。

無傷だったのは、当時アメリカで活動していた最高指導者野坂参三のみだった。その野坂の妻龍も、逮捕・牢獄生活をまぬがれることはなかった。「日本労働運動の父」片山潜の遺児たちも、長女安子は夫伊藤政之助を粛清で奪われ、次女千代は、大粛清期以前に飢餓のウクライナに「下放」され、精神の病で監禁生活にあった（一九四六年死亡）。

これらは私が、二五年の強制収容所生活を体験した犠牲者である故寺島儀蔵や、須藤政尾遺児ミハイル・スドーらと連絡をとり、日本の心ある研究者・ジャーナリストやロシア側の粛清犠牲者救援ボランティア団体メモリアルなどの協力で、明らかにしてきたものである。幻想のユートピアにあこがれ裏切られた人々の物語は、加藤『国境を越えるユートピア』（平凡社、二〇〇二年）にまとめてある。

## ベルリン反帝グループの再発掘

国崎定洞が、当時の日本共産党モスクワ代表である山本懸蔵によって密告され、ソ連秘密警察に「日本帝国主義のスパイ」として粛清された根拠のひとつに、国崎定洞が責任者をつとめ指導していたナチス台頭期ベルリンでの日本人留学生・滞在者による反戦・反帝国主義活動が、山本懸蔵やソ連側からみれば「党に反対」で「ファシスト」が含まれているという記述が、旧ソ連秘密文書「国崎定洞ファイル」に入っていた。

在独日本人左翼グループ、ドイツ共産党日本人セクション、ベルリン会などとよばれたこの日本人反帝グループについては、千田是也、勝本清一郎ら帰国して戦後の日本で活躍した中心メンバーの回想で、ある程度は知られていた。一九七五年の日本共産党による国崎定洞の「名誉回復」後は、それまで沈黙を守っていた人々も、断片的にその青春の思い出を語り始めた。

当時私は、医学史家川上武と共に「国崎定洞を偲ぶ会」の事務局を勤めており、ベルリン反帝グループの活動を「統一戦線」の視角から再現しようと試みた。まだ存命中だった千田是也・平野義太郎・鈴木東民・堀江邑一・八木誠三らから話を聞き、ドイツ留学中に集めてきた一九三二年に国崎定洞らが日本の満州侵略に反対して組織した革命的アジア人協会関係資料、それに、今日のような復刻版もない時代に川上武らが苦労して集めた大岩誠や小栗喬太郎らの日本の特高警察への供述調書などの情報から、国崎定洞の周辺で活動した学者・芸術家・ベルリン大学学生らの名前を特定していった。

その成果は川上武『流離の革命家』にとり入れられると共に、私自身の論文としても発表した（「国崎定洞論」『日本の統一戦線運動』労働旬報社、一九七六年）。しかし、当時は情報が限られており、私の研究も、もっぱら国崎定洞と直接関わる時期と関係者に限定したため、このベルリン反帝グループの国際的広がりや歴史的意義は、十分に把握できなかった。

## 旧ソ連秘密資料の公開でベルリン反帝グループ新資料も

一九九三年秋に「国崎定洞ファイル」を入手し、二〇年ぶりでベルリン反帝グループを再検討しようとした時、もはや多くの関係者は亡くなっていた。二〇年前なら得られたかもしれない証言や情報は、文書資料がようやく出てきた時には、収集不能になっていた。国崎定洞のモスクワでの死の真相をつきとめるために、私は、改めてベルリン時代の国崎定洞の活動と軌跡の情報を整理し、再吟味しなければならなかった。

グループの前身は、蜷山政道の提唱で一九二六年末に始まり、有澤廣巳と国崎定洞が中心だった、ベルリン社会科学研究会である。関東大震災後、文部省は大量の若手研究者を在外研究に派遣していた。その大部分は、ドイツを渡航先に含めていた。ワイマール民主主義のもとで世界の学術文化の中心になり、しかも日本人にとってはマルクが安いベルリンは、格好の留学・滞在先であった。

この社会科学研究会のなかから、ドイツ共産党に入党する国崎定洞、千田是也らを中核に、二九年頃には、より実践的な左翼グループが生まれる。社会科学研究会の若手学者たちのほとんどは帰国するが、有澤廣巳、平野義太郎、堀江邑一らは、友人や後輩、教え子をこのグループに送り込む。ベルリン反帝グループである。

このグループは、マルクス主義文献の読書会のほか、日本のナップやプロ科、反帝同盟、モップルなど左翼組織との連絡、革命的アジア人協会などでの在欧中国人・朝鮮人組織との連帯、反戦反ナチの街頭行動・文化活動、それにモスクワやロンドン、パリ、ニューヨークの日本人左翼グループとのネットワークづくりにたずさわっていた。ちょうどワイマール民主主義のなかから、ドイツ共産党とナチスの両翼が台頭し対立が尖鋭化していた。日本でも左翼運動が最盛期を迎え、軍部主導の中国侵略が本格化する時期であった。

在モスクワの片山潜・山本懸蔵・野坂参三とベルリンの国崎定洞・千田是也・勝本清一郎らとのつながりで、当時の左翼情報は、このグループがいち早くモスクワから入手し、さまざまなルートで日本に伝えていた。

いわゆる「三二年テーゼ」がベルリンの国崎定洞から日本の河上肇に送られ『赤旗』特別号に訳出されたことはよく知られているが、そればかりではなかった。当時のナチス台頭を伝える『改造』『中央公論』から『戦旗』『ナップ』『プロレタリア科学』『プロット』『働く婦人』にいたる日本の雑誌へのドイツ現地からの寄稿の多くに、このグループが関与していた。

当時の在欧日本人知識人・文化人の反帝反戦ネットワークとは、東大新人会、京大学連事件、三・一五日本共産党検挙、プロレタリア文化運動などの共通体験に、最新の反ファシズム左翼情報の共有をオーバーラップさせたものであった。

## 3 「三二年テーゼ」の情報伝達ルートをめぐって

### 「三二年テーゼ」の流入・翻訳についての河上肇『自叙伝』

ベルリン反帝グループについては、なお未解明な謎が、いくつかある。

その一つは、一九三二年五月二五日付ドイツ語版コミンテルン機関紙『インプレコール』初出の「日本の情勢と日本共産党の任務に関するテーゼ」、いわゆる「三二年テーゼ」が、どのように日本に伝えられたかという問題である。

いわゆる「三二年テーゼ」は、一九三二年六月二八日付日本共産党謄写版パンフレットにドイツ語から初訳され、七月一〇日付『赤旗』特別号、『インタナショナル』三二年九月一日号にも発表された。折から岩波書店で刊行が始まっていた『日本資本主義発達史講座』との基本的内容の合致によって、戦前・戦後のわが国社会科学に大きな影響を与えた。

その内容的・理論的問題は、別に書いたこともあるので、ここでは立ち入らない（加藤「『三二年テーゼ』の周辺と射程」『思想』第六九三・六九四号、一九八二年四・五月、「『三二年テーゼ』と山本正美の周辺」『山本正美裁判記録論文集』解説、新泉社、一九九八年）。

この「三二年テーゼ」日本語訳の作成経緯は、河上肇『自叙伝』に、次のように記されている。やや長くなるが引用しておこう。

偶然にも私はこのテーゼに対して特別の関係を有ち得た。と云うのは、日本共産党の中央部がまだ之を手にしていない以前に、私は逸早くその全文を翻訳して之を党に提出することが出来たからである。このテーゼの独逸語訳が独逸版のイムプレコールに載るや否や、当時ベルリンにいた国崎君（元東京帝国大学医学部助教授）が直ぐに私の処へ郵送してくれた。で私はまた直ちにその事を党本部に通じると、大至急それを翻訳し原文を添えて提出しろと云うことであった。そんな関係からそれは非常に急いで訳出されたために、遺憾ながら訳文は頗る生硬を免れなかったが、（訳文を提出し了へるとまた国崎君から独逸語訳そのものの誤謬を詳細に訂正して来たけれど、その時はもはや私の手許に先きの原文がなかった。で私は訂正表をそのまま党本部に回送するに止めたが、その後それはどうなったものか、行方知らずになってしまった。後日私は中央委員長風間丈吉君に之を尋ねたところ、そんなものは自分は全く知らないと云うことであった。資金局の手を経たから、そこの実権を握っていたスパイ松村が握り潰したものかも知れない。)

ともかくかうした歴史的文書を逸早く党のために訳出し、それが早速印刷に付せられて広く同志の間に散布され得たと云うことは、私の非常に満足した所であった。テーゼの原文は一九三二年(昭和七年)六月二五日付で発表されているが、その日本訳は早くも七月一〇日の『赤旗』特別号として頒布されたのである。それには本田弘蔵訳としてあった筈だ。本田弘蔵、これが私の地下の党名である。(『河上肇自叙伝』第二巻、岩波書店、一九五二年、一七三頁以下)

これは、河上肇の戦後に発表された回想である。一九三八年執筆開始とされ、事実関係とは異なる記述もある。インターネット情報化・グローバル化の今日ならともかく、シベリア鉄道・船便の時代に、六月二五日にドイツの新聞に発表されたテーゼが、七月一〇日に日本語訳が出るのは、いかにも早すぎる。

史実を調べてみると、五月二〇日付独文『インプレコール』が初出で、日本語初出は日本共産党の謄写版冊子があり、六月二八日付である。ソ連崩壊後の岩村登志夫の研究によると、テーゼそのものは四月初めにロシア語で草案が書かれていたと確認できるが(*Jahrbuch für Historische Kommunismusforshung 1994*,Berlin 1994)、日本語初訳の底本は、国崎定洞から河上肇に渡ったドイツ語版『インプレコール』に公表されたものである。

また、当時の日本共産党による翻訳には、訳者名は書かれていない。実際には河上肇訳がもとになっていたが、村田陽一が手を加えていた。したがって「本田弘蔵」とは、河上肇の党名であったにしても、「三二年テーゼ」がその名で発表されたわけではない。その前年に、愛弟子岩田義道を「スパイ」と疑い、コミンテルン宛てに秘かに告発状を書いたときの筆名だった（加藤「モスクワでみつかった河上肇の手紙」『大原社会問題研究所雑誌』第四八〇号、一九九八年一一月号）。

河上が届けた「党本部」とは、河上の教え子で当時の日本共産党の四人の中央委員の一人、『日本資本主義発達史講座』の山田盛太郎の幼なじみでもある岩田義道とも読めるし、後半の「資金局」云々からは、特高警察のスパイM＝松村＝飯塚盈延とも読める。

もっとも後者の場合でも、共産党の依頼で翻訳に加わった村田陽一は、確かに河上肇の訳文を読み、ドイツ語原文のMonarchieの河上訳「君主制」を「天皇制」と改めたというから、松村こと飯塚盈延が「握りつぶした」わけではない（村田「三二年テーゼと河上さん」『河上肇全集・月報五』岩波書店、一九八二年五月）。

## 河上肇と国崎定洞はどのように文通したか

河上肇は、「三二年テーゼ」を、ベルリンの国崎定洞から「郵送」されたという。

国崎定洞と河上肇のあいだに文通があったことは、堀江邑一らの証言でも確認されている。河上『自叙伝』の上述箇所の直前には、一九三二年頃に「モスコウの片山潜氏とも連絡がついて、同氏の要求により、私の方からは、私の入手しうる一切の非合法的印刷物——党関係のもの、全協関係のもの、等々——を絶えず郵送していた」とある（『河上肇自叙伝』第二巻一五三頁以下）。

この当時の日本とモスクワの片山潜との連絡は、ベルリンの国崎定洞が担当していた。「国崎定洞ファイル」中に入っていた日本語の自筆履歴書（一九三二年六月執筆）で、国崎定洞は、一九二九年からモスクワの片山潜と日本共産党との連絡を始め、三一年頃からそれが「公式の組織的連絡」になったと述べていた。一九三二年当時の日本共産党中央委員長風間丈吉も、転向前の獄中手記で、国崎定洞と中央委員岩田義道との連絡ルートを示唆している（風間丈吉『「非常時」共産党』三一書房、一九七六年）。

また、千田是也・佐野碩・勝本清一郎・藤森成吉・山口文象らは、それぞれ演劇・文学・建築・美術など自分の専門分野のプロレタリア文化ネットワークで、モスクワやベルリンの情報を日本に送り、日本からの情報をベルリン・モスクワの国際組織や片山潜に送っていた。

日本共産党は、一九三一年六月のヌーラン事件で上海ルートが途絶えて後、国崎定洞らのベルリン・ルートを、モスクワとの国際連絡の最重要ルートとしていた。

問題は、モスクワと日本共産党をつないだ国崎定洞と河上肇の手紙の、一九三二年五月当時の伝達ルートである。一方は、元東京大学助教授でドイツ共産党に入党して帰国を拒否した職業革命家、他方は、京大教授を辞して実践活動に飛び込み当時のマルクス主義の普及と左翼運動隆盛に絶大な影響力をもった求道の経済学者、当然、特高警察は私信を含めて監視している。

だから、二人の情報伝達・交換には、第三者を介する特別の手段が用いられていた。

私自身の一九七四―七六年段階での聞き取り調査では、ベルリン留学中にドイツ共産党に入党申請し帰国後も国崎らと連絡を保っていた堀江邑一は、高松高商図書館長の地位を利用して、ドイツから図書館宛に送ってもらう本の中をくりぬき手紙を入れ、グループからの通信を恩師河上肇や日本共産党に渡したという。

山田盛太郎と並ぶ『日本資本主義発達史講座』の代表的論者平野義太郎も、ドイツ留学中に知り合った国崎定洞からの通信を、『講座』の編集委員である野呂栄太郎を介して日本共産党に託したと、生前私に語っていた。

国崎定洞の東大医学部時代の後輩であり親友であった小宮義孝は、一九三二年当時は上海自然科学研究所勤務で、政治的に日本共産党から離れていたが、国崎定洞からの依頼は忠実に果たしていた。

そして、一海知義によると、河上肇自身は、弟の河上左京を国崎定洞との連絡ポストにしていた。河上左京を通じた河上肇と国崎定洞の間の連絡の詳細も、今日では、左京の親族によって明らかにされている（杉原四郎・一海知義『河上肇――芸術と人生』新評論、一九八二年、河上壮吾『河上肇と左京』かもがわ出版、二〇〇二年）。

だから、私はかつての論文で、当時モスクワにいて「三二年テーゼ」作成に実質的に関わった唯一の日本人山本正美、日本側窓口として河上肇・岩田義道・野呂榮太郎らと連絡をとっていた平野義太郎・堀江邑一、「三二年テーゼ」翻訳者の一人村田陽一らからの聞き取り調査にもとづいて、国崎定洞の「三二年テーゼ」伝達ルートは複数以上存在し、河上肇にはそのうちの一つから渡ったのであろうと述べておいた（加藤「『三二年テーゼ』の周辺と射程」『思想』一九八二年三・四月）。

## 「三二年テーゼ」流入をめぐる宮川実と堀江邑一の論争

ところが、『河上肇全集』を読みなおしてみると、宮川実という河上肇の弟子の経済学者が、自分はドイツ留学からの帰途、帰国直前に出た「三二年テーゼ」を海路持ち帰り直接河上肇に渡した、それが河上訳の底本となったと、晩年に告白手記を残していた。

わたくしは、ドイツからインド洋まわりの汽船で日本に帰ってきたが、そのときドイツ出発の直前に出た『三二年テーゼ』のドイツ文をもって帰り、河上先生に渡した。これは日本に『三二年テーゼ』がはいった最初のものであったろうと思う。河上先生はたいへん喜ばれた。先生が日本共産党のために翻訳された『三二年テーゼ』の原文は、おそらくこれであったろう（宮川『河上肇――その人と思想』学習の友社、一九七九年、六一頁）。

しかも、『河上肇全集・月報』を読むと、村田陽一や岩村登志夫のような専門研究者が、あっさり宮川証言を認めている（村田「三二年テーゼと河上さん」『月報五』、岩村「河上訳稿の行くえ」『月報一六』一九八三年四月）。

しかし、宮川実とならぶもう一人の河上肇直系の弟子で、自ら国崎定洞を河上肇に紹介したという堀江邑一は、宮川証言は誤りだとする。同じ『河上肇全集・月報』誌上で、宮川に反論している。

宮川君が、先生が訳された三二年テーゼのことをどこかで書いていて、あの原文が載った『インプレコール』は自分がドイツから持ち帰ったものを先生に渡して、それを先生が訳されたというように言っているようですが、それはなにか宮川君の勘違いですね。宮川君も確かにあの頃ドイツから帰ってきますから、なんらかの形で持ち帰ったのでしょうが、先生は国崎定洞がドイツから送って寄越したものを使われたのでね。そのことは私がうかがった時にも先生の口から直接おききしました（堀江「思い出すままに」『月報二八』一九八四年九月）。

河上肇研究の世界でも、一海知義は、河上『自叙伝』の「国崎定洞からの郵送」と「海路持ち帰り手交」とする宮川証言との矛盾に疑問を持ち、宮川実に直接手紙で問いただした。宮川は、書簡でこう答えた。

わたくしがドイツにいたとき、国崎君とは親交があり、わたくしを片山潜に紹介したのもかれでした。『三二年テーゼ』を日本に持ち込もうということになり、わたくしが持って帰ったのです。先生にお渡ししたとき、先生は、国崎君が郵便で送ったことにしようと、言われました。当時はそれほど警察の追求がはげしかったのです。……なぜ自叙伝にわたくしのことを書かれなかったというと、先生は、わたくしに迷惑のかかるのをおそれられたからだと思います。

これが本当なら、うるわしい師弟愛である。しかし一海知義は、それでも納得できなかったのか、「日本への帰国が何月何日だったか、宮川書簡には書かれていなかった」と注記し、河上左京の子である河上荘吾からの聞き取りで、国崎定洞↓河上左京↓河上肇↓日本共産党という「郵送」連絡ルートが実際にあったことを述べた。河上荘吾自身が、後に河上左京を通じた河上肇と国崎定洞の連絡を詳しく明らかにしたが、そこにも、宮川実の介在は出てこなかった（前掲『河上肇——芸術と人生』、『河上肇と左京』）。

## 「名誉回復」と政治的機会主義

当事者のすべては、すでに故人となっている。文書資料での事実の確定が困難であるため、ここでは推定に留まるが、国崎定洞研究に長くたずさわってきた私は、先の宮川実証言は誤りで、自己顕示から出た思い違い、ないし政治的虚言ではないかと考えている。

その理由は、おおむね三つである。

一つは直感的なもので、宮川実の晩年の告白が、日本共産党による国崎定洞の政治的「名誉回復」（一九七五年）の後に、初めて語られたことに由来する。

私の三〇年以上の国崎定洞研究の体験からすると、国崎定洞が「スパイ」とされていた時代には沈黙し、日本共産党の「同志」と認定されると、実は自分は昔から国崎定洞の友人だったと語るような人物の証言は、疑ってかからなければならない。

証言当時の宮川実の肩書きは、日本共産党にきわめて近い労働者教育協会会長であった。

国崎定洞がモスクワでスパイとして粛清されたという噂が、日本共産党周辺で根強かった敗戦直後の時期から、国崎生存の希望をもって野坂参三や伊藤律らに問い合わせ、国崎の友人であったことを隠さなかったのは、小宮義孝、曽田長宗ら東大医学部関係者をのぞけば、千田是也、有澤廣巳、勝本清一郎、土屋喬雄、安達鶴太郎、八木誠三、浅野晃といった、戦後の日本共産党に距離をおいていた人々であった。

『回想の河上肇』（世界評論社、一九四八年）で、「在独の同志国崎定洞」と河上肇の交流を述べた、河上直系で日ソ協会会長だった堀江邑一は、例外に属する。

日本共産党の近くにいた平野義太郎、野村平爾らは、日本共産党とソ連共産党が疎遠になった一九六〇年代末から七〇年代に入って、はじめて公式に口を開いた。

こうした人々は、少なくとも国崎定洞の「名誉回復」に積極的であった。

一九七〇年代の日本共産党議長野坂参三は、モスクワでの国崎定洞を知るほとんど唯一の生き残り証人であったが、野坂が重い口を開いたのは、鈴木東民の献身的努力でフリーダ夫人の存命が確認され、千田・有澤ら関係者の「名誉回復」運動が始まり、大森実のインタビューなどで、マスコミもとりあげるようになってからであった。それも、幾重もの粉飾と虚偽情報を交えての、自己保身の弁明であった（大森実『戦後秘史三　祖国革命工作』講談社、一九七五年）。

日本共産党によるソ連共産党への問い合わせは、大森実による野坂インタビューとほぼ同時に行われ、一九三七年一二月一〇日「獄死」という国崎定洞の命日と、一九五九年ソ連内での法的「名誉回復」が報じられた。

この七五年八月の日本共産党の公式発表を確認してから初めて、実は自分はベルリンで「同志」国崎と一緒だったと語り始めた人がいた。そのような「記憶」は疑ってかからなければならない。

### 宮川実は「反帝グループ」に入っていたか

宮川実が、一九三〇年から三二年にドイツに留学し、ベルリン・ミュンヘンに滞在したことは、当時の文部省「在外研究員表」で確認できる。河上肇『自叙伝』中の『資本論』翻訳のいきさつに、「当時ドイツ国のミュンヘンに留学していた宮川実君」が出てくることからしても、間違いはない。しかし、後のマルクス経済学者宮川実の歩みからすれば不思議なことに、当時の和歌山高商教授宮川実の名は、ベルリン反帝グループの関係者の記録・証言のなかにも、その周辺にも、ほとんど現れない。

一九七五年の日本における国崎の「名誉回復」時も、その後も、国崎定洞のベルリン時代を知る関係者の口からは、一度ものぼったことはない。わずかに一九九六年に、私がベルリン・フンボルト大学史料館のベルリン大学付属外国人向けドイツ語学校の学生名簿を調べて、一九三〇年八月から一〇月の約二か月は、島崎蓊助と同期で、ベルリン大学付属外国人向けドイツ語学校第六五コースに在学したことが、記録でわかっただけである。

つまり、私の知る限り、国崎定洞の周辺には、宮川実の影はほとんどみあたらない。にもかかわらず、宮川の方は「親交」があったと述べている。とするとそれは、ミュンヘン留学時の、ベルリンでの短期の語学研修期に国崎定洞と面会し、河上肇による岩田義道のモスクワ宛「スパイ」告発に宮川が関わったこと以外には考えられない。

もちろん河上肇『自叙伝』から、アドラツキー版『資本論』の翻訳のために宮川がモスクワで片山潜とも会ったのは事実と思われるから、河上肇の依頼で、片山の紹介ぐらいは、国崎がしていたかもしれない。

特高警察の目をおそれた国崎定洞が、ベルリン反帝グループの実践活動に加わっていなかったがゆえに、ミュンヘンが留学地でいわばノーマークの宮川を、河上肇への「密使」として使った可能性もないわけではない。ただし、それを示唆する情報は、宮川本人の晩年の回想のみである。

## 宮川実は新明正道、服部英太郎とコルシュに会ったか

第二に、宮川実の晩年のドイツ留学時代の回想の全体が、信憑性のうえで疑いがある。

たとえば宮川は、一九三〇年に、新明正道、服部英太郎とともにカール・コルシュを訪れ、「福本〔和夫〕君はどうしていますか」と尋ねられた、と記している。これも三〇年夏の宮川のベルリン大学付属外国人向けドイツ語学校での語学研修期であれば、ありえないことではない。

ところが新明正道は、この時期詳細な日記を残しており（家永三郎夫妻所蔵、『新明正道ドイツ日記』時潮社、一九九七年）、三〇年夏からのコルシュ宅訪問の記述が、同行者の個人名を含め七回でてくるが、宮川実が同行した記述はない。

コルシュ宅への同行者は、東大新人会の後輩で東北大の同僚である服部英太郎のほかは、杉本栄一、大熊信行、小畑茂夫といった東京商大出身の文部省留学組である。そもそも一九三〇年五月に渡欧した宮川実の名は、二九年五月から三一年五月まで残されている新明正道の詳細な在欧日記に、一度も登場しない。

服部英太郎・美代夫妻のドイツ留学の回想記録は、新明正道に比して断片的であるが、そこにも宮川実との接点はない。

たしかに東大新人会出身者と京大河上肇門下は、前身である社会科学研究会の成立経緯からして、ベルリン反帝グループに加わった知識人の二大供給ルートであった。

しかし、新明正道らのコルシュ＝タールハイマーとの読書会は、社会科学研究会で国崎定洞と対立した蝋山政道と親しい新明正道と、杉本栄一・大熊信行ら東京商大福田徳三門下の流れでつくられた。日本での三・一五共産党検挙、四・二六事件をくぐったこの時期、外事特高警察の監視が厳しい約五百人の在ベルリン日本人コミュニティのなかで、新明正道・杉本栄一らのグループは、国崎定洞らドイツ共産党系グループと意識的に距離をおいていた。

同僚新明の帰国後に国崎に近づく服部英太郎の例外があるとはいえ、一九三〇年のコルシュ宅訪問という宮川の記述は、当時の事情を知る者にとっては、むしろ国崎定洞グループとは疎遠であったことを示唆することになる。

新明正道は、日記ではなく、『中央公論』一九三三年四月号に寄せた「新進教授物語」の和歌山高商の項で、「宮川実教授は妻子を連れて留学の途に上ったが、もう帰朝したか如何か。氏は謙遜家でもあり又勉強家であった。『経済学批判』の訳者」と書いているから、これは、実際に会ったうえでの記述かもしれない。ただし同じエッセイで、杉本栄一や横浜高商井上龜三についてはドイツ留学時に一緒だったと明記しているのに、宮川については示唆のみである。会っても印象に残らなかったのかもしれない。

新明正道は、一九七九年の宮川実証言後に、自分の在独時代の記憶を『ワイマール・ドイツの回想』(恒星社厚生閣、一九八四年)としてまとめたが、ここにも宮川実は一言も出てこない。

## 宮川実は一九三二年五月にベルリンにいたか

第三に、宮川実の在独時期と「三二年テーゼ」発表時期との関係の問題がある。

先に述べたように、「三二年テーゼ」は、一九三二年五月二〇日に初めてドイツ語で発表されている。それ以前の三月二日コミンテルン執行委員会で東洋部指導責任者である幹部会員クーシネンが報告して骨子がかたまり、四月初めにロシア語で草案がつくられたが、当時は全文は発表されていない。

ところが宮川実の日本帰国を、当時の「文部省在外研究員表」で調べると、一九三二年三月三〇日となっている。これが日本帰国の日ではなく、ドイツ出発の日であったとしても、五月二〇日に発表される「三二年テーゼ」を国崎定洞から手交され河上肇に手渡すことは、物理的に不可能である。

より詳しくいうと、「和歌山高商所属　宮川実　教授　学位法学　統計学及財政学研究　在留国独・伊・米　在留期間二箇年　在留地到着期日昭和五年五月一日　在留満期昭和七年三月三〇日」というのが、「在外研究員表」における宮川についての記述で、「備考」欄には「短縮一月二日」とある。

これは、他の在外研究員の欄をも参照すると、文部省から二年分の在外研究費用が支給されて、一九三二年五月一日まで滞在する権利があったが、本人の都合で「一月二日=三二日分」の国費滞在費用が減額支給された、という意味である。

ただし、私の手許にある文部省専門学務局「在外研究員表」は、「昭和七年三月三一日調」となっており、宮川が私費で滞独期間を延長した可能性も、ゼロではない。新明正道が三三年四月時点で「宮川実教授は妻子を連れて留学の途に上ったが、もう帰朝したか如何か」とあるのは、その傍証かもしれない。一海和義の提起した、宮川実の「日本への帰国が何月何日であったのか」が、決定的に重要となるゆえんである。

もっとも宮川離独が三二年五月二〇日以降と証明されても、依然として、「三二年テーゼ」河上肇訳の底本が堀江のいう「郵送」であったか、宮川実のいう「手交」であったかという謎は残る。新明正道が『中央公論』に「新進教授物語」を書いた三三年四月時点でまだ帰国していなければ、すでに訳文も数種類発表された後であるから、「三二年テーゼ」の河上への手交自体が意味を持たない。どうやらこの問題は、河上肇門下の「一番弟子」争いと関わっているようである。長谷部文雄・小林輝次・山本勝市ら周辺からの証言も重要になってくる。

現時点での私は、村田陽一、岩村登志夫とは異なり、宮川実の「直接手交」証言は誤りと考えている。国崎定洞は、堀江邑一、平野義太郎、小宮義孝、河上左京ら複数の郵送ルートで「三二年テーゼ」の載ったドイツ語版『インプレコール』を日本の岩田義道・野呂榮太郎、河上肇らに送り、実際に日本で用いられた河上肇訳・村田陽一補正の底本になったのは、河上左京ルートでのものであったと推定している。

# 二　ナチス台頭を視た日本人画家——島崎蓊助と竹久夢二の交点

## 1　島崎蓊助遺稿「絵日記の伝説」発見まで

### 島崎藤村『夜明け前』の周辺

日本近代の黎明を描いた島崎藤村の大作『夜明け前』は、一九二九年四月に『中央公論』に発表され、以後年四回連載で三五年一〇月に完結する。ちょうど藤村が、日本ペンクラブの初代会長に就任した頃である。翌三六年に朝日文化賞を受賞、村山知義脚色・久保栄演出で新協劇団の舞台にものぼる。藤村の文学的・社会的名声は絶頂期にあった。

だが実生活では、晩年の島崎藤村は、『家』『新生』『嵐』と書き継いできた問題を、成人した子供たちとの葛藤の中で迎えていた。

『夜明け前』執筆直前に再婚した妻静子に、病没した先妻冬子の残した子供たちは、必ずしもなつかなかった。なかでも最も反抗的態度を示したのが、『嵐』の「三郎」のモデルで、『夜明け前』発表直後にプロレタリア美術運動で検挙されたこともある三男蓊助だった。二〇歳の蓊助は、藤村『夜明け前』連載開始の直前、『婦人公論』一九二九年一月号に「父の結婚」という斜に構えたエッセイを発表していた。

藤村は一九四三年、未完成の『東方の門』を残して没する。蓊助は、戦後は遺族を代表して『島崎藤村全集』編集にたずさわる。

ここでは、藤村の末子で三男、寡作の画家であった島崎蓊助（一九〇八年一二月一七日―一九九二年三月一一日）が、自己の前半生を記した未公刊の遺稿「絵日記の伝説」を、加藤哲郎・島崎爽助編『島崎蓊助自伝――父藤村への抵抗と回帰』（平凡社、二〇〇二年）として編集・刊行したさいの「解説」をもとに、「ベルリン反帝グループ」最年少の若者のワイマール・ドイツ体験を探ってみる。

島崎蓊助の自伝遺稿は、二〇〇二年夏に群馬県桐生市大川美術館で開催された「幻の描かざる画家島崎蓊助遺作展」準備のため、亡父の遺品を整理していた長男島崎爽助氏が、母君代さんの親族宅の倉庫の奥から発見した。風呂敷に包まれ箱に保存された原稿は、「絵日記の伝説」と題され、きれいに清書されていた。

一緒にみつかった一六四冊にのぼる日記風「創作ノオト」（一九五六―八八年）を参照すると、もともと一九七四年末から七五年五月に「眼窩の世界」のタイトルで執筆され、七七年六―七月には完成していた。完成度は高く、「目次」や「まえがき」「あとがき」もついていた。書物にするために書かれたようである。

「まえがき」は異文が多数あり、何度も書き直したことがわかった。評論家本多秋五の手紙に応えた最終章と「あとがき」には、「一九七五年五月一七日」と記されている。「絵日記の伝説」でほぼ戦前がカバーされ、内容はそれで完結していたが、七五年当時は戦後の旅行記と併せた公刊も考えていたらしい。「ハンブルグ日記」という、「創作ノオト」中の一九七〇年ドイツ・アルトナ滞在記も、原稿のかたちに整理されていた。

これらを預かり、蓊助の生前に読んでいたのは、親友で詩人の会田綱雄のみであった。一九七七年の「ノオト」第一二六に、「六月七日『絵日記の伝説』、書き出しが出来て面白くなった、これを書いてしまわないと落ち着かない、一気に書き上げて悠々絵にかかるつもり、今日四六枚」「七月一八日『絵日記の伝説』『ハンブルグ日記』脱稿ス、『絵・伝説』のはしがき、軽いものに書くこと」「七月二八日『絵日記の伝説』『ハンブルグ日記』、あれからまたつづいて、今日終わる、八月八日の月曜に会田君に渡す予定」とある。

しかし、その後はなぜか「ノオト」に記述がない。会田綱雄は、蓊助より二年早く一九九〇年に没している。会田がなぜこの原稿を出版社に持ち込まなかったのか、どのような経緯で島崎家に戻りひっそりと保存されることになったかは、不明のままである。

ともあれ「絵日記の伝説」は、『島崎蓊助自伝』として、完成四半世紀後、没後十年を経て初めて世に出ることになった(加藤哲郎・島崎爽助編『島崎蓊助自伝――父藤村への抵抗と回帰』平凡社、二〇〇二年)。

## 政治学者が『島崎蓊助自伝』を編集するまで

文学も美術も門外漢である政治学者の私が、『島崎蓊助自伝』の編集と公刊を助けることになったきっかけは、二〇〇一年秋、蓊助の長男島崎爽助氏からいただいた、一通の電子メールだった。

私は、一九九七年から、インターネット上に、学術サイトとしては日本でも有数のアクセス数の個人ホームページ「ネチズンカレッジ」を開設している。

そこには、「ワイマール末期ドイツの日本人　一九二六―三四年、ベルリン反帝グループ関係者一覧」というデータベースがあり、有名・無名の約八〇人の名前と略歴が入っている。島崎蓊助の名も、以下のように記されていた。

一九〇八―九二年、明治学院・川端画学校卒、二九年一〇月―三二年末在独、島崎藤村三男、小説『嵐』の三郎モデル、プロレタリア美術運動に参加、画家、勝本清一郎に同行し訪独。典拠＝「在独日本青年素描」『改造』一九三六年二月、千田是也『もうひとつの新劇史』、川上武・加藤哲郎『人間　国崎定洞』、野村平爾『民主主義法学に生きて』、『小林義雄古稀記念論集』、大岩誠調書、小林陽之助調書、岡内順三調書、八木誠三証言、喜多村浩証言。

新劇演出家から法学者、経済学者、コミンテルン第七回大会日本青年代表の革命家まで、なんとも不揃いな名前と一緒であるが、島崎蓊助は、ナチス台頭期にドイツに滞在した日本人の反戦平和活動を「洋行ネットワーク」として注目する、私の研究対象の一人なのである。

島崎爽助氏は、母である蓊助夫人君代さんに宛てて一九九五年に遺品中の在独時代の資料閲覧を求めた私の手紙を手がかりに、遺稿発見のニュースを伝えてくれた。それから爽助氏と二人で、本格的な整理・解読を始めた。

みつかった遺品全体のなかで大きいのは、二度の『島崎藤村全集』編集作業の記録である。藤村自身の手紙や自筆原稿、藤村夫人静子や兄鶏二ら親族の手紙・資料、著作権問題綴り、日本ペンクラブ関係綴り、島崎藤村研究の論文・関係資料、藤村記念館建設資料等が入っている。

島崎蓊助自身の手に成る「絵日記の伝説」原稿・草稿と、一六四冊の『創作ノオト』以外にも、さまざまな雑誌論文・エッセイ、日誌・取材ノート、未公刊原稿・メモの断片や、画家としてのスケッチ、撮影記録、新聞スクラップ、アルバム写真類を含んでいる。

そのほかに、膨大な書簡が残されている。会田綱雄、辻まこと、高橋新吉、草野心平、本多秋五ら、「絵日記の伝説」と直接関係する手紙には目を通したが、全体の通読・整理はできないまま、とりあえず、出版を予定して書かれたらしく、まとまったかたちで残されていた「絵日記の伝説」を公刊して、二〇〇二年夏の遺作展に間に合わせることにした。これら資料の全体は、遺作展で公開されたセピア色の一群の絵と共に、大川美術館に所蔵・保管されることになった。

## 「眼窩の世界」から「絵日記の伝説」へ

だが、『島崎蓊助自伝』を通読すると明らかなように、「絵日記の伝説」は、それ自体が一個の文芸作品であり、歴史の証言になっている。

執筆の直接の動機は、島崎蓊助『藤村私記』の贈呈を受けた、評論家本多秋五の礼状を兼ねた手紙（一九六八年三月二日付）だった。

そこに、「同世代人である大兄のことをもっとよく知りたい、という気持が前々からあって、こんど『父藤村と私たち』を読んだせいか、当然そこで『私』のことがもっと語られねばならないところで、必要以上に『私』のことが減黙されていると思いました」と述べられていたことが、蓊助には「重たい荷物」となった。

ただし、「これとは別に『私』の波瀾万丈を書いてもらいたい」という本多の注文に対する蓊助なりの受け止め方は、まずは画家としての「私」のアイデンティティを確認することであった。一九七〇年のハンブルグ郊外アルトナへの旅と、そこでのスケッチと油絵の作品を中心とした七一年個展開催がそれで、その成果が、二〇〇二年「幻の描かざる画家　島崎蓊助遺作展」の主たる出品作となった。その時蓊助は、実に四〇年ぶりで自分の青春の軌跡を辿り、その記憶の不確かさを心象風景に盛り込み、その時代に感じたものをキャンパスにたたきつけた。

「創作ノオト」第九六に、「ハンブルグは、バルト海にパックリ口を開けた人間の貪欲な墓場だ」とある。一九七〇年のドイツ滞在は、五六年一月から九六冊書き続けてきた「ノオト」での美学的模索・瞑想の到達点を、「眼窩の世界」としてキャンパスに結晶する実践だった。ハンブルグから帰り、一群のセピア色の絵を完成させて、いよいよ前半生の自伝「絵日記の伝説」を執筆する過程では、その自伝は、「『藤村私記』返歌」「眼窩視記」「絵歴的私記」「絵空事始メ」等の呼び方で、時折「創作ノオト」中に登場する。それが、七四年末から七五年に「眼窩の世界」のタイトルで一気に書かれ、七七年に「絵日記の伝説」へと改題され仕上げられた幻の自叙伝は、四〇〇字原稿用紙で三二〇枚ほどの完全原稿のかたちで残されていた。

まずは、私と島崎爽助氏の編集・解説で『島崎蓊助自伝――父・藤村への抵抗と回帰』と題し、二〇〇二年八月に平凡社から刊行された書物の目次を掲げておこう。



## 2　『島崎蓊助自伝』とベルリン反帝グループ

### 島崎蓊助の背負った「重たい荷物」

『島崎蓊助自伝』は、一九二二年、一四歳で父藤村の勧めで川端画学校に通い始めてから、四六年、三八歳で中国から引き揚げ船で帰国するまでの記憶の復元である。それは、四半世紀の蓊助の「記憶」の心象風景であると共に、その後約三〇年間の芸術的模索と苦悩の総決算の意味を持つ。

それは、島崎蓊助にとっては、一方で哲学的思索の対象たる真理と美の探求過程であると共に、他方で、その探求主体としての自己のアイデンティティと関係性、信頼と友情の存立根拠を求める旅であった。

そこには、蓊助の前半生に出会った無数の群像が登場する。その群像には、画家、詩人、写真家、演劇人から学者、実業家、軍人、革命家までが含まれる。圧倒的に男性が多いが、思想的転換点では、女性たちが決定的役割を果たす。

そのなかに貫かれるのが、「父」島崎藤村との関係であり、その文豪の重みに耐えかねての反抗・反逆であり、思想的葛藤である。それは「父」の物理的消滅＝死亡の後も続き、むしろ『藤村全集』編集と併行した哲学的・美学的探求の通奏低音となる。

「まえがき」で蓊助は、「私事にも亘る重たい荷物」に触れている。

文学史的観点からみると、藤村『夜明け前』連載開始の直前、『婦人公論』一九二九年一月号に掲載され話題をよんだ「父の結婚」というエッセイが、二〇歳の蓊助のデビュー作であった。ところが「絵日記の伝説」では、それが実は島崎蓊助自身の文章ではなく、当時東中野「芸術村」で合宿同居中だった新進プロレタリア作家林房雄が書いたものであることを告白している。

「父の結婚」が自分の手になるものでないこと自体は、ドイツからの帰国後、三七年二月『婦人公論』

誌上の「若き日の嘔吐」で、「その頃すでに作家として独立していて文名の高い、仮に名前は森さん」の作だったと告白していた。しかしこの「森さん」が、蓊助がプロキノの岡田桑三（俳優山内光）と一緒に住んでいた時期の林房雄であったことを明言したのは『島崎蓊助自伝』が初めてである。これが、第一の「重たい荷物」になる。

蓊助は、処女作「父の結婚」が、藤村への大きな冒涜であることを自覚していた。当時父の再婚が文壇で話題になっていたところに、シニカルで反抗的な蓊助名での文章が発表された。そのことについて、父は何もいわずに「洋行」費用を与えた。

しかも、二九年末のベルリン渡航の途中、モスクワで『婦人公論』の一文を読んだ湯浅芳子に褒められて、後ろめたさと自責の念がありながら、ひっこみがつかなくなった。

私がモスクワ郊外を歩きながら湯浅さんの言葉に返事を濁していたのは、あの軽率な文章に対する自責と、はずかしさが自らの内心を深く傷つけていたからである（『島崎蓊助自伝』六三頁）。

ここから、同時期に発表された蓊助名の「父藤村の身辺から」（『文章倶楽部』二九年二月）も林房雄の作でなかったかという問題になるが、この点にはふれていない。

島崎蓊助は、一九三三年にドイツから帰国後、その遊学体験を「歪められたる青春」（『婦人公論』三五年二月号）、「在独日本青年素描」（『改造』三六年二月号）という、二本の短編小説にしている。「二度目のいまわしい『私事』」（『島崎蓊助自伝』八〇頁）たる、ユダヤ人女性ジーグラーデ・ガイストとの愛と別離を描いたのが、「歪められたる青春」である。千田是也らベルリン在住芸術家グループとの「左翼的」放蕩生活を描いた「在独日本青年素描」も、文学としての形象は話題にならなかった。三七年「若き日の嘔吐」での「父の結婚」代筆の告白を機に、文学者への道は断念する。

以後、父についての評論やエッセイを書くことはあっても、文学の世界では『島崎藤村全集』の編集者、『歴程』詩人の発掘者・スポンサーとして裏方にまわる。

## 自伝「絵日記の伝説」でふれられなかったこと

もっとも「絵日記の伝説」には、書かれていないこともある。ドイツから帰国後の右の二本の短編執筆については、一言も触れていない。

シベリア鉄道・モスクワ経由ベルリンまで同行した文芸評論家勝本清一郎についての記述は、ごくごく簡単である。湯浅芳子が「父の結婚」をもちだした散歩のさい、勝本が一緒にいたかどうかさえ定かでない。

一九三五年の日本ペンクラブ創設にあたって、勝本清一郎は、初代会長島崎藤村を支える主事となる。晩年の藤村夫妻に密着して、没後の「藤村全集」企画に際しては静子夫人の後見人となり、蓊助ら冬子前夫人の子供たちと対立する。

日記である「創作ノオト」には、それが「勝本氏のいやがらせ」などと辛辣に書かれている。しかし公刊を意識して書かれた「絵日記の伝説」のソ連紀行は、当然参照したはずの勝本『赤色戦線を行く』（新潮社、一九三一年、蓊助は「S君」として出てくる）に比しても、あまりにそっけない。ただ谷譲次のシベリア紀行にふれて、「詮索好きで厳密」な勝本を「こんなことも見過ごせない潔癖な性格の人間」と評するのみである。

父藤村と兄鶏二の死後、島崎蓊助が画筆・文筆を絶って『藤村全集』編集に専念したのは、そんな勝本清一郎を、父の遺品・遺産に関与させないためだった。

文学との関わりでは、一九三九年、蓊助は父との関係を修復し、藤村から援助を受けて創刊された雑誌『新風土』の編集にたずさわる。ところが、柳田国男や高村光太郎らの支援も受け順調に軌道にのったところで、突如仕事を投げ出す。

『島崎蓊助自伝』では、「それは私にとってのいまわしい第三の『私事』として記憶から消すことのできない二十代の終幕」と、簡単に触れられている。

それが、父に勧められ祝福されて始まった最初の結婚生活に「偽善」を感じて家出し彷徨するデカダンスであったことは、四七年『父藤村と私たち』で、蓊助なりに告白していた。

ただし、この不幸な結婚を仲介した小山書店主小山久二郎の回想『ひとつの時代――小山書店私史』には、蓊助を藤村から預かり、編集者として育てようとした立場からの、別の見方が提示されている。破綻した結婚相手は、ちょうど同じ頃に石原美知子と挙式した作家太宰治の津軽の縁者、武田テイであった(『島崎蓊助自伝』一一四頁、小山久二郎『ひとつの時代――小山書店私史』六興出版社、一九八二年、吉村和夫『金木屋物語』北の街社、一九八六年、二三一頁)。

晩年の島崎藤村は、この息子のスキャンダルをもみ消した形跡がある。この最初の結婚の短期間での破綻も、蓊助にとっては「重たい荷物」であったにちがいない。その事実関係は藪の中で、『島崎蓊助自伝』には、蓊助の心象風景が綴られているのみである。

その代わりに、川端画学校に始まる若き日の画家仲間やプロレタリア美術運動の叙述、「重たい荷物」ゆえに文学ではなく画家への道を選び、中国戦線まで従軍して「視る」「描く」ことを志す経緯の描写は、詳細で生き生きしている。併行して書かれた「創作ノオト」での思索が生かされており、日本美術史の一時代の証言として意義深い。

「絵日記の伝説」には、蓊助の美術史的証言が「マヴォの時代」から敗戦直後まで展開されており、蓊助の実作絵画の意味を理解する手がかりとしても、戦後の一六四冊の「創作ノオト」と共に、大きな意味をもつ（春原史寛「島崎蓊助の芸術――孤独という憂鬱の絵画」大川美術館『島崎蓊助図録』二〇〇二年、参照）。

## 在独日本人反帝グループ

一九二九年渡独後の島崎蓊助の回想が、『島崎蓊助自伝』第四章以下で、私のナチス台頭期在独日本人ネットワーク研究に直接関わる。蓊助は、「左翼グループ」の最も年若いメンバーとして、赤裸々に当時の活動の一端を記録しており、貴重な歴史的証言として独自の価値をもつ。

ベルリン日本人左翼グループ、在独日本人反帝グループとは、一九三〇年代初頭、日本の満州侵略とドイツでのナチス政権成立期に、異国ベルリンの地で、ドイツや日本の共産党と連絡をとりながら、戦争とファシズムに反対した知識人・芸術家たちのことである。

わが国では、一九三二年にベルリンで活動していた元東大医学部助教授国崎定洞が旧ソ連に入ったまま行方不明になり、その在独時代の友人であった演出家千田是也や経済学者有澤廣巳が戦後の回想中で言及して消息を求めてきた。

七〇年代に医学史家川上武とドイツに留学した私が国崎定洞研究を始め、同じくドイツで国崎定洞の友人であった元釜石市長鈴木東民が、国崎のドイツ人夫人フリーダ・娘タツコの所在を七四年末に西ベルリンの電話帳から奇跡的にみつけたことが結びついて、国崎定洞のソ連での粛清死が確認され、「名誉回復」が行われた。

「ベルリン反帝グループ」とは、この国崎定洞と千田是也が指導した知識人・文化人グループで、戦前日本社会運動史の中でも特筆すべき海外でのユニークな政治活動である。

「反帝グループ」の前身は、関東大震災後の一九二六年末、文部省在外研究員としてドイツに滞在していた学者たちが始めた読書会「ベルリン社会科学研究会」である。当時世界で最も民主的といわれたワイマール共和国のもとで、日本では自由に読めないマルクス、レーニンらの文献をドイツ語で読み、ヨーロッパや日本の政治についても討論していた。

提唱者は新人会出身の東大法学部助教授（当時）の蝋山政道で、中心になったのは東大経済学部の有澤廣巳と医学部の国崎定洞、これに京大河上肇の教えを受けた堀江邑一（高松高商）、谷口吉彦（和歌山高商）らのメンバーで始まった。山本勝市（和歌山高商）舟橋諄一（九大法）、菊池勇夫（九大法）、山田勝次郎（京大農）、松山貞夫（福島高商）、横田喜三郎（東大法）、黒田覚（京大法）、八木芳之助（京大経）、土屋喬雄（東大経）、平野義太郎（東大法）、蜷川虎三（京大経）、工藤一三（浦和高校）らがドイツ留学中に加わった。

これら学者たちの会に、築地小劇場の千田是也や朝日新聞ベルリン特派員岡上守道（黒田礼二）、電通特派員鈴木東民、ジャーナリスト志望の与謝野譲らも顔を出し、蝋山・有澤らが帰国した後、千田（本名伊藤國夫）の父伊藤為吉がモスクワのコミンテルン幹部会員片山潜と旧知であったことや、国崎がドイツ共産党員のフリーダ夫人を介して実践運動に加わったことで、世界恐慌が始まる二九年頃から、政治的色合いを強めた。

当時のベルリンには、約五百人の日本人が生活していた。治安維持法下の日本とは異なり、社会民主党は幾度も政権につき、共産党は大衆的合法政党であった。

## グループ最年少メンバー島崎蓊助の青春

島崎蓊助が勝本清一郎と共に訪独した二九年末には、国崎定洞と千田是也がドイツ共産党に入党して、ドイツ共産党日本人部を結成していた。日本の満州侵略に反対し、ドイツのナチス台頭に抵抗して、平野義太郎、服部英太郎（東北大経）、三宅鹿之助（京城大経）、三枝博音（成蹊高）、野村平爾（早大法）、大岩誠（京大法）、山西英一ら学者・研究者のみならず、主として千田是也の人脈で、音楽の岡内順三（村山知義義弟）、二宮秀、映画の衣笠貞之助、岡田桑三（俳優山内光）、建築の山口文象（岡村蚊象）、文学の勝本清一郎、藤森成吉、美術の島崎蓊助、鳥居敏文、竹谷富士雄らが来独し、日本のプロレタリア文化運動のベルリン支部ともいうべきものとなった。

また、帰国した有澤廣巳らの紹介で、小林義雄、井上角太郎、小林陽之助、根本辰、八木誠三、小栗喬太郎、川村金一郎、和井田一雄、喜多村浩、安達鶴太郎、千足高保、白井晟一ら、多くは旧制高校で左翼運動に加わり、親が心配してドイツに留学させた「良家の子弟」たちもグループに加わっていた。

大岩、野村、和井田や嬉野満洲雄、大野俊一らはベルリンとパリを往復していたため、パリにも姉妹組織「ガスプ（在巴里芸術科学友の会）」が作られた。画家の吉井淳二、内田巌、佐藤敬、田中忠雄ら、美学の富永惣吉、建築家坂倉準三、化学の平田文夫（桐生高工）らが加わったほか、日本からモスクワに入るため渡欧した佐野碩、土方与志、ねず・まさしらが、ベルリンのグループと結びついていた。

彼らに協力した外国人としては、中国の廖承志、成仿吾、章文晋、王炳南、朝鮮の李康国、インドのヴィレンドラナート・チャットパディアらの名が判明している。

バウハウスに通う山脇巌・道子夫妻、経済学者宮川実（和歌山高商）、市川清敏、山田智三郎、徳川義寛ら、さらには三二年秋にアメリカから入りヒトラー政権樹立を目撃した画家竹久夢二も、周辺にいた。

島崎蓊助、勝本清一郎、藤森成吉夫妻の渡独は、ちょうど「ベルリン社会科学研究会」が「反帝グループ」に改組され、本格的に実践運動に加わる頃であった。

『前衛の文学』（新潮社、一九三〇年）で売り出し中の勝本清一郎にとっても、父藤村に反発して、兄鶏二の留学先パリではなく、勝本についてモスクワ・ベルリンへと「洋行」にでかけた蓊助にとっても、スムーズに飛び込める環境だった。蓊助は、ベルリン大学付属外国人向けドイツ語学校に長く在籍し、同時に、千田是也・勝本清一郎・藤森成吉らの左翼文化人グループに、最年少のメンバーとして加わることになる。

一九三〇年代初頭の世界大恐慌、ドイツ経済の破綻・失業増と左右対立の中からナチスが選挙で大躍進し政権を掌握する時期に、反帝グループは、ドイツのファッショ化と日本の満州侵略を一つの問題としてとらえた。

国崎定洞・千田是也らは、アジア情勢に理解のあるドイツ人、周恩来・朱徳らの作った在欧抗日運動の流れを汲む中国人・朝鮮人留学生、インド独立運動活動家らとともに「革命的アジア人協会」を組織して、満州戦争に反対するドイツ語雑誌『革命的アジア』を刊行した。

勝本清一郎・藤森成吉・小林陽之助らは、日本の雑誌に通信やメッセージを送り、ナチスの危険性を訴えた。国崎・千田ら中心メンバーは、モスクワの片山潜・山本懸蔵・野坂参三らと日本の河上肇・野呂栄太郎らの連絡窓口になり、いわゆるコミンテルン「三二年テーゼ」は、このルートで日本に入った。

そんな左翼グループに加わった青年島崎蓊助のドイツ体験は、「私事」にはとどまらない「重たい荷物」となった。

戦後専修大学教授を長くつとめたメンバーの一人、経済学者小林義雄の学問的回想には、面白い場面がある。小林義雄によると、「藤村の末子の蓊助君がベルリンでわれわれ友人や知人のかなりの範囲に金銭上の迷惑」を及ぼしており、友人たちから「東京に帰ったらぜひ、一度、藤村に会ってほしい、そうして、藤村は恐らくそのような事実をまったく知らないでいたのかも知れないが、いずれにしても事実を話して、蓊助君を早く日本に呼びもどすように頼んでほしい」と依頼された。

そこで小林義雄は、一九三二年七月の帰国直後に藤村宅を訪れた。

麻布の飯倉、ソ連大使館の近くの崖下の狸穴の家に藤村を訪ねた。私は藤村の小説や詩は愛読していたが、むろん初対面であった。そこで、こうした事実と頼まれたことを率直に述べた。そうしたら、和服に前だれをしていた藤村はいいわけや質問のひとつもいわず、頭を畳にすりつけるように平伏して、『誠に申し訳ない』というだけであった（『小林義雄教授古稀記念論集　回想録と日本経済』西田書店、一九八三年、五七頁）。

## 島崎蓊助にとってのワイマール共和国

島崎藤村「夜明け前」執筆開始時の、したがって蓊助名での林房雄「父の結婚」発表時の親子の葛藤は、日本の「近代」の曲がり角を暗示する。日本で初めて男子普通選挙権が認められ、同時に二八年三・一五事件を機に治安維持法による過酷な社会主義運動弾圧が始まる「モボ・モガ」の時代に特有な、政治的色彩を帯びていた。

すでに検挙歴もある三男蓊助の「洋行」は、二男鶏二の画家としてのパリ留学とは、やや異なる意味を持っていた。

『島崎蓊助自伝』では、蓊助が勝本清一郎に誘われ、ドイツに向かうかたちで描かれているが、『父藤村と私たち』には、盛岡署の留置場から出てきた蓊助に、藤村が「お前も、いつまでもそうしていても仕方あるまい。此の辺で思い切って海外へ出てみてはどうか」と勧める場面がある。それが藤村にとって「厄介払い」ではなく、あくまで末子蓊助の芸術的開眼を願っての励ましであっても、藤村には大作『夜明け前』執筆にじっくり取り組む環境が必要だったことは確かだろう。

蓊助にとっても、ドイツは、村山知義が「マヴォ」を仕入れてきた前衛芸術のあこがれの母国であると共に、強大な共産党が合法的に活動している労働者階級闘争の最先端であった。

勝本清一郎『赤色戦線を行く』（新潮社、一九三一年）は、「S君」＝蓊助を伴っての勇ましいシベリア鉄道旅行記・ベルリン左翼通信である。

千田是也『もうひとつの新劇史』（筑摩書房、一九七五年）には、佐野碩の紹介状を持って現れた勝本・蓊助を迎えた千田の側の回想と活動報告があるが、蓊助の「洋行」の志が、これらに合流し「本場」のプロレタリア文化の真髄にふれることであったことはまちがいない。

しかも、蓊助には、日本出発時の「無青」＝無産者青年同盟書記局からコミンテルンへの連絡の使命があった。『島崎蓊助自伝』では、それをベルリンで国崎定洞に伝達し、ドイツ共産党機関紙『ローテ・ファーネ』等に「カトー」名で挿絵・カット・宣伝ポスターなどを書いたことも告白している（現物は未確認）。蓊助にとっての「夜明け」とは、そうした国際的革命運動の一端に加わることであった。

ところが自由人蓊助は、藤森成吉「転換時代」（『改造』三一年一〇月）に描かれた「日本人左翼グループ」の党派的・秘密主義的組織に、どうしてもなじめなかった。すでにドイツ生活の長い千田是也は、文部省派遣の「学者先生たち」に調子をあわせつつ、適当に遊び、生活費を稼ぐ術を身につけていた。蓊助と同時期にベルリンに入った勝本・藤森は「学者先生たち」と共に「労働者の祖国」ソ連にあこがれモスクワ詣でまでしたが、若い蓊助は、千田の後ろにくっつきながら、やがて、ベルリンの歓楽街に呑みこまれていく。

そしてその帰結が、満州事変勃発後の「左翼グループ」の実践運動最盛期における、組織からの追放だった。

借金は重なるばかりだった。質草も底をつき、下宿を出て彼女の部屋に泊り込んでいたそんな生活のつづくある日、グループの会合に呼び出された。以前に較べて会合は大世帯になっていた。グループの何人かにも借金があった。囂々たる非難のうちに借用を書き、地下室のロカールをあとにして外に出た。当然の成り行きであった（『島崎蓊助自伝』八一―八二頁）。

蓊助は、帰国後、一九三五年の短編「歪められたる青春」で、これを「伯林赤色グループの仕事から逃避したい気持」からの「享楽の甘味な陶酔」によっての不始末で、「除名の決議」がなされ「十九の年から五年の間、一切をあげて階級的仕事に捧げてきた心身の総ゆる努力は塵紙よりも簡単に捨てられて終った」と自虐的に述べている。

かくして島崎蓊助は、父に抵抗して飛び込んだ左翼運動の中で、藤村の印税からの仕送りを使い尽くすような放蕩の果てに、そこでも落伍者・失格者の烙印を押されたのである。

## 3　『島崎蓊助自伝』と左翼運動のタブー

### 国崎定洞の粛清死判明から始まった『島崎蓊助自伝』執筆

「絵日記の伝説」草稿が、一九七四年末から七五年五月に一気に書かれた秘密は、そしておそらく、それが会田綱雄に渡ったまま公刊されなかった理由の一端も、この政治的過去と結びついている。

蓊助の背負った「重たい荷物」には、ある種の「公事」も加わっていた。

一九七四年末とは、『島崎蓊助自伝』終章で、戦後喪った芸術的友人たちへの鎮魂のなかに突然現れる、「ベルリン日本人左翼グループ」指導者国崎定洞の消息が判明した時である。蓊助「除名」後もハンブルグからの帰国まで面倒を見てくれた鈴木東民が、国崎定洞夫人フリーダと娘タツコの存命を奇跡的に確認し、国崎のスターリン粛清による不幸な死が確認された。一九五六年のソ連共産党第二〇回大会でのスターリン批判までの時期、スターリン粛清の真相を解明することはタブーだった。スターリンのソ連において「スパイ」と認定された人物の消息をただすこと自体がある種のタブーだったが、それがようやく日本でも、当時の関係者自身の手で解明されたのである。

翌七五年一月に、鈴木東民・石堂清倫らの尽力で「国崎定洞を偲ぶ会」が開かれ、蓊助は、千田是也や山口文象（岡村蚊象）ら昔の「同志」と再会する。

君代夫人・島崎爽助氏からの聞き取りでも、「創作ノオト」の日記風叙述からも、島崎蓊助は、千田是也・勝本清一郎・藤森成吉らベルリン時代の「同志」と帰国後親しくしていた形跡はない。

蓊助は、勝本とは「藤村全集」企画時に再会するが、編集方針をめぐって対立し、自ら編集委員になって勝本を関与させなかった。「ノオト」には、幾度か辛辣な勝本評が出てくる。その勝本は、一九六七年に没していた。

帰国後も旧左翼文化運動の周辺にいたにもかかわらず、千田とは、この七五年「国崎定洞を偲ぶ会」が、四〇年ぶりの再会だったようだ。

いや実は、当時川上武と共に国崎定洞研究を始めたばかりの私の体験では、有澤廣巳・堀江邑一・平野義太郎・小林義雄・野村平爾ら「学者先生たち」の学問的交友は別として、「日本人左翼グループ」の旧メンバーが一同に会するのは、この七五年一月「国崎定洞を偲ぶ会」が初めてであった。

それをもとに、『朝日新聞』一九七五年二月四日付の「確認された非業の死――共産主義医学者国崎定洞」報道、『文藝春秋』五月号に鈴木東民「スターリンに粛正された東大助教授」の発表、それらを受けて、日本共産党は、八月二日にソ連共産党に問い合わせた結果として、国崎定洞の一九三七年一二月一〇日「獄死」と五九年法的「名誉回復」を公式発表した。命日と判明した一二月一〇日には、川上武と私が事務局をつとめた第二回「偲ぶ会」が開催された。

島崎蓊助は、この流れのなかで、まるで長い「重たい荷物」から解放されたように、「眼窩の世界」の名で「絵日記の伝説」を書いていたのである。「あとがき」の日付は、五月一七日、鈴木東民の『文藝春秋』論文発表から一か月余りである。

ちなみに、千田是也『もうひとつの新劇史』(筑摩書房)は、この年十月に刊行された。野村平爾『民主主義法学に生きて』(日本評論社)も、川上武『流離の革命家』(勁草書房)も、それに『島崎蓊助自伝』に引用されて、当の私を驚かせた加藤「国崎定洞論」の発表も、すべて翌七六年であった(加藤「国崎定洞論」『日本の統一戦線運動』労働旬報社、所収、『島崎蓊助自伝』八〇頁)。

「重たい荷物」は、島崎蓊助一人のものではなく、多くの関係者が背負ってきたものだった。戦後長く続いたスターリンの名声(虚声!)故にわが国左翼世界で生きていた、国崎定洞粛清の真相究明タブーを一気に取り払ったのである。

## 自伝「絵日記の伝説」はなぜ長く公刊されなかったか

だが、なぜ蓊助が唯一原稿を見せた会田綱雄は「絵日記の伝説」の刊行に努力せず（蓊助の旧友から爽助氏が聞いた話では「反対した」ともいわれる）、著者である蓊助は、せっかくしあげた「絵日記の伝説」を、生前に公にしようとしなかったのであろうか？

『島崎蓊助自伝』の文学的芸術的評価が一つの問題であり、その文章が詩人会田綱雄の眼鏡にかなわなかったということはありうるし、「父の結婚」の林房雄原稿執筆の告白も、文壇的スキャンダルではあっただろう（戦後の林房雄は「大東亜戦争肯定論」で名を馳せるが、ちょうどこの頃、七五年一〇月に没する）。

文芸評論家本多秋五は二〇〇一年一月まで存命で、九二歳で没する。本多の要請に応えて書きながら、その厳しい批評に耐えうる作品とは確信がもてなかったとも考えられる。

しかし、一九七五年国崎定洞の粛清死判明の頃から「ベルリン反帝グループ」関係者の聞き取りと資料収集を進めてきた私の印象では、『島崎蓊助自伝』中の在独体験の「歴史の証言」としての記述の中にも、ある種のためらいがあったのではないかと思われる節がある。

たとえば『島崎蓊助自伝』には、蓊助自身に即しても、語られていない問題がある。

私がドイツで収集したベルリン大学付属外国人向けドイツ語学校（現在のゲーテ・インスティトュートとよく似た実用語学校）の受講生名簿には、当時初めて訪独した多くの日本人留学生、芸術家、研究者、役人、軍人等の名前が載っている。

その多くは、渡独直後の一コースのみ（約二か月、年平均六コース）、長くても二コースで渡航目的の大学や職場に入っていくが、島崎蓊助は、一九二九年一二月開始の日本人三二人を含む第六二コースに小林陽之助、岡内順三と共に「画家」として在籍し、翌三〇年三月の第六三コースにも、小林陽之助、川村金一郎と共に二九人の日本人学生の一人として在籍している（申告職業は「画家」）。五月開始の第六四コースには「文芸家」として井上角太郎ら二八人と共に在籍、さらに八月開始の第六五コースにも「学生」身分で宮川実ら二六人と共に在籍、と四コース九か月以上もドイツ語学校に通っている。

これは、当時の日本人としてはきわめて異例の長さであるが、ドイツ語ができずに落第したわけではない。試験や単位数で卒業が決まる学校ではなく、外国人がドイツ生活にスムーズに入れるようにするための実用ドイツ語会話学校である。

一緒に挙げた日本人名が重要で、小林・岡内・川村・井上・宮川らは「日本人左翼グループ」の関係者である。後にコミンテルン日本青年代表としてモスクワに亡命する小林陽之助と、村山知義義弟で音楽を勉強中の岡内順三の場合は、島崎蓊助入学直前のコース（第六一コース）にも入っていて、これも半年以上在籍していた。

後に反帝グループのメンバーとなった八木誠三の証言等から判断すると、「左翼グループ」は、この外国人向けドイツ語学校で、新たにドイツにきた日本人の中から「有望な」若者をリクルートし、また中国人・朝鮮人学生との交流・連絡を行っていたようである。

どうやら島崎蓊助は、このドイツ語会話学校で、それまで小林陽之助・岡内順三が担当していたグループの政治的「新人オルグ」の仕事を引き継ぎ、同年輩の川村・井上らに留学生活の先輩として近づき、グループに誘い入れた可能性が高いのである。

## 反帝グループ関係者の国崎粛清タブー・野坂参三タブー

逆に、多くの「ベルリン日本人左翼グループ」関係者がふれていないのに、「絵日記の伝説」で語られていることがある。

一九七五年の「国崎定洞タブー」解禁後も、多くの関係者が黙して語らなかった問題が、いくつかあった。

その一つが、モスクワでの国崎定洞の粛清時に、当時日本共産党在外代表であった野坂参三と山本懸蔵がどういう態度をとり、戦後に日本共産党の最高指導者になった野坂が、なぜ国崎の消息について長く沈黙してきたかという問題であった。勝本清一郎や川上武の問い合わせに対して、野坂は、モスクワでの国崎定洞については知らないと繰り返した。

いまひとつが、このグループの有力メンバーであったはずの岡内順三、大岩誠など、日本帰国後に「左翼グループ」の全容を特高警察に供述し、明白な「転向」を果たした人々のことであった。特に野坂参三と岡内順三については、ほとんどの関係者が口を閉ざした。

私が幾度か聞き取りした千田是也は、当時最も近しい「弟分」であったはずの「岡内順三」について、その存在そのものを「知らない」と言い続けた。一九九四年一二月に没する直前に、私が旧ソ連秘密文書を用いてグループを論じた新著『国民国家のエルゴロジー』(平凡社)を送って確認を求めたさいにも、否定し続けた。同書に収録した内務省警保局「極秘・昭和八年中に於ける外事警察概要・欧米関係」の岡内順三供述をもとにした「在伯林日本人革命的左翼主義者団・ナップ伯林支部」の図解を示し、千田『もうひとつの新劇史』中の「ベルリンの左団次一座」の写真に河原崎長十郎の隣に眼鏡で写っている「岡」とは「岡内順三」ではないかと迫ったにもかかわらず（『国民国家のエルゴロジー』七〇頁。千田『もうひとつの新劇史』一八〇頁）。

どうやら、かつて「同志を売った」人物について述べることは、「ベルリン日本人左翼グループ」関係者の中では、墓場まで持っていかなければならないタブーだったようだ。

『島崎蓊助自伝』第五章によれば、千田是也と共に勝本清一郎・島崎蓊助を迎えたのは、「村山知義夫人籌子さんの実弟」で「ベルリンの下町に詳しく、赤色スポーツの裸体操クラブなどに属し、フリュートの勉強をしている」岡内青年だったという。「白川敏（岡内）の名で、のちに『ベルリン紅団』というものを書いた四国の薬屋の息子」とも書いている。

蓊助は、岡内順三を、帰国後三六年の小説「在独日本人青年素描」ですでに登場させていた。明らかに千田是也と同定できる「加藤」の仲間の「九州の方の薬屋の息子＝葉山」として。岡内順三の三三年帰国時の特高外事警察供述が、藤森成吉、勝本清一郎らの帰国後の検挙拘束・取調べに結びついたことを、知らなかったのだろう。

「絵日記の伝説」に再び岡内順三を描いたのは、蓊助が七五年一月に千田と四〇年ぶりに再会した直後だった。しかし十月発売の千田のベルリン回想には「岡内」は不在だった。無論、六七年に没した勝本清一郎の遺作『こころの遠近』（朝日新聞社、一九六五年）にも、七七年に没する藤森成吉の回想等にも、蓊助と共に「在独左翼文化人・芸術家グループ」に属した「岡内」のことは入っていない。

それればかりではない。七七年に没した村山知義の自伝『演劇的自叙伝』全四巻では、最後の第四巻（一九三〇―三三年）にベルリンの千田是也や勝本清一郎からＩＡＴＢ（国際労働者演劇同盟）関係の連絡があったことはたびたび出てくるが、義弟の岡内順三からのベルリン便りはでてこない。

わずかに、『自叙伝』に収録した昔の自分の妻籌子宛の手紙（第一六一信、四月五日）に出てくる「順ちゃん」という人名に注があり、「籌子の実弟、彼女が最も愛していた。のちハルピンに行き、シベリアからドイツにはいり、帰ってから憂鬱症となり、狂死した」とさりげなく、おぞましいことが突然出てくる。第二九六信（一二月二日）では、「順ちゃん」に「順三、籌子の弟」とのみ注記された。これだけである（村山知義『演劇的自叙伝』第四巻、東京芸術座出版局、一九七七年、三二九頁、四三一頁）。

帰国後の岡内順三の件は、童話作家村山籌子の実家である四国香川の名望家岡内家周辺でも口が固く、半ばタブーであることを、私は九〇年代の再調査で知ることとなった。

それは、二一世紀のわれわれには理解しがたいものである。それは、作家中野重治が、なぜ「僕が革命の党を裏切りそれにたいする人民の信頼を裏切ったという事実は未来にわたって消えない」と述べ、それを「降伏の恥」「消えぬ痣」として戦後も「文学的自己批判」にこだわり続けたのかという問いと重なる。

それを不憫に感じた佐多稲子の求めに応じ、二〇〇一年に九七歳で没した石堂清倫は、遺著『二〇世紀の意味』（平凡社）に「『転向』再論」を収録して、獄中で「節を守る」ことより出獄して活動を続けるよう指示した中国共産党の事例にふれ、ようやく中野を救済する論理を公言しえた問題に連なる。

二〇世紀日本の一時代に重い意味を持った、「転向」という左翼的倫理観・心性の問題である。

## 島崎蓊助も直面した「岡内順三タブー」に村山亜土は

島崎蓊助も、仲間を「売り」こそしなかったが、一度はその世界に身を置き、検挙され、落伍した体験をもった。蓊助も、こうした呪縛から自由になりえなかったのであろうか？

私の「ベルリン反帝グループ」探求三〇年の経験からすると、会田綱雄の文学的判断や本多秋五の批評の眼差しはともあれ、島崎蓊助の側には、先輩千田是也の存命中は自分のベルリン体験をそのままでは公表しにくい事情があったのだろうと思われる。千田是也の死は、蓊助八三歳の死の二年後、一九九四年であった。

もっともこの「岡内順三タブー」は、二一世紀に入って思わぬ所からほころびはじめた。

一つは、グループの一員、川村金一郎遺稿中での岡内順三についての記述だった。戦後も千田是也や鈴木東民とつきあいはあったが、故郷岩手にこもって日独友好運動と平和運動にたずさわった川村金一郎には、満州事変前に帰国したこともあり、反帝グループ体験者の「岡内順三タブー」は伝わっていなかった。

そのため、晩年に記した遺稿のなかで、一九二九年四月にベルリンに到着して、千田是也を訪ねた時の記憶を、次のように書き残した。もっともその遺稿は、ご遺族の手でワープロに入れられたが、書物に収録されて公開されることはなかった。

着いて翌日、千田是也の下宿を尋ねて、方々見物して廻った。劇場もみた。俳優も紹介された。島崎蓊助（藤村の三男坊）や村山知義の夫人岡内籌子氏の実弟岡内〔順三〕君にも知り合った。青年団体『フィヒテ』のメンバーだった。『フィヒテ』は、シャルロッテンブルグ区やノイケルン区に強い勢力を持った青年労働者の集団で、主としてワンダーフォーゲルを中心にしたスポーツ団体の色彩が強く、なかなか粋なものだった。一応ベルリン大学の付属インステチュートに籍をおいて、国立図書館をフルに利用することにした（川村金一郎手記『ベルリン滞在記』二二頁）。

もう一つは、二一世紀に現れた村山家からの証言である。村山知義・籌子夫妻の子で、岡内順三の甥にあたる児童劇作家村山亜土の『母と歩く時――童話作家村山籌子の肖像』に、岡内順三の名が、幼児に親しんだ叔父「順ちゃん」として登場した。「順ちゃんとは順三叔父のことで、お人柄はいいのだが、ドイツまで音楽修行に行きながら、とうとう物にならず、一生を高等遊民で過ごした」とある（村山亜土『母と歩く時――童話作家村山籌子の肖像』ＪＵＬＡ出版局、二〇〇一年）。

かつて村山知義は「順ちゃん」はドイツから帰国後「憂鬱症となり狂死」と書き、香川の周辺調査でも岡内順三は「精神病院で死んだ」という噂があったが、村山亜土によれば、それは「父〔村山知義〕の弟で、中学の頃から病弱で、父以上の才能を持ちながら、ついに早発性痴呆症となり、精神病院で一生を終えた」村山忠夫のことらしい。

しかし、村山亜土は、母村山籌子から、「あんたは順ちゃんにも、忠夫ちゃんにも似ているわ」と幼時にいわれたことを、「私は、そう言われても、自分の力ではどうにもならないことであり、ひそかに、暗い、悲惨な未来を予感して、暗澹となったものだ」という文脈で、岡内順三と村山忠夫を紹介している。岡内順三が、中野重治や島崎蓊助以上に重い過去を引きずり、その過去に縛られた一生を送ったことは間違いないようである。

『島崎蓊助自伝』にも、「左翼グループ」メンバーが東部の労働者街に住み、グループに接近してきた樋口十一や土方定一を「スパイ」と疑った話がでてくる。グループのリーダー国崎定洞がソ連から「スパイ」として扱われていた時代には、そのグループに属した過去にふれること自体が、ある種のタブーだった。

「スパイ」以前の「ブルジョア的堕落」ゆえにパージされた蓊助は、「国崎定洞タブー」解禁時に一気に自伝を書き上げた。ドイツでの「後見人」だった勝本清一郎の回想『こころの遠近』には書かれていないことを描いた。しかし、その頃世に出た、かつてグループの指導者だった千田是也、野村平爾らの回想には、当然書かれなければならないことのいくつかが消えていた。それを蓊助は、ある種の暗号と受けとめたのかもしれない。墓場までもっていかなければならないタブーもあるのだという暗黙のメッセージとして。

二〇〇一年秋、「絵日記の伝説」を入手して、岡内順三に、川端康成『浅草紅団』をもじったらしい「白川敏」名の「ベルリン紅団」なる一文があることを知った。私は、『母と歩く時』を手がかりに、村山亜土に聞き取りしようと試みた。しかし病気療養中ということで、かなわなかった。そして、『島崎蓊助自伝』の編集中、二〇〇二年五月一四日に、村山亜土の訃報を知った。「岡内順三タブー」の謎は、解凍されかけたところで再び闇に入ってしまった。「ベルリン紅団」が『中央公論』臨時増刊新人号（一九三四年七月）に確かに出ているのを確認したのは、ようやく二〇〇六年、和田博文ほか『言語都市・ベルリン』（藤原書店）を入手してであった。

島崎蓊助が、一九七〇年にハンブルグで視た「眼窩の世界」とは、青春の想い出の奥底に潜む、そうした荒涼たる情景であったにちがいない。だから『島崎蓊助自伝』は、島崎蓊助のセピア色の絵と一緒に読まれるべきであり、二〇世紀日本の憂鬱で暗澹たる一齣のネガとしても、読み継がれるべきなのである。

## 4　島崎蓊助と竹久夢二——それぞれのユダヤ人問題

### 島崎蓊助のセピア色と「絵日記の伝説」

二〇〇二年夏に大川美術館で開催された「描かざる幻の画家　島崎蓊助遺作展」で、ひときわ強烈な印象を残すのは、一九七〇年、ハンブルグ郊外アルトナで描かれたセピア色の作品群であった。

不思議な絵だ。陰鬱な内面の吐露にも見えるし、闇の中のほの白い光明から、悠久な宇宙につながるようにも見える。視るものを射抜き引き込まずにはいられない、底知れぬセピア色である。だがそれは、なぜハンブルグでなければならなかったのか？

作者の島崎蓊助は、すでに一九九二年に没している。しかし、セピア色の意味を示唆する、二つの膨大な遺稿を残した。

一つは、一九七〇年アルトナ滞在をはさむ、五六年から八八年まで三三年間一六四冊の「創作ノオト」で、遺作展に展示された。それは、文豪といわれた父藤村の重みに耐えて、孤独な創造を試みてきた蓊助の哲学的・美学的思索の記録である。美と表現の本質を探求し続け、「視ること」「色」にこだわった画家の、希有な思想的格闘である。

一九五六年一月の執筆開始から病床の八八年九月まで、「ノオト」に通底し頻出するのは、「視るということ」「虚と実」「生と死」「瞑想」「無」「絶望」等の、実存的で現象学的な諸観念である。理論的には、メルロ・ポンティ、サルトル、フッサール、日本人では小林秀雄、唐木順三、森有正、晩年には山口昌男、山之内靖などを繰り返しとりあげる。芸術家では、アルベルト・ジャコメッティ、セザンヌ、ゴッホ、カンディンスキ、世阿弥、芭蕉、佐伯祐三等々と禅。

「ノオト」を貫くのは、これをいかに「かたち」「色」として表現するかの葛藤で、たびたび「考えることよりも描くことだ」と決意しデッサン・制作にとりかかるが、美学的・思想的難問が解けず、描けない。その過程で「動的リアリズム」「水の思想・水の軌跡」等と自分の芸術戦略を見いだすが、ようやくドイツを再訪したハンブルグ・アルトナでの「色」の体験から、それを「眼窩の世界」として凝集しえた。

「ノオト」の第九七・九八冊は、特別に整理して「ハンブルグ日記」としてまとめられていた。「ハンブルグは、バルト海にパックリ口を開けた人間の貪欲な墓場だ」「ボクの枯草色のハンブルグは、一つの方法を得て、森有正の情感を捉え始めている」とある。

一九七〇年のアルトナ滞在は、サルトル「アルトナの幽閉者」の実存的感覚＝「孤独」の美学的追体験だった。

もう一つのヒントは、「ハンブルグ日記」と共に整理され清書されていた、「絵日記の伝説」と題された自叙伝である。遺作展に間にあわせて、加藤哲郎・島崎爽助編『島崎蓊助自伝――父藤村への抵抗と回帰』（平凡社、二〇〇二年）として刊行された。

「ノオト」を参照すると、当初のタイトルは「眼窩の世界」であった。つまり、アルトナの絵の世界を、自己の「人生の重たい荷物」に投影したものであった。一九七四年末から七五年五月に一気に書かれ、七七年夏には完成していたが、親友の詩人会田綱雄に見せただけで、なぜか蓊助存命中に公刊されることはなかった。

もともとドイツ社会運動を専攻してきた政治学者の私は、蓊助の一九二九―三二年ベルリン滞在を、国崎定洞、平野義太郎、千田是也、勝本清一郎、藤森成吉ら「ベルリン日本人左翼グループ」の活動として注目してきた。ドイツのナチス台頭に抵抗し、日本の満州侵略にも反対したこのグループの中心は、元東大医学部助教授国崎定洞と、演出家の千田是也であった。私は『人間　国崎定洞』等で国崎の生涯を探求してきた。

千田是也の回想『もうひとつの新劇史』によれば、島崎蓊助は、千田の率いる芸術活動家集団の最年少のメンバーだった。しかし自由人蓊助は、けっきょく左翼の閉鎖的・党派的体質になじめず、父藤村からの仕送りを放蕩生活で使い果たし、グループから脱落する。

ハンブルグは、一九三二年末、青春をプロレタリア文化運動に捧げてきた蓊助が、政治的「同志」たちから見放され、挫折し、ユダヤ人の恋人を捨てて一人寂しく帰国した「洋行」体験の出口だった。

島崎蓊助が一九九二年に没し、ベルリンでの「兄貴分」であった千田是也が九四年末に没した直後に、私は蓊助夫人君代さんに手紙を出し、日記やメモのような遺品はないかと問い合わせていた。その時、こんなものならありますといって見せて頂いたのが、「絵日記の伝説」第三章までのコピーだった。ベルリン時代の回想もあるにちがいないと直観したが、それは表題もなく、未完に終わっていた。遺稿「絵日記の伝説」の完全原稿が発見されて、ようやくその続きを読むことができた。

## 島崎蓊助と竹久夢二――ナチス体験の交錯

島崎蓊助（一九〇八―九二年）と竹久夢二（一八八四―一九三四年）――およそ接点はないように見える。大川美術館の「描かざる幻の画家　島崎蓊助遺作展」を見れば、あの深いセピア色の実存的な絵に、夢二の大正ロマン風美人画とは、対照的なイメージを持つだろう。

美術史的にはその通りで、ご子息島崎爽助氏と私が編んだ『島崎蓊助自伝――父・藤村への抵抗と回帰』（平凡社）にも、夢二はほとんどでてこない。

わずかに、『島崎蓊助自伝』には収録しなかった「はしがき」草稿の異文の一つで、関東大震災直後、「私は竹久夢二の一抱えもある焼け跡のスケッチを見せてもらう機会があったが、あのなかに描かれていた、焼け跡の辻々で一時は名物のように繁昌していたスイトン屋も姿を消し、……『帝都復興エーゾ・エーゾ』という歌がはやりはじめた」とある。

つまり夢二は、震災までの「宵待草」風ロマンが去り、蓊助が村山知義ら「マヴォ」の前衛芸術運動にコミットする際の踏み台として現れる。当時の蓊助にとって、「旧いもの」の代表が竹久夢二で、「新しいもの」の代表が村山知義だった。

『島崎蓊助自伝』の本文では、三年間の在独遊蕩生活の果てに、ハンブルグから傷心の帰国後、父藤村宅も出入り禁止となり、旧知の柳瀬正夢・大月源二ら「マヴォ」残党に紹介されたオリオン社の広告・挿絵の仕事場で、「竹久夢二の息子の不二彦君や、辻潤の息子の一君もそこで働いていた」とある。これだけである。

だが、政治学者の眼で見ると、二人は異国で、ある共通体験を持つ。出会いの可能性もあった。キーワードは「ベルリン・バウハウス」で、狂言回しは「ユダヤ人」である。

多感な島崎蓊助は、父藤村に反発してプロレタリア美術運動にのめり込み、二九年五月に盛岡署で検挙された後、九月に勝本清一郎と共にベルリンに向かう。国崎定洞、千田是也らの在独日本人左翼グループに合流し、千田に従ってドイツ共産党のポスターを書きながら、当時デッサウのバウハウスで造形美術を学んでいた山脇巌・道子夫妻らと親しく交流し、左翼芸術家風デカダンス生活を送る。

しかし蓊助は、満州事変勃発とドイツのファッショ化で急進化した左翼グループの党派的規律になじめず、千田の帰国後、ユダヤ人女性ジーグラーデと恋におちる。左翼仲間からも見放されて挫折し、三二年の大晦日、ユダヤの恋人を捨てて、一人寂しくハンブルグを発ち帰国する。

## 竹久夢二はアメリカ西海岸を通ってベルリンへ

竹久夢二は、もともと幸徳秋水らの『平民新聞』挿絵画家から出発し、油絵を志した。水彩の美人画絵葉書が売れて、恋多き大正ロマンの流行作家となったが、震災後のスケッチが若き蓊助の眼に触れたように、社会への関心を失ったわけではない。むしろプロレタリア文化運動の興隆に、夢二なりに追いつこうとした形跡がある。秋山清の一連の評論は、そうした視角からの夢二論である（秋山清『竹久夢二』紀伊国屋新書、一九九四年）。

翕助渡独の頃、夢二はバウハウスの「芸術を生活の中へ」に学び、島崎藤村・有島生馬らの支援を受けて「榛名山産業美術研究所」設立を構想、四七歳にして初めての「洋行」に発つ。

あらゆる事物が破壊の時期にありながら、未だ建設のプランは誰からも示されてゐない。吾々はもはや現代の権力争闘及政治的施設を信用し待望しては居られない。しかも吾々は生活せねばならない。

快適な生活のためには、吾々が最単位の自己の生活から建ててゆかねばならない。……吾々は地理的に手近なる材料から生活に即した仕事から始めやうと思ふ（「榛名山美術研究所建設につき」一九三〇年五月）。

三一年六月アメリカ渡航時の船は、千田是也の兄伊藤道郎や、千田の後を受けてベルリン・モスクワに赴く佐野碩と一緒だった。伊藤道郎ら西海岸日系人左派に援助され、油絵も再開する。アメリカでは後にゾルゲ事件の被告となる宮城与徳や、ベルリンから帰国途中の藤森成吉とも会っている（袖井林二郎『夢二のアメリカ』集英社文庫、一九九四年、鶴谷壽『夢二の見たアメリカ』新人物往来社、一九九七年）。

夢二は、アメリカからヨーロッパにまわる。一九三二年一〇月一〇日にハンブルグに到着、ベルリンを拠点に、三三年一月ヒトラー政権成立を目撃、八月までヨーロッパに滞在する。ベルリンでは、バウハウスのヨハネス・イッテンの画学校で東洋画を教えた。

つまり、一九三二年秋、左右対立が激化するドイツのベルリンで、蓊助と夢二は三か月ほど重なり合う。

## それぞれのユダヤ人体験

二人が直接会った形跡はない。蓊助は、左翼の反ナチ政治活動で挫折し、一度は将来を夢見たユダヤ人の恋人を捨て帰国する。夢二は、旅をしながら、在独日本大使館員らの援助で個展を開き、ナチスの横暴への怒りや、イッテン画学校のユダヤ人学生への同情を日記に書き残した。

夢二は、その時期、ユダヤ人救出活動に関わったともいわれる。映画監督藤林伸治がドイツで発掘し、敬虔なキリスト者関谷定夫が追跡した説である（藤林伸二「知られざる夢二」『竹久夢二　望郷の山河』夢二郷土美術館、一九九〇年、関谷定夫『竹久夢二　精神の遍歴』東洋書林、二〇〇〇年）。新聞でも二度ほど取り上げられ、テレビでも放映されている（『日本経済新聞』一九八八年七月二〇日、『朝日新聞』九四年九月一九日夕刊、NHK岡山「夢二の美人画に時代の闇を見た」九〇年三月二七日）。

夢二はアメリカで油絵を再開し、ドイツでも油絵を描いている。ドイツ人女性に着物を着せた「水竹居」は傑作のひとつだろう。一九三三年の夢二を追跡すると、在独時代の秀作「ベルリンの公園」は、当時のベルリン大美学生徳川義寛（後の昭和天皇侍従長）に託された。周辺には日本人左翼学生たちがいた。その一人は、島崎蓊助とベルリン大学付属ドイツ語学校で同級で、一緒に反ナチ活動をしていたベルリン大学留学生井上角太郎だった。

当時のベルリン日本人社会は約五百人、日本大使館筋の右派も、大使館に睨まれ東部労働者街に住む左派も、数軒の日本料理屋で会合し、しばしば顔をあわせた。

夢二のベルリンの絵は、当時の在独日本人の手を経て今日に残された。徳川義寛のほか、同じくベルリン大学学生の反帝グループ・メンバー八木誠三も持ち帰ったという。ベルリンでの夢二の支援者今井茂郎が勤務するベルリン商務官事務所で通訳をしていた井上角太郎の旧宅にもあったといわれる。

二人は同じ世界史的転換を目撃し、それを絵に形象しようとした。竹久夢二は、ユダヤ人女性のスケッチやヒトラーの似顔絵を残したが、帰国の翌三四年に病没する。榛名山産業美術学校の夢はかなわなかった。

島崎蓊助は、より実践的な政治体験・ユダヤ人女性体験を「重たい荷物」にして帰国した。父藤村との葛藤もあり、その重荷を美学的に昇華するには長い年月がかかった。一九七〇年のハンブルグ再訪まで一〇〇冊近いノートに思想的・芸術的格闘が記された。

蓊助のセピア色の作品群は、その時描かれた。そこには、竹久夢二が一年足らずの滞在で読みとりながら表現し得なかった激動の時代の記憶と、蓊助自身の身を裂くユダヤの恋人との別離、政治的・精神的挫折の心象風景が投影されている。

## 5　竹久夢二と井上角太郎——二枚の「ベルリンの公園」の謎

### 「ユートピアン夢二」の夢を求めて

詩人秋山清は、竹久夢二を、社会主義者でも共産主義者でもない「社会主義的ユートピアン」とよぶ。藤林伸治や関谷定夫のいう、晩年の夢二のドイツにおけるユダヤ人救出活動が実証できれば、その「夢追い」は、初期社会主義から反ナチ活動まで一貫することになる。

画家竹久夢二の一九三一―三三年「洋行」については、アメリカでの夢二の生活が、千田是也の兄である舞踊家伊藤道郎らを含む西海岸日本人左派コミュニティに支えられており、そこでゾルゲ事件被告宮城与徳と一緒に写った写真も発見された（鶴谷壽『夢二の見たアメリカ』、新人物往来社、一九九七年）。

アメリカからベルリンに移った夢二は、千田の創設した反帝グループの井上角太郎・八木誠三らと交わった可能性が強く、ナチス政権獲得時に、社会民主党系バウハウス美術学校から分かれたイッテン・シューレの東洋画講師をつとめ、ユダヤ人救出の地下活動に関わったという（関谷定夫『竹久夢二　精神の遍歴』東洋書林、二〇〇〇年）。スイス在住のヨハネス・イッテン家遺族は、夢二のベルリン時代のスケッチ画約二〇点を現在も保管している（私自身のチューリッヒでの調査による）。

しかし、このユダヤ人救出地下活動に竹久夢二が加わった点は、資料的には実証されていない。藤林伸二が夢二を「日本のシンドラー」の根拠としたのは、バーゼルのヘルマン・ノットマイアー牧師の証言のみである。その証言そのものにも、関谷定夫が当時の宗教的反ナチ抵抗・ユダヤ人救援活動から詳しく考証し見出したように、カール・バルトの関与問題などいくつか矛盾が残されている。

袖井林二郎が否定的に語るように、ナチスが政権をとったばかりの一九三三年前後の話で、ユダヤ人排除が始まっていたとはいえ、まだ「水晶の夜」やホロコーストにはほど遠い。ユダヤ人への同情や救出運動があったにせよ、それがヨーロッパでは目立つ日本人で、それも竹久夢二でなければならない必然性はない。多くのユダヤ人生還者の証言と共に外務省外交史料館文書で裏付けられる外交官杉原千畝のケースとは異なり、歴史的事実として扱うにはためらいが残る。

そこで、一九九八年秋のベルリン・フンボルト大学客員研究員としての滞在を機会に、藤林伸治や関谷定夫とは異なる視角から、「夢二のベルリン」を追いかけてみることにした。国崎定洞研究に発し、ワイマール末期在独日本人社会全体の史資料調査まで広がった当時の「洋行」日本人ネットワーク研究のなかに竹久夢二を据えて、夢二のユダヤ人救出活動の可能性を探る試みである。

そのさい、これまでの藤林や関谷の研究が、夢二と当時のベルリン商務官事務所の長井亜歴山、今井茂郎や、ウィーン日本公使館の神田襄太郎、贇川善作との関係からアプローチしているのに対して、私のこれまで進めてきたベルリン反帝グループ・ネットワーク調査の延長上で、実際に夢二の絵を日本に持ち帰ったことが確認されている徳川義寛ら当時のベルリン大学日本人留学生の方から問題に接近してみることにした。

焦点になるのは、井上角太郎である。反帝グループの小林義雄の同級生・親友で、自らも反ナチ活動にたずさわった。その活動の中心は、ベルリン大学内での反ユダヤ主義に反対する運動で、そこには当時の恋人で後に結婚するユダヤ系スイス人ヘレーネ夫人が関与している。しかも当時、井上角太郎は、ドイツ商務官事務所で通訳のアルバイトをしていた。竹久夢二の個展開催に奔走し、ベルリンでの夢二の有力な支援者と確認できる今井茂郎の部下になる。イッテン・シューレでの夢二の講義録も、夢二の日本語を今井茂郎がドイツ語に訳したとされているが、井上角太郎が訳した可能性もある。

以下の探索は、当時のウェブ日記を再現しながら進めるが、まずは井上角太郎の略歴をつくっておこう。千葉県に住む実弟井上新之介さんと、アメリカに住む二人の娘さんから寄せられた情報をまとめたものである。

## 井上角太郎のプロフィール

井上角太郎は一九〇〇年生まれ、北海道余市出身、京大経済学部卒である。東洋経済新報社に勤務の後、一九三一年一月にハイデルベルグから入独した。三三年三月までベルリンに在住し、ベルリン大学の経済学部正規学生として学びながら、当時の在独日本商務官(今日の経済産業省)事務所の助手・通訳をつとめていた。

ベルリン大学で、スイス国籍のユダヤ人女子学生ヘレーネと知り合い、学内の反ナチ学生運動・反ユダヤ主義対抗運動に加わった。

一九三三年にヘレーヌと結婚しロンドンに亡命、ユダヤ人救援活動に関与、三九年にはアメリカに渡航、以後戦時・戦後はニューヨークに在住した。日米戦争期は、アメリカ共産党日本人部の芳賀武らと共に、強制収容所に入れられた西海岸日本人・日系人の人権を守るため、東部日本人共護委員会、日米民主委員会などで活動した。同時に、『紐育時事』『北米新報』の編集に関わり、アメリカ東海岸の日本人コミュニティで重要な役割を果たした。戦後の四六年に日本救援ニューヨーク委員会顧問にも就任している。

敗戦・占領で日本のマスコミが外国特派員をおけなかった時期に、戦前最後の朝日新聞ニューヨーク特派員だった森恭三の依頼で、戦後初代の朝日新聞ニューヨーク通信員となり、マーシャルプランや湯川秀樹ノーベル賞受賞のトップニュースを日本に報道した。一九四九―五七年は、朝日新聞外報部嘱託であった。

一九五七年からヘレーヌ夫人の故郷であるスイスに移住、六七年にスイスのジュネーヴで死亡した。

井上は、ベルリン反帝グループの小林義雄（戦後専修大学教授・経済学者）と親しく、戦後も交際していた。ナチスが権力を獲得した一九三三年、画家の竹久夢二はベルリン商務官事務所の世話を受けながらユダヤ人救出運動に関わったとされるが、夢二はドイツ語がほとんどできず、単独で行ったとは考えにくい。そこで、ベルリン大学で反ナチ運動中の井上が、商務官事務所の助手でもあり夢二のドイツ語通訳もつとめたのではと想像できるが、いまのところ夢二と井上との直接的つながりはみつかっていない。

井上と同期にベルリン大学に通った徳川義寛(戦後の昭和天皇侍従長)、八木誠三(日本人反帝グループ若手の中心の一人で戦後名古屋丸栄デパート取締役）は、共にドイツから竹久夢二の絵を持ち帰っている（ただし八木については、ご遺族の証言のみで、遺産分割のさい絵も処分されて物証はない）。

一九九二年に発見された旧ソ連秘密文書「国崎定洞ファイル」中に、一九三四年夏にロンドンから野坂参三宛手紙を持って「イノウエ夫妻」がモスクワに来て、佐野碩・国崎定洞・野坂龍らと接触しようとし、それが当時のソ連秘密警察に怪しまれ、後に国崎定洞らが「日本のスパイ」として粛清される遠因となったことを示す資料がある。

この「イノウエ夫妻」に該当する人物が、三四年夏にモスクワを訪問した井上角太郎・ヘレーネ夫妻であったことは、二〇〇〇年八月の遺児エヴァ井上さんとのニューヨークでの会見で確認された。

## ベルリンでの竹久夢二探訪記

一九九八年一〇月三一日　ベルリンの古地図を入手した。ワイマール期と、ナチス時代と、敗戦直後の三冊を。たしかに通り（シュトラーセ）の名前が、大きく変わっている。千田是也らワイマール末期日本人左派グループのアドレスを、一人一人地図に転記してみる。なるほど、当時日本人が多く住んだ西部ばかりでなく、東部の労働者街にも出没していたようだ。

しかし、地図よりも確実なのは、現地に足を運ぶことである。画家竹久夢二が、一九三二—三三年に住んだのは、Prager Platz そばの安下宿だった。彼の教えたバウハウスの画塾イッテン・シューレ（Itten Schule）があった Konstanzerstraße まで歩いていける。ベルリン・ユダヤ人街も近い。なるほどナチスに反発しユダヤ人に同情して活動する雰囲気がある。この実感は、なかなか書物では味わえない。

一九九八年一一月二〇日　ボンのドイツ外務省文書館、コブレンツの連邦アルヒーフ（公文書館）の調査は、収穫大だった。東京ドイツ大使館から本国外務省への東大教授を追われた国崎定洞についての「要注意人物」通知とか、竹久夢二の画展を告げる在独日本人会の記録とかがあった。中には、あのリヒアルト・ゾルゲの訪日を東京に伝える外交文書もあった。

ベルリンもそうだが、ドイツの文書館は、どこも親切である。受付で自分の研究テーマを告げると、そのテーマに詳しい（たいてい博士号をもつ）研究員を紹介してくれ、その助言にそって資料を探す。ただし一日目は、Findbuch というカタログで、関連資料の入った資料ファイルの番号を探して閲覧を申請する。

実際の閲覧は、翌日からになる。二日目の閲覧資料が掘り出し物で関連資料が必要になると、再申請しなければならない。どうしても平日三日がかりの仕事になる。特に二日目は、朝八時から夕方六時まで五千頁以上のドイツ語資料と格闘、必要資料はコピーを申請して終わるとぐったりする。それでも、ベルリンではあたりをつけて探しても無駄に終わるアルヒーフ（公文書館）が多かったので、テーマの在独日本人関係の直接資料のみつかった旅は大変有意義だった。

そこで、これまでの調査を中間決算するために、畑違いではあるが、ベルリン森鴎外記念館の一二月例会の講演を引き受けた。生まれて初めてのドイツ語での公的講演だったが、ワイマール末期の在ベルリン日本人知識人・文化人について報告し好評だった。

竹久夢二の反ナチ・ユダヤ人救出活動を助けた可能性のある井上角太郎の研究は、アメリカ在住の井上の二人の娘さんとベルリンからメールでつながり、ほとんど距離感なく進んだ。だが、まだ竹久夢二とは直結しない。

夢二よりもむしろ、井上角太郎の方が、恋人がスイス国籍のユダヤ系で、ベルリン大学内のユダヤ人救援運動にアクティヴに加わり、ロンドン・ニューヨークでも国際的に活動した「もう一人の杉原千畝」であったことはまちがいないようだ。

## 「平民新聞」から出発し、ユダヤ人に同情していた夢二

一九九九年八月二九日　今回は短期のベルリン滞在なので、研究の焦点は、バウハウスの画家ヨハネス・イッテンと、ワイマール末期のイッテン・シューレで日本画を教えた竹久夢二、それに関連する日本人反帝グループ中の井上角太郎についての調査に絞り込む。

竹久夢二といえば、大方は大正ロマンの美人画をイメージするだろうが、彼はもともと『平民新聞』の挿し絵画家として出発した。幸徳秋水や堺利彦との手紙も残されている。当時安下宿に同居していた荒畑寒村が、美人画で売れだした恋多き夢二を「堕落した」と評して以来、夢二は非政治的な「日本のモジリアーニ」として扱われてきた。

しかし、ドイツから帰国直後、一九三四年に病没する竹久夢二の晩年を調べると、『平民新聞』時代への先祖帰りではないにしても、社会問題への執着が感じられる。彼は、二〇年代末に榛名山の麓に産業美術学校を建てる構想を持ち、島崎藤村や有島生馬の賛同を得る。そのプランの下敷きは、当時のワイマール共和国公認のモダニズム芸術の殿堂、左翼の文化的・芸術的拠点でもあったバウハウスだった。

一九三一年五月、アメリカ経由で初めての「洋行」に出るが、船中では千田是也の兄で舞踊家の伊藤道郎や、ハリウッドで活躍中の早川雪洲、それに秘かにベルリン経由モスクワ行きを狙う佐野碩と

一緒だった。アメリカでは、西海岸の日本人移民左翼と親しく交わり、ベルリンから日本への帰国途上の藤森成吉、後にゾルゲ事件で捕まる画家でアメリカ共産党員の宮城与徳とも会っている。

三二年九月にアメリカからヨーロッパに渡り、三三年九月までベルリンを中心にほぼ一年滞在する。それがちょうど、ナチスの政権掌握と重なる。その間、バウハウスから独立したヨハネス・イッテンの画塾イッテン・シューレの講師をつとめ個展を開いた。ナチの迫害で閉鎖を余儀なくされたイッテン・シューレの末期を体験した。

ドイツでの夢二の芸術活動と生活を支えたのは、当時のベルリン日本大使館商務官事務所(現在の経済産業省の出先機関)の今井茂郎らとされている。夢二は、英語もドイツ語も、あまりできなかった。

その夢二が、ベルリン時代の日記にナチスへの嫌悪とユダヤ人への同情を記したことは、よく知られている。一九八四年に、映画監督の故藤林伸治が、夢二が当時ユダヤ人救出の地下活動に協力したという情報をドイツで得て調査を始めた。八八年七月二〇日に「夢二はレジスタンスだった」を『日本経済新聞』文化欄に、九〇年に「知られざる夢二」を『竹久夢二　望郷の山河』(夢二郷土美術館)に発表した。『朝日新聞』一九九四年九月一九日の夕刊でも、それがニュースになっている。

それらによると、当時夢二は、師ヨハネス・イッテンの影響もあり、ナチスの政権奪取で始まったユダヤ人迫害に憤り、プロテスタント教会の牧師たちに協力して、ユダヤ人の国外脱出や貴重品運搬を助けたのだという。

たしかに三三年中に、約五万人のユダヤ人がドイツを離れた。日本人はこの頃、自由にヨーロッパ内を往来できた。夢二はよく旅をした。後にこの点は、NHK岡山放送局が藤林情報を後追いし、スイス・チューリッヒに亡命したイッテン夫人の証言をも得ている。ただし状況証拠で決定的なものではない。藤林伸治が集めた関連資料は、一九九八年秋、法政大学大原社会問題研究所に寄贈された。

私の推論は、ここから始まる。ドイツ語のあまりできない夢二が、神田襄太郎や今井茂郎の援助があるとはいえ、ナチスの監視下で危険なユダヤ人救出の地下活動を果たして独力でなしえたのだろうか、と。

すると、当時ベルリンに約五百人いた日本人コミュニティの左派、国崎定洞・千田是也ら反帝グループとの関係が問題になる。夢二は、島崎藤村に支援されて「洋行」に出ていた。三二年当時在独した島崎藤村の三男島崎蓊助や、藤村の信任厚い勝本清一郎との関係を探ったが、この線での結びつきは見つからない。

最も有力な可能性は、当時ベルリン日本商務官事務所の通訳をしていたベルリン大学学生、井上角太郎との関係である。北海道出身の井上角太郎は、当時ユダヤ人の恋人（後のヘレーネ夫人）や友人を持ち、ベルリン大学の学内学生運動・ユダヤ人抵抗運動に協力していた。その井上のベルリンでの親友が、国崎定洞ら反帝グループの小林義雄だった。

小林義雄は、東大経済学部で有澤廣巳に学び、東京商工会議所に就職してドイツに派遣された。戦後は専修大学教授・國學院大学教授をつとめた経済学者で、私は、小林の教え子栗木安延専修大学教授の協力を得て、詳しい聞き取り記録をとってある。夢二の話はなかったが、井上角太郎・ヘレーネ夫妻との想い出は、強く印象に残ったと語っている。小林義雄の戦後の回想には、ベルリンで井上・ヘレーネと遊んだ話や、ベルリンでの夢二のパトロンとされる商務官事務所の今井茂郎とテニスをした話が出てくる。ヘレーネと共に遊び友達だったユダヤ人女子学生イダは、戦後に消息を訊ねると、「アウシュヴィッツで石鹸になった」と両親が書いてきた。つまり、ホロコーストの犠牲者だった（『小林義雄教授古稀記念論集　回想録と日本経済』西田書店、一九八三年、四三頁以下）。

もう一つのラインは、当時のベルリン大学に十人程度だった日本人正規留学生と、夢二との交流である。ベルリン大学学生簿で調べた井上角太郎の当時の同級生には、小林義雄のみならず、反帝グループの八木誠三や、戦後の昭和天皇侍従長徳川義寛がおり、徳川と八木は、日本への帰国時に共に夢二の絵を持ち帰ったという。

アメリカでの夢二については、法政大学袖井林二郎教授が、アメリカ西海岸で夢二の絵を発掘し、『平民新聞』時代に志したが美人画時代にはみられない、油絵制作を再開したことを実証している。ドイツでも「水竹居」ほか油絵を残しており、徳川義寛が日本に持ち帰り寄贈した「ベルリンの公園」という絵は、例の宵待草風美人画とはずいぶん違う画風だ（岡山市の夢二郷土美術館所蔵）。

この竹久夢二の在独生活と、井上角太郎・小林義雄・八木誠三らドイツ在住日本人反帝グループとの接点を求め実証しようというのが、私のここ数年来の試みだが、ニューヨークでお会いした井上角太郎の娘さんの記憶でも、井上夫妻のユダヤ人抵抗活動の話はあったが、竹久夢二や夢二の絵の記憶はなかった。今のところ、竹久夢二と井上角太郎のユダヤ人救援運動は、二つの別個の「もう一つの杉原千畝」のままである。

その手がかりが、どうやらベルリンのバウハウス博物館とチューリッヒのイッテン美術館にありそうなので、今回は現地調査に入る。ナチス期の反ナチ地下活動という性格のために文献資料での実証は困難を伴うが、なかなか面白いテーマで病みつきになりそうだ。

## スイスで竹久夢二のデッサン発見

一九九九年九月一〇日　ドイツ最古の大学、ハイデルベルグ大学の日本研究ゼミナールには、日本でも良く知られている二人のヴォルフガングさんがいる。ヴォルフガング・シャモニ（Wolfgang Schamoni）教授は言語学、ヴォルフガング・ザイフェルト（Wolfgang Seifert）教授は政治学である。

この二人は、丸山真男『日本の思想』ドイツ語版の共訳者で、『丸山真男手帖』第一〇号には、シャモニさんの「丸山先生と『シュピーゲル事件』」が載っている。

旧知の二人を訪ね、この間のワイマール期在独日本人研究の進行状況を説明し、協力を依頼した。ハイデルベルグ大学にも、羽仁五郎・三木清らが留学していたから、早速成績表など原資料をみせてもらった。

博学のシャモニ教授は、日本人反帝グループの勝本清一郎・藤森成吉のドイツ語論文をコピーしてくれ、私の方からは、小林多喜二『一九二八・三・一五』ドイツ語版の訳者「イトー」とは、演出家でドイツでも知られる千田是也の本名「伊藤圀夫」であることを教えて研究を交換した。生前の荒畑寒村と親交のあったシャモニ教授も、バウハウスに刺激された竹久夢二の榛名山産業美術学校構想、一九三二―三三年訪独とユダヤ人救出の話は知らなかった。二人に大いに関心を持ってもらったのが、大きな成果である。

しかし、竹久夢二のベルリン時代の絵の捜索、夢二の師ヨハネス・イッテンのもとに残されたベルリン・イッテン・シューレ時代の遺品探しとユダヤ人救出活動の実証は、唯一の手がかりだったイッテン夫人アンネリーザさんが重病で、暗礁にのりあげた。

ベルリン・バウハウス博物館の勧めもあり、ナチ政権掌握後のイッテンの亡命先スイスのチューリヒまで足を延ばしたが、チューリッヒには、ベルリンで示唆された「イッテン美術館」などなかった。国立美術館や古本屋でイッテンの資料はみつかったが、夢二との関わりは出てこない。イッテン自身はユダヤ系ではなく、イッテン・シューレの弟子たちにユダヤ人が多かったという。イッテンが初代館長をつとめたリートベルグ美術館（チューリッヒ東洋美術館）の日本画担当者も、浮世絵には詳しいが竹久夢二のことなど知らない。

そこで、最後の手がかりとなった、日本でのこの問題の開拓者藤林伸治の遺品中にあったアンネリーゼ・イッテン夫人の手紙のアドレスを、当地の地図を頼りに訪ねあてた。しかしその住所には、イッテンとは全然関係のない若夫婦が住んでいた。思いあまって近所を聞き込みしたところ、隣家のおばあさんが、イッテン夫人は昨年重病で倒れ息子さんが引き取ったようだという。そこでチューリヒ中央駅の電話帳で手当たり次第に「イッテン」にあたったところ、滞在最終日にようやく息子のクラウス・イッテン博士と連絡がとれた。

クラウス博士の話では、九〇歳のアンネリーザ・イッテンさんは、脳梗塞で倒れ言葉が不自由になり、インタビューは到底無理だという。その代わり、スイスに残された竹久夢二の絵の整理は、アンネリーザさんのイッテン博物館作りの一環として倒れる前から進めており、近い将来に公開されるだろうとのこと。ユダヤ人救出や井上角太郎との関わりは調査できないまま、アンネリーザ・イッテン夫人の快復を願ってスイスを後にせざるを得なかった。

しかし、この情報が、後にNHK「新日曜美術館」の夢二特集のさいに、夢二がイッテン・シューレで東洋画を教えるさいに用いたデッサン画の発掘に結びついた。ただしそれは、藤林伸二氏が八七年一一月にイッテン夫人にインタビューしたさいに見せてもらったものと、同じであったろう。

夢二のユダヤ人救出活動を助けたと私が推定する、井上角太郎（戦後占領期の朝日新聞ニューヨーク通信員・故人）の実弟井上新之助・よしのさんご夫妻（千葉県在住）からは、次のようなお便りをいただいた。

竹久夢二の絵の件については、ご本人の絵であるかどうかははっきり致しませんが、姑［井上角太郎・新之助兄弟の母］が、「あまりきれいとも思われない女性の絵が送られてきて、とても大切な絵であるから誰にも渡さず蔵にしまっておいて欲しい、と書かれていた」と申した事がありました。私どもは、きっと夢二の絵であると信じたい気が致しますが、その蔵はもうありませんので、確認することはできません。

また、昭和二九年、角太郎が一人で帰国した時、共産党本部を訪ねたり、徳川［義寛?］様や森［恭三?、戦前朝日新聞ニューヨーク特派員］様に何度かお会いしていました。

井上新之助さんは、この証言を残した直後、二〇〇〇年五月五日に亡くなられた。

## 夢二の弟子エヴァ・プラウトがブルーノ・タウトに会いに来日した?

二〇〇二年七月二一日　この日の朝、ＮＨＫ教育テレビの「新日曜美術館」では、「独逸、夢のかなたへ――知られざる竹久夢二」が放映された。私も取材・制作に協力した。『平民新聞』の挿絵画家から出発した「社会派」夢二の再評価は新鮮で、ドイツで書いた油絵「水竹居」に焦点を当て、美輪明宏の夢二談義も秀逸だった。もっとも当日、私は群馬高崎哲学堂の「よろこばしき知識」講座の招きで、「井上房一郎『洋行』の周辺――勝野金政から島崎蓊助まで」と題した芸術がらみの講演をしていた。

そこでお会いした、旧知の工芸家水原徳言さんと、思わぬ芸術談義ができた。ドイツ人建築家ブルーノ・タウトの日本亡命時の高弟であった水原さんと、タウト、井上房一郎、勝野金政が協力した銀座「ミラテス」の話や写真家名取洋之助、建築家山口文象らとのつながりの話も愉快だったが、実は、水原徳言さんは、晩年の夢二が愛した伊香保・榛名山と高崎が近いので、夢二の世界にも大変詳しかった。

水原さんは、その朝のＮＨＫ「新日曜美術館」に出てきた、ナチスの政権獲得時ドイツで竹久夢二が東洋画を教えていた、ヨハネス・イッテンのイッテン・シューレについてもよく知っていた。そればかりか、夢二のイッテン・シューレの教え子で、パリに逃れたユダヤ人画家エヴァ・プラウトさんが来日したさい、世話をしたという。

エヴァ・プラウトさんは、一九三五年頃に、ブルーノ・タウトに会いに来た。当時井上房一郎に請われてタウトの世話をしていた水原徳言さんは、その会見の場に一緒に同席したという。そこで夢二の話は出なかったそうだが、同じくナチスに嫌って亡命し、東洋を愛した芸術家二人が日本で初めて会ったという話に感激。九〇歳をこえた水原さんに、エヴァ・プラウトの夢二についての手紙と資料が、法政大学大原社会問題研究所「藤林伸治資料」にあることを知らせ、すっかり意気投合した。

ただし、水原徳言さんが著書『縄文的なるもの　白井晟一の建築と人』（相模書房、一九七九年）を持つ、建築家白井晟一の専門家でもあることは、後で知った。タウトと白井のなかに共通するものを見出し、「白井晟一の帰国はヨーロッパを憎むようになったからではなくて、そこに堕ちて行く姿を見たくなかったからではあるまいか。それなら生れた国に戻って、そこには救いがあるかどうか、もう一度見ようと思ったからではないか」と鋭い洞察を記している（二二九頁）。夢二とエヴァから白井晟一と林芙美子のパリでの恋の話につなげれば、もっと新しいことを聞き出せたかもしれなかったが、それはできなかった。

関谷定夫『竹久夢二　精神の遍歴』には、「夢二は建築家として有名なブルーノ・タウトの亡命にも手を貸し、高崎市の議員に仲介の手紙を書いている」とあるが（一九五頁）、これも確認しそびれた。

## 日本で育ったユダヤ系ドイツ人美術教育家エヴァ・プラウト

水原徳言氏の証言に触発されて、「藤林伸二資料」等でエヴァ・プラウト（Eva Plaut）のことを調べて見ると、意外なことがわかった。

確かにエヴァは、ベルリンのイッテン・シューレで竹久夢二に東洋画を習った。しかし彼女は、もともと一九一五年日本生まれで、一二歳まで日本で育った。一九二七年にドイツで教育を受けるため母とともにベルリンに渡ったが、ユダヤ系ドイツ人の父は、そのまま日本に留まっていた。

幼い頃から日本語と日本文化の中で育ち、イッテン・シューレに入ったのも、バウハウス出身のヨハネス・イッテンの画風が東洋画と通じるものがあると感じたからだった。そこに、竹久夢二がアメリカから流れてきたわけで、エヴァは、夢二と日本語で話の出来るドイツ人学生だった。だからこの面では、通訳は不要だった。

エヴァは、確かに一九三四年に日本に戻ってきた。一九歳になっていたが、夢二はすでに亡くなっていた。ただし、竹久夢二に会いに日本に来たわけではない。ブルーノ・タウトに会いに来たのでもなかった。ヨーロッパと日本の二つの文化の間で育った自分自身の絵を創造するために、生まれ育った日本に戻り、北京に転勤した父の友人宅で、三六年にパリに出るまで東京で過ごした。夢二に習った白と黒の水墨画風の色彩を、ヨハネス・イッテンの科学的色彩論のなかに採り入れるのが夢だった。高崎のタウトに会いに行ったのも、そのためだったろう。

エヴァ・プラウトは、画家というよりも、美術教育家をめざしていた。事実、藤林伸二の調査によると、上野の美術学校（現東京芸大）でイッテンの色彩理論を教えたこともあるという。色彩理論を本格的に学ぶためにイッテンと相談すると、すでにスイスに移っていたイッテンは、エヴァにパリで学ぶように勧めた。そこでフランス人のご主人と知り合い、そのまま戦争になってフランスに永住することになった。一九六九年にフランスで初めてのヨハネス・イッテンの個展を開いたのは、この日本生まれのユダヤ系ドイツ人女性エヴァ・プラウトだった。

「藤林伸二資料」所蔵のエヴァ・プラウトの一九八七年一一月二六日証言には、エヴァの二度目の日本滞在時の友人として、「山室さんと知り合いました」とある（YB20）。藤林のインタビュー記録では日本で初めて会ったようにみえるが、追跡調査した関谷定夫によると、それはエヴァがイッテン・シューレで知り合った日本人学生だった。

「山室さん」とは、羽仁もと子の自由学園女子部第八期生山室光子だった。自由学園は、三一年に学園として最初の留学生として、山室光子と笹川和子の二人をヨーロッパに派遣した。

二人は竹久夢二がまだアメリカ滞在中の三二年四―七月、ベルリン・イッテン・シューレでエヴァ・プラウトと共に学んでいた。もともとプラハ美術学校を経てデッサウのバウハウスに向かったが、千田是也グループの山脇巌・道子夫妻にイッテン・シューレを紹介され、そこでエヴァと知り合ったのだという。ただし夢二の渡独前だから、山室光子は夢二と会うことはなかった。だからエヴァは、三四年の来日時に、山室光子に大いに助けてもらうことになる。二〇歳に満たない二人が、イッテンのような画学校を東京で開こうと話し合った微笑ましい話もでてくる。

だが、ここでも新たな疑問が生じる。

藤林伸二の夢二によるユダヤ人救援美談では、一八歳の少女エヴァは、ほんの脇役でしか出てこない。夢二がナチスに迫害されるユダヤ人に同情する言葉は『夢二日記』にあるが、もっとも日常的に近くにいたユダヤ系ドイツ人で日本語も通じるエヴァ・プラウトの夢二の話は、もっぱら夢二の水墨画のスケッチや禅・仏教の話で、裕福な彼女自身が迫害された話は出てこない。じっさいエヴァ一家も、井上角太郎の恋人ヘレーヌ一家も、三四年にはドイツを離れるが、夢二の滞在時の三三年に自分自身がドイツに居たたまれなくなったという話はない。

夢二がまだ年少のエヴァには隠れて、プロテスタント系教会関係者とユダヤ人救出活動をしていたとしても、ユダヤ系のエヴァから何らかその兆候の証言をとれそうなものだが、藤林インタビューでも、その後のNHK岡山のパリでのエヴァ・プラウトへのインタビューでも、関谷定夫の本でも、その点は全くでてこない。夢二のユダヤ人救出活動は、ここではブラック・ボックスになっている。

むしろ、千田是也の公共圏につながるバウハウス、山脇巌・道子夫妻、島崎蓊助のネットワークと、蝋山政道・平野義太郎・勝野金政・井上房一郎の高崎ネットワークが、エヴァ・プラウトと水原徳言の証言から交差し、竹久夢二とブルーノ・タウトにもつながって、かすかに重なり合ったことが面白い。

## 竹久夢二の二枚の姉妹画「ベルリンの公園」の謎

その晩、ビデオでじっくり見たNHK新日曜美術館「独逸、夢のかなたへ――知られざる竹久夢二」は、美術番組としては大変良くできていたが、実は担当ディレクターに取材をお願いし、結局わからずじまいで放映できなかった問題があった。私のドイツ・スイスでの竹久夢二探訪のきっかけとなった、夢二のユダヤ人救出地下活動の件である。

この話は、もともと映画監督藤林伸二が一九八四年に偶然証言を得、関谷定夫『竹久夢二　精神の遍歴』(東洋書林、二〇〇〇年)に詳しく描かれた。イッテン家の遺族がスイスで夢二の絵を今なお保存していることまでは私が調査し、今回NHKは、その夢二の水墨画等十数点を画像に収めてくれた。しかし担当ディレクターの話では、イッテン家のご遺族からは、ユダヤ人救出問題での証言はとれなかったという。

この点で気になるのが、夢二の「ベルリンの公園」と題する、水彩ペン画に関わる謎である。よく似た絵が二枚あるのだ。

郵便局の絵葉書になった絵が有名で、多くの夢二画集に収めてある。二〇〇二年七月NHK新日曜美術館「独逸、夢のかなたへ――知られざる竹久夢二」でも放映されたが、全く同じ構図の「ベルリンの小公園」という別の絵も実在する。どちらも現在は、夢二の生まれ故郷である岡山の夢二郷土美術館所蔵である。

よく知られた「ベルリンの公園」は、かつて昭和天皇侍従長徳川義寛の「寄贈」とされていた。ところが二〇〇二年五月、旧ソ連日本人粛清犠牲者の健物貞一遺児アラン・ササキさんがロシアから来日して岡山のご親族と対面したさいに、夢二郷土美術館を再訪し確かめたところ、これまで徳川義寛寄贈とされていた「ベルリンの公園」は一九八三年に画商から購入したものだという。

徳川義寛が一九八二年に寄贈したのは、「公園」と全く同じ構図で、同じく紙にペンと水彩で描いた「ベルリンの小公園」という別の絵であったことが判明した。

昭和天皇侍従長徳川義寛が一九八二年一〇月一三日に絵を持参し寄贈したさいの、徳川氏自筆のメモをみせてもらった。徳川義寛はその絵を「公園にて」と名付けており、自分がベルリン大学入学後、一九三三年に夢二から記念にもらったものだと解説している。

そこにはその「公園にて」の絵が、ベルリン西部「ウィッテルスバッヒャー・プラッツ」のスケッチで、中央に「子どもが曳いている玩具」があり「右上隅のYume 1933 Berlin」と署名があると書いてある。

ところが、数年前まで徳川義寛寄贈とされてきた「公園」の絵には、子どもの後ろ姿はあるが「玩具」がなく、署名は右下だった。「小公園」の方には確かに「玩具」が入っており、署名も右上にある。

つまり、「公園」よりやや小ぶりの「小公園」の方が、徳川義寛がベルリンから持ち帰った絵ということになる。

この「小公園」は、数ある夢二の画集でも、栗田勇編『竹久夢二　愛と詩の旅人』（山陽新聞社、一九八三年）一四九頁に、タイトルも解説もなく掲載されているくらいで、私の見た他の画集にはない。最新の『竹久夢二　名品百選』（そごう美術館）をはじめ、多くの画集に入っているのは、もっぱら画商経由で入った「公園」のみである。

二枚の「公園にて」の絵は姉妹画で、芸術的価値も同等な感じである。むしろ同一構図でありながら、モデルの服装、ベンチに座る人々、それに署名の位置とこどもの玩具の有無が異なり、芝生の花のかたちからは季節の違いを感じさせる。

最新の小川晶子『夢二の四季』（東方出版、二〇〇二年）では、「公園」は「夏」の作品とされている。すると「小公園」は「春」か「秋」なのだろうか？

徳川義寛は、ベルリン大学で美学を学んでいたので、芸術作品として譲り受けたのだろうか？　それとも夢二から油絵をもらったと確認できる今井茂郎、神田襄太郎ら当時の日本大使館員と同じように、ベルリンで夢二の滞在生活を援助した見返りで、謝礼として得たものだろうか？

ちなみに、ウィーンの日本大使館で夢二を自宅に居候させた神田襄太郎は、東大では新人会の蝋山政道らに近く、ワイマール共和国前期のベルリン大使館勤務時は福本和夫にドイツ語を教えたという（石堂清倫『わが友中野重治』平凡社、二〇〇二年、一八七頁）。

ここからは、私の政治学的推論である。一九三二年一〇月—三三年九月に在独した竹久夢二（帰国

ベルリンの公園

ベルリンの小公園

して翌三四年病死）は、徳川義寛をはじめ、当時知り合い、ベルリン生活を助けてくれたベルリン大学の日本人学生たちに、この姉妹画を分け与えたのではないだろうか？

当時のベルリン大学在籍日本人正規学生約十名の中には、国崎定洞の影響下の左翼学生が数人入っている。バウハウスに影響を受けた夢二の榛名山産業美術研究所構想の有力支援者であった島崎藤村の三男島崎蓊助も、夢二と三か月ほどドイツ滞在が重なる。

一九三二年末に離独する島崎蓊助が、夢二の絵をドイツから持ち帰った形跡はない。私が集めた「在独日本人反帝グループ」関係者の聞き取りでは、名古屋の老舗丸栄百貨店八木家の出で反ナチ「革命的アジア人協会」の活動家であった八木誠三の未亡人と、当時ユダヤ人の恋人を持ちベルリン大学内のユダヤ人地下学生運動に加わっていた井上角太郎のご遺族が、「竹久夢二の絵を持っていたようだ」と証言している。

八木誠三・井上角太郎は、当時徳川義寛の同級生だった。どちらかが姉妹画を持ち帰った可能性は、ないわけではない。特に井上角太郎は、当時の夢二の在独スポンサーであったベルリン日本商務官事務所（今井茂郎ら）の通訳をアルバイトとしていた。

想像をたくましくすれば、徳川義寛が「小公園」を夢二からもらい持ち帰ったとすれば、「ベルリンの公園」は、八木誠三か井上角太郎の手で日本に戻ってきたのではなかろうか。

これらの問題は、島崎蓊助のセピア色の絵に似て、いまだ闇の中である。

# 三　勝野金政のラーゲリ体験と国崎定洞の粛清

## 1　フランス、ドイツ、ソ連での勝野金政

### 芹沢光治良と有澤廣巳の見た勝野金政

作家芹沢光治良の、パリ留学時代の想い出を綴ったエッセイ集『こころの広場』のなかに、二人の画家について述べた「三岸節子さんと宮坂勝君」と題する小文がある。

宮坂君は若い日にパリのソルボンヌ大学に留学して間もない頃会った画家である。フランスへ渡航した時、同じ白山丸に乗りあわせた大本教の西村師が、フランス語の大本教の宣伝誌をパリで発行するが、経済的に困る日本の留学生を紹介してくれと、手紙で依頼されたが、心当たりがなくて、ことわったところ、三週間ばかり後に、パリ大学の文学部の教室で時折顔を見る、小柄で痩せた若い日本人が、はじめて私に話しかけて、西村師を助けることになったと告げた。早稲田大学を中退して、パリで哲学を勉強しているということで、私に親しもうとしたようだが、当時、私は努めて

日本人との交際をさけていたから、今ではその人の名も忘れたけれど、この哲学を勉強する学生から、同じ信州人の画家だといって、宮坂君を紹介された（芹沢光治良『こころの広場』新潮社、一九七七年、一三〇―一三一頁）。

この「小柄で痩せた若い日本人」が、パリ時代の勝野金政である。一九二五年のことである。芹沢は、この大本教パンフレットを手伝う青年が、その後、フランス共産党に近づくことを知らない。戦後日本経済復興の設計者、有澤廣巳の自伝『学問と思想と人間』には、「ドイツで知った三・一五事件」の項に、こうある。

帰国する日もあと二、三ヵ月に迫ったので、ぼくは荷物をすっかりまとめて日本に発送し、下宿を引きはらって、パンジョンに移ったのですが、移ってまもないある朝、顔を洗っているとノックするものがある。はいってきた人を見てぼくはビックリした。平野義太郎君なのです。平野君はパリにいるとばかり思っていたからです。数ヵ月まえ、平野君の紹介状をもってひとりの若い日本人がぼくをたずねてきたことがあった。その日本人は、パリから立ち退きを命じられたので、ともかくもベルリンにのがれてきた。これからソ連にゆくつもりだが、旅費がないとの話だった。それでなにがしかの旅費をあつめて餞別に送ったことがあったのです。平野君は前夜ベルリンについて、このパンジョンに旅装をといて、偶然にパンジョンの主人からぼくが泊まっていることをきいたのです（有澤廣巳『学問と思想と人間』毎日新聞社、一九五七年、一二六頁）。

ポツダムでの記念写真（文部省派遣の少壮学者たち）

ここに出てくる「平野君の紹介状をもった」若い日本人が、一九二八年二月の勝野金政である。パリ大学時代にフランス共産党の活動で国外追放になり、フランクフルトの平野義太郎を頼って訪独、ドイツの日本人左翼経由でモスクワに向かった。

ソ連行きの餞別は、有澤だけからのものではなかった。同年五月の有澤廣巳の帰国時に、ポツダムで撮影した日本人一二人の記念写真を、二〇〇一年に九七歳で亡くなった石堂清倫氏から譲り受け、二〇〇二年二月にインターネットのホームページ「加藤哲郎のネチズンカレッジ」に公開して情報を集め、ほぼ全容がわかった。写真に写っていたのは、千田是也（築地小劇場）、有澤廣巳（当時東大経助教授）、平野義太郎（東大法）、土屋喬雄（東大経）、蜷川虎三（京大経）、舟橋諄一（九大法）、八木芳之助（京大経）、堀江邑一・律子（高松高商）、山田勝次郎・とく（京大農）、谷口吉彦（京大経）、菊池勇夫（九大法）といった、文部省派遣の少壮学者たちである。

当時、国崎定洞（東大医学部助教授）を中心に、「ベルリン社会科学研究会」という読書会を開いていた。千田是也の父とのつながりで、モスクワの片山潜とも交流していた。

勝野金政は、この時国崎定洞宅に泊まり、この写真にうつった戦後日本の立役者たちからモスクワ行きの旅費を用立てた。ただし有澤廣巳も、勝野金政のその後を知らない。

## 片山潜に密告されつつ片山の秘書に

勝野金政は、無事モスクワにたどり着き、あこがれの「労働者の祖国」で、「日本の社会主義の父」片山潜の私設秘書になった。それが一九三〇年秋、突然秘密警察に逮捕され、理不尽な強制収容所（ラーゲリ）生活を体験した。以後の波瀾万丈は、勝野の『赤露脱出記』（日本評論社、一九三四年）、『凍土地帯』（吾妻書房、一九七七年）、未公刊遺稿『白海に怒号する』などに詳しい。

だが、生前の勝野金政も知り得なかったラーゲリ送りのひとつの秘密は、一九九二年になって、旧ソ連秘密文書から出てきた。私が長く消息を探求してきた、ベルリンからモスクワに亡命した国崎定洞の、一九三七年粛清記録「国崎定洞ファイル」である。それから、拙著『モスクワで粛清された日本人』（青木書店、一九九四年）、『国民国家のエルゴロジー』（平凡社、一九九四年）、『人間 国崎定洞』（勁草書房、一九九五年）を書き、幾度かモスクワにも足を運んだ。

一九九九年に、「コミンテルン執行委員会セクレタリアート」宛の以下のような文書が、モスクワの公文書館の日本共産党秘密文書の中から見つかった。

フランス共産党員なる日本人同志、サヴェート連邦内で学ばうとする目的で最近フランスから来た勝野君について、日本代表者団は、次のように回答し、且つ提案する。（一）吾々は同君について全く何も知らぬ、（二）彼のフランスへ出発する前、即ち一九二四年前に、彼は党員でもなければ、如何なる形の労働者運動にも日本で参加して居なかった。（三）彼はブルジョア出身である。（四）吾々との会見中、彼は吾々に何等良い積極的な印象を与えなかった。即ち吾々は、共産主義革命のために戦い死せんとする彼の決心、精神を見出だすことが出来なかった。それのみでなく、（五）吾々は悪い印象だけを受けた。例えば彼は非常に増長して居て、日本の党の中央委員会も、モスクワに於ける代表者団も、吾々が見も知らぬ、又かつて日本の党員でもなかった者を、国際レーニン・コース［レーニン大学、コミンテルンの共産党幹部養成学校］に推薦することは出来ぬといふ吾々の注意を目して、吾々の側のセクタリアニズム［セクト主義］と呼んだ程であり、又、彼はそのフランスで得た共産主義の知識に自惚れて居る、等々の事実に鑑みて、吾々日本代表者団は、彼を日本人学生として、国際レーニン・コースに、即ちその任務はボリシェヴィーキ的党指導の新しい指導者群を養成するにあるところの学校に送ることを推挙せず、且つ強く反対する。

同様の理由から、吾々は彼を、東洋共産大学［東洋勤労者共産主義大学＝クートベ、コミンテルンの活動家養成学校］に送ることにも反対する。吾々はアメリカや欧羅巴からやって来た、日本での無産者運動の経験もない、非労働者の日本人学生を同大学に送って、もう十分苦い経験をなめて居る。彼等は全て日本の労働運動の経験を通って来た労働者・学生の集団的アカデミック研究及び政治生活を少なからず邪魔したのである。

同志勝野君は、国を離れて約四年になり、何等吾が無産者運動について具体的に知る所がない。そこで日本代表者団は直ちに彼を日本に送り帰すことを提議する。若し彼がそのフランスで得た所のものを日本の条件に適用し、共産主義のために戦いつくさんと欲するならば、彼にとってもそれが最善の道だろう。吾々は、諸君がこの方法を講ぜられんことを切望する。

追記。日本代表者団は、若し出来るなら、彼の帰国前に、モスクワの労働組合の仕事その他、出来るならプロフィンテルン［赤色労働組合インターナショナル］大会を見聞させるために、又はモップル［労働者赤色救援会］等を通じて何か一時的な仕事に従事させるために便宜を図ってやることをお願いする（RTsKHIDNI,f.45/op.127/d.235/127-129）

この日本語文書には、日付も署名もない。だが一緒に綴られたこの文書の英語訳には、「一九二八年七月一二日、片山潜、中野［山本懸蔵？］（日本共産党中央委員、プロフィンテルン大会代表）、秋田［相馬一郎］（東洋共産大学日本人学生事務局）、大村［高橋貞樹］（共産主義青年同盟中央執行委員会日本代表、レーニン・コース学生）」と署名がある。

つまり、片山潜は、山本懸蔵らモスクワ在住日本人と共に一方でこっそり勝野を批判しながら、他方で自分の身辺雑事と自伝完成のために、勝野の力を利用しようとした。

## 根本辰に連座した勝野金政逮捕とラーゲリ生活

そんな二枚舌の片山潜のもとで、勝野金政は働くことになる。やがて一九三〇年秋に、ベルリンからやってきた根本辰という京大卒業の哲学青年（音楽評論家山根銀二義兄）が、上記文書の勝野金政と同じ「インテリ出身」という理由で山本懸蔵に怪しまれ、クートベ（東洋勤労者共産大学）入学を拒否され、国外追放となった。勝野は根本を推薦したという理由で山本懸蔵に「スパイ」と疑われ、強制収容所に送られる。片山潜はその時重病で、コーカサスで療養中だった。そして、勝野を助ける具体的行動をとらなかった。

国崎定洞は、その二年後にモスクワに亡命し、ラーゲリに囚われた勝野金政に代わって、片山潜の片腕になる。片山潜の最後の自伝『わが回想』は、片山潜と勝野金政と国崎定洞の合作となる（『モスクワで粛清された日本人』第四章）。

片山の死後三四年夏の勝野金政の奇跡的な日本脱出時に、今度は国崎定洞が、山本懸蔵から勝野・根本をモスクワに送り込んだ「疑わしいインテリ」として告発され、秘密警察の監視が始まる。そして、スターリン粛清最盛期の一九三七年夏、「日本軍のスパイ」として突如逮捕され、そのまま銃殺刑となった。

芹沢光治良や有澤廣巳は、その後の勝野金政の運命を知らなかった。だから、戦後に記録を残した。うすうす知っていた平野義太郎や千田是也らは、国崎定洞については語っても、勝野金政や根本辰の記録は残さなかった。当時からモスクワ在住日本人コミュニティでの日本からの直行組と欧米経由組、労働者出身者とインテリの対立は噂されていた。

もしも勝野金政が一九二八年にクートベに入っていれば、労働者出身で戦前日本共産党を壊滅させた特高スパイ「M＝松村」こと飯塚盈延と一緒になるはずだった。レーニン大学なら「大村」こと高橋貞樹と一緒だった。勝野金政があこがれ歩んだソ連での勉学の道は、当時の左翼インテリのもっとも華々しい夢だった。しかしラーゲリでの現実は、労働者もインテリをも巻き込む悪夢だった。「日本のソルジェニツィン」勝野金政のその後の人生を決定づけたものも、その陽画と陰画の埋めがたい深い溝だった。勝野はその体験を、帰国後、数々の体験記・小説にしたが、戦前共産主義運動に関わった人々のほとんどは、その存在を無視するか、「転向者」の「反共宣伝」として扱った。

## 「日本のソルジェニツィン」（山口昌男）としての名誉回復

今日では、ご遺族がインターネット上に「勝野金政記念館」を開いていて、その生涯と足跡を辿れる（http://akikoina.hp.infoseek.co.jp/）。以下に掲げる勝野金政の戦前の作品群こそ、二一世紀に入って、山口昌男が「日本のソルジェニツィン」と評したものである（「二〇世紀における『政治と文学』の神話学」『新潮』二〇〇一年一〇・一一月、二〇〇二年二月号）。

「サヴェート通信・同志片山の誕生七〇年祝賀会」（『戦旗』一九三〇年三月号）
『故片山潜秘書勝野金政手記・ソ聯邦脱出記――入党から転向まで』（日露通信社出版部、一九三四年）
「ソビエト露国の国内情勢について（勝野金政上申書）」（『思想月報』第五号、三四年一一月、司法省刑事局）
「ソヴェトの裏面を観る」（『改造』三四年一一月号）
「赤露脱出記・片山潜と私」（『経済往来』三四年一一月号）

「赤露脱出記・ウラールの旅」(『経済往来』三四年一二月号)
『赤露脱出記』(日本評論社、一九三四年)
『ソヴェト・ロシヤ今日の生活』(千倉書房、一九三五年)
「座談会・モスクワの今昔を語る」(『月刊ロシヤ』三五年七月号)
「ラデック氏に与ふ」(『月刊ロシヤ』三五年八月号)
「コミンテルン大会を中心にして」(『月刊ロシヤ』三五年九月号)
「コーカサス夜話」(『月刊ロシヤ』三五年一一月号)
「エレナと小五郎」(『月刊ロシヤ』三六年二月号)
「ソヴェト新憲法について」(『セルパン』三六年八月号)
「ソヴェトのコムソモール」(『セルパン』三六年九月号)
「ソヴエートにおける支那人」(『月刊ロシヤ』三六年一一月号)
『二十世紀の黎明』(第一書房、一九三六年)
「全聯邦共産党」「コミンテルン」(『蘇聯邦要覧』一九三六年版、日蘇通信社)
「モスクワ」(『文芸』三七年八月号)
『ソヴェート滞在記』(千倉書房、一九三七年)
『資料　コミンテルンの歴史と現勢』(昭徳会、一九三八年)
「ソ連の実相」(五来欣造著『滅共読本』国際反共連盟発行、一九三九年)
「独ソ戦争と知識人の表情」(『文芸』四一年八月号)

「カヴカズ旅行記」(『月刊ロシヤ』四二年九月号)

## 2　勝野金政生還からベルリン反帝グループ摘発へ

### 勝野帰国をスパイ査問事件後の党再建のためと疑った日本官憲

勝野金政が日本に帰国したのは、一九三四年八月のことである。

勝野は、白海のラーゲリで三年半の奴隷労働に従事したが、三四年六月に減刑されて出獄した。同年末のキーロフ暗殺に始まる本格的粛清開始の前だったことが好運だった。

片山潜のもとに戻ろうとしたが、片山はすでに三三年一一月に亡くなっていた。ソ連共産党籍があったので再審・名誉回復を求めたが、とりあってもらえなかった。

思いあまってモスクワ日本大使館員の家に駆け込み、ようやく命は助かった。しかし日本の官憲は、当初勝野を「偽装転向」と疑っていた。というのは、一九二九年に上海で捕まったコミンテルン執行委員・日本共産党中央委員の佐野学が、特高警察への聴取書で、「林」こと勝野金政をモスクワにおける重要な日本人党員として供述していたからである(外務省外交史料館資料「日本共産党関係雑件」1/4/5/2/3-4)。

当時の『東京朝日新聞』は、三四年八月一日「赤露の虎口を脱し転向して故国へ、鈴木文治とハルビン着、セン片山の秘書勝野」「七、八年前に独逸から入露　外務省の西課長談」、八月一二日「セン片山の秘書直ちに留置、秘かに上京を検挙」とセンセーショナルに報じた。八月一四日の「果して秘めるか党再建の指令、引続き留置して追究、赤露の役割告白」という記事はいう。

早大仏文科を中退後文学研究の目的でフランスに渡り文学研究から左翼運動に入りフランス共産党員となり活躍中パリ警視庁に検挙され昭和三年一月国外追放となりドイツに逃亡、同国共産党員の査証で露国に潜入したが日本における闘争経験が無いため共産党員となることが出来ず、故片山潜氏の所に出入して私的交渉を持ち秘書をやる傍ら同国教育人民委員会（文部省）東洋学院の講師となり東洋史、支那史を教授しているうち昭和五年八月故片山氏の手引きで正式党員、東洋研究所細胞となった。

同所で研究を続けてゐるうち同年十一月早大時代の知己であった日本軍人とモスコーで会ひその人が帰国するので停車場に送っていったところをGPUに目撃されスパイ嫌疑でモスコー国事犯監に投獄され十年の強制労働を申渡された。服役中模範囚人の故で減刑され昭和九年五月二十八日辛くも釈放されて同地日本大使館の保護を受けた後ハルピン経由で忍びの旅を続けて帰国したものである。

同氏が我国治安維持法で罰せられるか否かは在露当時日本共産党事件の批判をセン片山に告げ同氏からそれに依り日本党員に再建運動の方法其他について指令が発せられたかどうかに依り決せられるのでその点厳重追究されている。

勝野金政自身によるモスクワでの検挙・取調、強制収容所体験の記録は、戦後の『凍土地帯』（吾妻書房、一九七七年）に詳しい。奇跡の生還には、島崎藤村の姪の夫である外交官田中文一郎の身元保証が大きかった。モスクワでの「日本軍人」云々は逮捕の口実で、ソ連での実際の取調は、根本辰との関係での「日本のスパイ」容疑だった。

ところが帰国した日本は、戦前日本共産党中央委員会内部の最後の闘争にあたる宮本顕治・袴田里見らの「スパイ査問致死事件」が三三年末に発覚し、袴田はなお逃亡中の時であった。右の『東京朝日新聞』三四年八月一四日の勝野の記事の隣には、「リンチ事件木島を収容」と、事件の実行犯木島隆明の市ヶ谷刑務所収監が報じられていた。

そのため日本官憲は、勝野の帰国は「スパイ査問事件」で壊滅した日本共産党再建に関わるコミンテルンの指令によるものと疑い、勝野のソ連での「偽装転向」と日本での党活動再開の可能性が厳しく追及された。勝野がモスクワで三〇年末に逮捕されて後、片山潜は救出に奔走した気配はなく、片山自身、宮本顕治らの「スパイ査問致死事件」を知らずに三三年一一月に没していた、勝野はラーゲリの中で、日本共産党の現況など全く知らず、生命だけが助かったにもかかわらず、日本の官憲からも「スパイ」扱いされた。

もっとも宮本・袴田指導部による中央委員大泉兼蔵・小畑達夫の査問以外にも、当時の日本共産党内では、疑心暗鬼の「スパイ査問」が横行していた。旧ソ連秘密文書に残された三四年の日本からの報告書の一つは言う。「スパイは殺してもいい、然し其為にはその裁判官たる中央委員会が真に大衆の支持を享有し信頼するに足るものである事は先ず第一の前提条件である」と（国際共産党日本支部日本共産党××××××工場細胞、××中央フラクション「日本共産党の危機に際して同志全党員へ」

f.495/op.127/d.404/199)。

いったん共産党に加わり「スパイ」と疑われた者にとって、ソ連でも日本でも、心安らぐ場はなかった。

## モスクワでは勝野帰国でベルリン反帝グループに嫌疑

勝野金政が一九三四年夏に日本大使館に逃げ込み、ソ連秘密警察（ＮＫＶＤ）の追究を逃れて日本に脱出したことは、モスクワに留まる亡命日本人たちにとって、ソ連側の監視が一段と強まることを意味した。同じ様な事件は、二九年秋に、クートベ学生「ニコライフ＝松田」が日本大使館に駆け込んださいに起こっていた。「松田」は山本懸蔵が推薦した労働者だったために、山本懸蔵自身が厳しく追及された。三四年夏の勝野のケースでは、片山潜はすでに亡く、野坂参三は任務を帯びてアメリカに旅だっていた。

真っ先に事情を聴取されたのは、当時のモスクワ日本共産党代表、山本懸蔵であった。山本懸蔵は、一九三四年九月、コミンテルン組織部のコテリニコフの尋問を受けた。その記録が三四年九月一九日付のコテリニコフの「同志タナカとの会談記録」である。ソ連の秘密警察ＮＫＶＤによって「極秘」と分類されていた。

そこで山本懸蔵は、コテリニコフに対して、国崎定洞の名を、勝野金政とつながる「スパイ」容疑者として挙げた。

山本懸蔵は、モスクワ亡命中で外国労働者出版所に勤める国崎定洞と、ラーゲリから日本へと脱出した勝野金政には、たしかに緊密なつながりがあった、一九三〇年に「スパイ」として国外追放になった京大卒の哲学青年根本辰も、国崎定洞の推薦でベルリンから入ソした、最近でも国崎は身元不明の日本人と会っていると、当時コミンテルンで「札付きの密告魔」と恐れられていた組織部のコテリニコフに対して告発した。

それが、コテリニコフとタナカとの会談記録（一九三四年九月一九日）である。「国崎定洞ファイル」には、これと同文ながら第四―八項が削除された九月二三日付異文も入っていた。そこに出てくる日本人名はすべて、ベルリン社会科学研究会・反帝グループ関係者であった（『モスクワで粛清された日本人』八六頁以下、『人間　国崎定洞』二七八頁以下参照）。

## 山本懸蔵と片山潜の対立が国崎定洞告発の背景

創成期日本労働組合運動の指導者であった山本懸蔵は、一九三七年一一月にモスクワで逮捕され、三九年三月に「日本のスパイ」として銃殺された。もう一人の日本共産党指導者であったコミンテルン幹部会員野坂参三は、山本を助けるどころか、逆にディミトロフ宛の手紙で山本の疑惑を告発した。それが一九九二年夏に明るみに出て、百歳でなお日本共産党の顔であった名誉議長野坂の除名・失脚を招いたことは、大宅壮一ノンフィクション賞を受賞した小林峻一・加藤昭『闇の男　野坂参三の百年』（文藝春秋社、一九九三年）などでよく知られている。

その悲劇の主人公山本懸蔵が、実は、ドイツ共産党員であった国崎定洞を、コミンテルン組織部に密かに告発していた。そればかりではない。山本懸蔵は、モスクワ外国労働者出版所日本部の国崎の同僚で日本共産党員であった伊藤政之助を、国崎定洞の前に告発していた。伊藤が先に逮捕・処刑されたため、国崎の粛清には、伊藤の強制自白による供述調書が用いられた。

また、国崎のクートベ及び東洋学専門学校の教え子である四人の沖縄出身日本人共産主義者たち(アメリカ共産党員)の逮捕・粛清には、今度は国崎の拷問によると思われる自白供述が用いられていた(『闇の男』『モスクワで粛清された日本人』参照)。

山本懸蔵の国崎定洞告発には、更に複雑な背景があった。山本懸蔵は、一九二八年夏に、日本での三・一五共産党検挙を逃れてソ連に渡ってきた。当時在モスクワのコミンテルン幹部会員片山潜は、そのあまりにあざやかな山本の国外逃亡に疑問を持ち、「特高のスパイ」と疑った。それを山本懸蔵は、ベルリンの国崎定洞ら日本人左翼グループが片山に「疑惑の噂」を告げ口したためと信じ、逆恨みしていた。

山本懸蔵の方も、片山潜を疑っていた。片山の次女千代が二九年七月に父の看病のためソ連に入国したさい、日本領事館とアナーキスト作家武林無想庵が関与したことをコミンテルン指導部に伝え、千代のクートベ入学も父との同居も拒否した。

モスクワ日本共産党頂点での、こうした疑心暗鬼のなかで、山本懸蔵は、三〇年一〇月に当時のモスクワでの片山の私設秘書勝野金政と、国崎の紹介で片山のもとにやってきた根本辰という京大出身の哲学青年を、ソ連秘密警察に売り渡した。二人は「日本のスパイ」と疑われ、勝野は強制収容所送り、根本は国外追放になった。

すでに七〇歳をすぎた片山は、逆に山本の三・一五逃亡疑惑を告発しようとしたが、重病で倒れた。三〇年末のことでクレムリン病院に半年入院した。三一年四月に新たに日本から入ソした野坂参三は、片山・山本の確執の調停役にまわった。

一九三二年九月に国崎定洞一家がベルリンからモスクワに亡命したのは、片山潜の強い勧めによるものであった。しかし片山と野坂が進めた国崎のクートベ入学に、山本懸蔵は最後まで反対した。これが野坂と山本の対立の起源であったと、後に山本懸蔵や山本の妻関マツはソ連当局に供述した。野坂参三も、ディミトロフ宛の山本懸蔵告発状のなかで間接的にそれを認めている。つまり勝野金政・国崎定洞問題は、片山潜、野坂参三と山本懸蔵の対立の余波であり、象徴だった。

## 日本人反帝グループはナチス政権下で抵抗を続けていた

山本懸蔵は、国崎定洞を疑わしいとする政治的根拠を、国崎の指導した在ベルリン日本人左翼グループが全体として「党に反対」であり、帰国したメンバーは運動から離れ、「反共産党闘争」をしたり「ファシスト」になったりしたことを挙げた。国崎定洞らベルリン・グループの活動全体を「反党的」と見なしたのである。

山本懸蔵の告発によって、国崎定洞は、ただちにコテリニコフの尋問を受けた。外国労働者出版所の同僚野坂龍も呼び出された。ただし、国崎・野坂の二人には、山本懸蔵の告発内容はそのままでは示されなかった。

この国崎定洞と野坂龍のコテリニコフへの供述も、記録に残された。それが、「秘密」と分類されたコテリニコフの一九三四年一〇月一〇日付「コン及びキムシャンとの会談記録」である。そこで国崎定洞は、ベルリン時代の自らの活動や勝野金政とのつながりを、正直に述べた。野坂龍は、国崎定洞と距離をおいて、自らの弁明に終始した（『人間　国崎定洞』二六七頁以下）。

山本懸蔵の密告により、一九三四年一〇月にコミンテルン組織部の事情聴取を受けた国崎定洞は、こう弁明した。平野義太郎の紹介で、フランス政府から国外追放になった勝野金政をモスクワに送ったが、当時の勝野はフランス共産党員で、そのルートは正規のモップル（国際赤色救援会）の紹介状によるものだった。自分の指導した在独日本人左翼グループは、ドイツ共産党日本人部の指導下にあり、和井田一雄・小林陽之助・喜多村浩・野村平爾・大岩誠らは共産党員であった。堀江邑一・三宅鹿之助・千田是也・山田勝次郎・平野義太郎らは、日本に帰国後検挙されたにしても「裏切り者」ではない。和井田一雄・喜多村浩・安達鶴太郎・千足高保らは、三三年ヒトラー政権成立後もヨーロッパに留まり、野坂参三とも連絡をとって反ナチ活動を続けている、と。

そこで国崎定洞が述べた、ナチス・ドイツのもとでも地下で続行されたベルリン反帝グループの活動については、勝本清一郎の回想や八木誠三・喜多村浩からの聞き取り、その後に発掘できた「ツェンゾコ」＝千足高保、「イノウエ」＝井上角太郎、「ミナミ」＝和井田一雄らのご遺族の証言・記録から、ほぼまちがいないものと判明した（それらの詳しい考証は、加藤『モスクワで粛清された日本人』、川上・加藤『人間　国崎定洞』、加藤『国境を越えるユートピア』参照）。

いずれにせよ、山本懸蔵による国崎定洞の告発情報は、コミンテルン組織部から国際統制委員会を経て、秘密警察ＮＫＶＤへと即刻伝えられた。ロシアの日本研究者グレゴリエフによると、三四年一〇月の山本懸蔵による国崎定洞告発の後、三五年二月二三日にコミンテルン東洋部から国崎の勤務先外国語労働者出版所に国崎定洞は「要注意」と通知され、日本語部長を解任された。したがって、三五年二月には、国崎定洞は自分が疑われていることを自覚できる立場にあった。

一九三五年夏、コミンテルン最後の第七回世界大会が、モスクワで開かれた。反ファシズム統一戦線・人民戦線を決議し、ディミトロフを書記長に選出した有名な大会である。この大会に、日本共産党からは三人の代表が出席した。アメリカから一時帰国した岡野進こと野坂参三、田中こと山本懸蔵と、「ニシカワ」と名乗る「日本青年代表」である。

この「ニシカワ」が国崎定洞ではないかという説が一時期あったが、今日では小林陽之助と確認されている。小林陽之助は、国崎定洞と比べればドイツ共産党内での経験は浅く、クートベでも後輩であった。だが三五年夏には、国崎定洞はすでに「日本のスパイ」と疑われていた。小林陽之助が「ニシカワ」名で日本青年代表となり、国崎定洞はディミトロフ報告の日本語訳など裏方をつとめた。コミンテルンとソ連秘密警察は、国崎定洞の弁明よりも山本懸蔵の密告を重んじた。国崎は秘密警察の監視下におかれた。それがそのまま一九三七年の国崎定洞の粛清につながった。

## 3　それぞれの名誉回復

### 「抵抗の医学者」「忘れられた思想家」国崎定洞の再審

もともと国崎定洞は、一八九四年熊本の生まれ、一九一九年に東京帝国大学医学部を卒業した医学者である。伝染病研究所助手を経て、一九二四年に東京帝大医学部衛生学講座助教授に就任している。二六年秋から二年間のドイツ留学から帰国すれば、新設される予定の社会衛生学講座主任教授となることが約束されていたが、ベルリンでドイツ共産党に入党し、そのままナチス台頭期のワイマール・ドイツに留まり、在欧日本人・アジア人の反戦・反ファシズム闘争を組織した。

医学者としての国崎定洞については、一九七〇年に川上武・上林茂暢編著『国崎定洞――抵抗の医学者』(勁草書房)が刊行されている。その本の帯には、新明正道の娘婿である歴史学者家永三郎が、「忘れられた思想家」と題して、以下の推薦文を寄せている。

東京帝国大学医学部教授の地位を約束されていながら、その『栄光』の道を自らすて、人民解放のたたかいへのいばらの道を好んで選びとり、異郷に消えた主人公の生涯には、社会医学の先駆者としてだけではない、類まれな人間的良心がかがやいており、感銘を禁じえない。この忘れられた思想家の人と業績とを、とぼしい史料のたんねんな集積のうえにみごとに復原された著者の努力に心から敬意をささげる。

日本の社会医学の先駆者として、レーニン『共産主義左翼の小児病』の邦訳紹介者としての国崎定洞については、戦前の社会運動関係者、とりわけ医療・医学関係者にはよく知られてきた。宮田親平『だれが風を見たでしょう――ボランティアの原点・東大セツルメント物語』(文藝春秋社、一九九五年)も、一章を割いて論じている。

だが、国崎定洞のその後については、謎がつきまとってきた。一九三二年九月に、モスクワのコミンテルン幹部会員片山潜に招かれ、ドイツで結婚したフリーダ夫人と幼い娘タツコをつれて、ナチスの迫害を逃れモスクワに亡命したことはわかっていたが、その後の消息については、長く不明であった。東洋勤労者共産主義大学（クートベ）に入り、スターリン粛清最盛期に行方不明になったという噂があったが、戦後も千田是也や有澤廣巳ら親しい友人たちは、世界のどこかで生きているのではないかと願っていた。

鈴木東民によりフリーダ夫人の存命が確認された一九七五年の二度の「国崎定洞を偲ぶ会」は、国崎定洞の日本における「名誉回復」を意味した。そこで一九三七年一二月一〇日という国崎定洞の命日が判明した。ソ連では五九年に法的には無罪とされていたことがわかった。ただし、日本共産党の照会に対するソ連共産党の当時の回答は、「獄死」というだけのものだった。

一九八九年のベルリンの壁の崩壊、九一年のソ連解体は、全く予想外の国崎定洞粛清の真相をもたらした。国崎をモスクワに招いた当時の片山潜は、日本からやってきた指導者山本懸蔵・野坂参三と折り合いが悪かった。特に片山と山本はたがいに「スパイ」と疑いあっており、片山死後の一九三四年秋から後見人を失った国崎は、山本の密告によりソ連秘密警察に監視されていた。そして、死因は「獄死」ではなく「銃殺」だった。

国崎定洞の場合は、自己の冤罪についての供述記録がモスクワの史料館に残され、それがソ連崩壊で流出したことで、自己も共有した二〇世紀のユートピアにはらまれた逆説を論証し、二一世紀に人間解放を求める人々に警鐘を鳴らすことができた。

## 「名誉回復」――勝野金政の場合

勝野金政の「名誉回復」は、さらに遅れた。一九三六―三八年期のスターリン粛清があまりに膨大だったために、旧ソ連崩壊期に始まった粛清犠牲者の再審査は、一九三〇年代前半・二〇年代には遡っていなかった。粛清最盛期の三六―三八年の犠牲者は、ほぼ無条件で「名誉回復」された。

しかし旧ソ連の粛清は、革命直後の内戦期から始まっていた。日本人ではジャーナリスト大庭柯公、新保清らが、初期の犠牲者だった。これもロシアでは膨大な数であったから、家族や関係者が申告すれば、おおむね告発自体が虚偽とされ、無実であったというロシア政府機関の証明書が発行された。ロシア人犠牲者の場合には、ラーゲリ労働期間の年金計算上での割増計算や、地下鉄無料パス等遺族に対する手当が支給された（ラーゲリ体験者寺島儀蔵氏、須藤政尾遺児ミハイル・スドー氏からの聞き取りによる）。

そのため勝野金政のご遺族は、一九九六年夏に、再審査を申請した。ロシア政府からは、旧ソ連で有罪判決を受けた被告人勝野金政の直系親族であることを証明する公正証書の提出を求められた。九六年一二月には、ロシア連邦最高検察庁総軍検事局から「名誉回復証明書」が発行された。

勝野家の人々は、一九九八年六月、私と藤井一行富山大学名誉教授が付きそうかたちで、モスクワを訪れた。すでに二年前に法的意味での「名誉回復」は果たしていた。しかし勝野金政の一件資料は、旧ソ連共産党コミンテルン史料館ではなく、内務省の旧KGB文書館の方にあった。そこには強制収容所（ラーゲリ）に入れられた囚人の膨大な記録や没収品が所蔵されていた。

旧KGB文書館への入館は、事前に申請していたにもかかわらず難航した。官僚主義とたたかって自分の父須藤政尾の粛清死の真相をつきとめたミハイル・スドー氏の手練手管で何とか入館し、「勝野金政ファイル」を閲覧することができた。収容所の労働記録や入所時にとりあげられた書類等、ご遺族にとってはこのうえなく貴重な資料と品々が、六〇年以上たって、家族の手に戻された。

## 勝野金政に「日本のメドヴェーデフ」を見た石堂清倫

勝野金政家の遺品の中から、膨大な未発表ラーゲリ体験記『白海に怒号する』などと共に、一九七五年一月二七日と日付のある、一通の記録が見つかった。鈴木東民・石堂清倫が呼びかけた第一回「国崎定洞を偲ぶ会」に勝野金政が出席した時の手書きの覚書で、「国崎定洞君の追悼の会によせて」と題され、綺麗に清書されていた。

「国崎定洞を偲ぶ会」には、これまで述べてきた岡内順三、大岩誠、小栗喬太郎らは関係者のリストに入らず、遺族にも連絡がつかず招かれていなかった。一部はかの「転向タブー」のためであり、また一部は、すでに四〇年以上たって、鈴木東民・石堂清倫らの調査とネットワークによっても消息不明のためだった。

勝野金政は、一九七〇年代の日本人左翼世界では「転向者」だった。国崎定洞より早く、三〇年代初頭にソ連政府から「人民の敵」の烙印を押され、実際強制収容所で服役していた。そればかりでなく、勝野金政は、一九七五年当時の感覚では「反共主義者」でもあった。帰国後に数々の著作でソ連の実状を暴露したばかりか、陸軍情報部に協力し、その後ろ盾で岡田桑三、林達夫らと東方社の『フロント』刊行や国策ラジオの「日の丸アワー」放送に加わり、ソ連から日本に亡命したリュシコフ将軍の取調・身辺保護にも深く関わった。

勝野金政は、そうした過去を隠さなかった。むしろスターリン体制の本質を早くから見抜いたものと自負していた。ちょうど中央公論『歴史と人物』誌で、伊藤隆東大教授によるインタビュー「国際共産主義の巨星たち――勝野金政氏へのインタビュー」「片山潜とともに」「ラーゲルを逃れて」「参謀本部のなかで」（七三年一一月、七四年一月・三月・五月号）が掲載され、故郷南木曾での戦後長い実業家生活のかたわら、『藤村文学・人と風土』（木耳社、一九七二年）を刊行して、文筆活動を再開したばかりだった。

そんな勝野金政を、関係者として「国崎定洞を偲ぶ会」に招待し、勝野が国崎粛清の証言者となりうると考えた人物がいた。まだ「国崎定洞ファイル」など現れず、山本懸蔵による勝野金政告発が国崎定洞粛清につながることなど、誰も考えていなかった時点である。

それは、鈴木東民と共に第一回「国崎定洞を偲ぶ会」を組織した石堂清倫だった。東大新人会出身の石堂清倫は、一九二八年三・一五事件で検挙されたが、三三年に「転向」し、勝野金政がソ連のラーゲリから奇跡的に生還した三四年当時は、日本評論社の出版部長になっていた。

勝野の最初の著作『赤露脱出記』は、石堂清倫にとっても、日本評論社出版部長として初期に手がけた、忘れられない仕事の一つであった。しかも石堂は、その後の日本評論社で、リベラリスト河合栄治郎の『ファッシズム批判』の発禁も体験していた。満鉄調査部に移って後は、特高警察の直接の弾圧・拷問に遭っていた。

石堂清倫はまた、戦後の日本で早くからスターリン主義の問題性に気づき、ソ連とは異なる社会主義と革命論を模索していた。アントニオ・グラムシの著作と理論を先駆的に導入し、自立したマルクス主義者として知られていた。共産党を追われた作家中野重治の親友でブレーンであり、ちょうどロイ・メドヴェーデフの大著『スターリン主義とは何か』（三一書房、上下、一九七三年）を訳し終えたばかりだった（石堂「発禁のころ」『河合栄治郎全集　月報六』社会思想社、一九六八年一月、『わが異端の昭和史』上、平凡社、二〇〇一年）。

石堂は、『歴史と人物』誌の連載を読み、勝野金政が信州の山奥で健在なことを知った。彼の処女作『赤露脱出記』が、メドヴェーデフが壮大に描いたソ連の収容者列島を、日本において先駆的に告発した体験記だったことを想い出した。そこに鈴木東民が、国崎定洞の家族が西ベルリンで生きているニュースをもたらした。勝野と国崎がかつてベルリンで会ったことも、片山潜研究を通じて知っていた。

山口昌男が勝野金政を「日本のソルジェニツィン」として再評価する四半世紀前に、石堂清倫は、勝野金政を「日本のメドヴェーデフ」として再発見していた。

## 勝野金政の一九七五年「国崎定洞を偲ぶ会」出席

かくして石堂清倫は、勝野金政が製材業を営む南木曾の家まで訪ねて夜通し話し合い、三〇年ぶりの旧交を暖めた。そして国崎定洞を偲ぶ会に、勝野金政を招待した。そこには堀江邑一、平野義太郎をはじめ、戦後も日本共産党と共に歩んできた人々も多かった。

しかし、勝野金政は上京し出席した。その「国崎定洞を偲ぶ会」出席は、前章で見た島崎蓊助の場合とは異なる意味で、勝野金政にとってのネットワークへの回帰であり、日本における「名誉回復」の端緒となった。

実際、勝野金政は、共産主義や共産党はとっくに離れ、ソ連や中国の政治体制を嫌っていたが、島崎藤村から学び教えられた人間観と社会観は一貫していた。戦後すぐに信州南木曽に木曽産業学校を設立し、「民主同盟」を結成したのも、そうした流れだった。

その遺言となった色紙には、「トルストイのヒューマニズムとジャン・ジョレスのインターナショナルのヒューマニズムを一本に、この勝野は今まで生きてきた」とある。勝野が一九八四年に八三歳で亡くなった後、二〇〇一年まで生きた石堂清倫の遺著『二〇世紀の意味』には、中野重治のケースを素材にした「『転向』再論」が収められていた。

勝野金政は「国崎定洞を偲ぶ会」で、以下のメッセージを読み上げた。

国崎定洞君の追悼の会によせて

私が国崎定洞君と別れたのはベルリンで一九二八年二月のはじめの事です。それ以来伝言や手紙はいただいた事はあるが今から数えると半世紀前の事です。正確に数えると四十八年前の事である。その間いわゆる星移り人変り、ことに日本は社会的に大変貌をとげ、今日の事態になりました。それにもかかわらず此の五十年の昔の友人を語り合う為に、昔の知人友人達が遠路と寒さにもかかわらず多数お集り下さった事は、昔の知人として誠に感謝の至であります。きくところに依りますと、この会の計画と実現の出来た事は、最近外遊した鈴木東民と石堂清倫氏其の他の方々の一方ならぬご尽力に依るものと云う事でその点我々の愉快と感激にたえないところであります。

国崎君が消息不明になったのは、モスコー一九三七年頃と云う事です。この時代は御承知の様にヒトラーのナチス全盛時代であり、モスコーではソ連がブルガリアの共産主義者でモープル［国際赤色救援会］の会長であったデミトロフを先頭に立てて、アンチファッシズム世界的闘争を行った時代でコミンテルン第七回大会は、この時期のスターリン政権の催した一大デモンストレーションと思います。国崎君はこの時代の犠牲者としてモスコーから消し去られたのではないかと思います。この時期すでに片山の墓には苔が生え、（国崎君と最も親交があり信頼感の厚かった人）［コミンテルン組織部長］ピヤトニツキーもすでに消され国崎君を擁護してくれる人は誰もいなかった状態ではなかったでしょうか。私はすでにこの時日本に帰って来て、スターリンの恐怖から免れていましたが。

私のモスコーにいた頃は片山に日本からの連絡は三つのルートがあり、一つはウラジオで、一つはハワイを経由してアメリカを通過して来るものであり、最後はベルリンの国崎君其の他の友人を通して来るものであり、前の二つのものは不定期で当てにならず、ベルリンから来る国崎君のレポートを貴重な資料として期待していました。その頃、もう国崎君は文部省からの送金は無くなり、自活せざるを得ない状態だと手紙で知りました。この事を片山は非常に心配し国崎君の生活を助ける方法はないかと苦慮していました。で私は彼は医者だからその方で最低の生活は出来る筈だからと云って安心する様に云いましたが、それでも片山さんの不安はとけずモスコーの関係機関や書店から送られて来る出版物を一纏にし、日本へ送って生活の足しにする様にと云っていました。これに対して国崎君からの手紙は書籍を送ってもらって有難い。今はそれを生活の資にしてしまい申しわけない、との手紙を何遍もよこした事を覚えています。彼に送る書籍は片山と私とで包装し、私が主でたまには片山も郵便局へもって行ったものです。

一九三〇年冬ベルリンにいた私費留学生根本辰(トキ)君が肺病でモスコーに来て治療し、勉強もしたいというので、国崎君其の他のグループが片山と私に親書を持参して来ました。これが私がスターリン政権のテロリズムに会い九死に一生を得て日本に帰る事が出来、今日の皆さんと一緒になり、私と同じ様にスターリン政権を信頼してモスコーへ移住しそのまま立消えになった国崎定洞君を追悼する転機を得た私である、と思えば奇遇です。

私は故国日本で皆さんと共に幸に生き、七十余歳まで生命を保全しているのに引きかえ、国崎君は運つたなく異郷に消え去ったのでした。

半世紀に知り合った元東大医学部の助教授国崎定洞君を偲んでお集まり下さった皆様の大きなヒューマニズムに私は心からの敬意を表し日本文化は今後幾多の試練に会っても決して亡びるものでなく、反対に増々世界人の精神を安定させる寄辺になるものであると確信しました。

以上

一九七五年一月二十七日

勝野金政

## 勝野金政によって開かれた現代史の秘密の扉

勝野金政の出席した一九七五年一月二七日の「国崎定洞を偲ぶ会」の模様は、『朝日新聞』二月四日の「確認された非業の死——共産主義者国崎定洞」で大きく取り上げられ、『文藝春秋』七五年五月号の鈴木東民「スターリンに粛正された東大助教授――将来を嘱望された新進医学者・国崎定洞の異郷での数奇な運命」で知られるようになった。

野坂参三が重い口を開き、千田是也・堀江邑一・野村平爾らが次々に回想を発表した。川上武『流離の革命家』や川上・加藤・松井坦編『社会衛生学から革命へ』の出版もこの頃で、前章で見たように、島崎蓊助もこの会に出席して、一気に自伝草稿を書き上げた。

勝野金政の右のメッセージは、当日会場で本人が読み上げたらしい。だが参列者の記憶には、あまり残らなかったようだ。片山潜を介して日本とも連絡していたこと、片山が国崎定洞の生活を心配して本を送っていたことは理解できるが、国崎定洞がコミンテルンのピアトニツキーと親しかったこと、国崎定洞が片山に紹介した「根本辰」なる人物が勝野金政のラーゲリ生活と関係があること、しかもそれが「私がスターリン政権のテロリズムに会い九死に一生を得て日本に帰る事が出来、今日の皆さんと一緒になり、私と同じ様にスターリン政権を信頼してモスコーへ移住しそのまま立消えになった国崎定洞君を追悼する転機」となり、「国崎君は運つたなく異郷に消え去った」ことに関係するとは、鈴木東民、千田是也、有澤廣巳をはじめとした国崎定洞と長く一緒に過ごした人々には、何のことかわけの分からぬ暗号のようなものだった。

私自身もこの頃、多くの関係者に聞き取りをし、また一九九〇年代に「国崎定洞ファイル」を得て、千田是也、小林義雄、喜多村浩、鳥居敏文、山脇道子ら存命者に再び聞いて歩いたが、国崎定洞との関係で勝野金政や根本辰の名を記憶している人はいなかった。

だが、この暗号から何かを汲み取った人物がいた。石堂清倫である。自分自身は直接ベルリン体験をもたず、国崎定洞との直接的面識・交友を持たずに、研究者として「偲ぶ会」に加わっていた。勝野金政を敢えてその場に招いた石堂清倫は、勝野の挨拶に国崎定洞粛清の秘密を読み込んだ。ただしその時、勝野の挨拶には重要なキーワードが欠けていた。それは、当時のモスクワの日本共産党指導者、山本懸蔵と野坂参三の名前だった。

そのキーワードは、勝野金政がこの会の後、当時の政権党自由民主党機関誌『自由民主』七五年三―九月号に連載して、七七年一一月に著書『凍土地帯――スターリン粛清下での強制収容所体験記』(吾妻書房)にまとめた手記の中で、自分が秘密警察に捕まる経緯を詳しく述べる中に入っていた。

片山潜の秘書である勝野金政の逮捕の原因は、一九三〇年冬、国崎定洞の推薦でベルリンに来た根本辰というインテリ哲学青年を片山の命でクートベ(東洋勤労者共産主義大学)に入学する手続きを進めていたところ、日本共産党モスクワ駐在代表山本懸蔵から横やりが入ったことだった。あまつさえ根本は「スパイ」だと疑ってソ連秘密警察に密告し、根本は国外追放、それに連座して勝野が逮捕された。その背景には、アメリカからモスクワに入ってトロツキーとも親しかった片山潜と、山本懸蔵、佐野学・市川正一ら日本からやってきた日本共産党指導部との長年の確執があったことだと、淡々と述べていた。

ちょうどこの頃は、立花隆が「日本共産党の研究」を『文藝春秋』に連載し、日本共産党の宮本顕治・野坂参三の戦前の経歴が改めて問題になり、三三年「スパイ査問致死事件」の証言で党副委員長袴田里見が除名されるという、政治的にきわどい時期であった。勝野金政の証言は、そのような暗闘は、戦前共産党組織の頂点、モスクワのコミンテルン日本共産党代表団の中にもあったとするものだった。

石堂清倫は、ちょうどこの時期に、伊藤晃・丸山茂樹ら若手研究者の協力を得て「運動史研究会」を組織し、すでに高齢になった戦前社会運動活動家の証言を集めていた。雑誌『運動史研究』で、学術的な日本社会運動史研究の成果を発表しはじめた（一九七八年創刊）。しかし、国崎定洞・勝野金政のケースは、舞台がベルリン、モスクワであり、文献資料での実証は困難だった。

## 勝野金政・根本辰・国崎定洞粛清から見えてきたもの

一九八九年の「ベルリンの壁」崩壊、九一年ソ連解体が、勝野金政の遺した暗号解読の条件を作った。ソ連崩壊後に、私が「国崎定洞ファイル」を入手し、山本懸蔵のコテリニコフへの告発等の資料解読のために石堂清倫を訪れたところ、石堂自身は九〇歳に近く身体も不自由であったが、頭脳は明晰で、記憶もはっきりしていた。真っ先に会えと紹介されたのが、信州南木曾の勝野金政家ご遺族と、存命中だった根本辰の実妹山根和子さんだった。

石堂が勝野の証言から「根本辰」をキーワードとして記憶に留めたことは、「国崎定洞を偲ぶ会」の後、一九三八年に結核死した根本辰の行方をつきとめ、その実妹で、石堂の東大新人会の仲間でもあった音楽評論家山根銀二の妻和子に接触していたことから確認できる。それらの記憶と「国崎定洞ファイル」が重なって、勝野金政、根本辰、国崎定洞から始まり、彼らを告発した山本懸蔵自身にまで広がった旧ソ連在住日本人の粛清連鎖の端緒が解明できた。そこから私のベルリン反帝グループ探求の長い旅が再開され、『モスクワで粛清された日本人』『人間　国崎定洞』『国境を越えるユートピア』ほかに発表した陰鬱な歴史の再発掘につながった。

旧ソ連秘密資料から、一つだけ、更なる問題解読のヒントを追加しておこう。片山潜と山本懸蔵の確執を、これまで私は山本懸蔵の日本脱出の事情について片山潜が抱いた疑惑や、逆に山本懸蔵が片山の娘千代の入ソにあたって抱いた疑惑と告発、片山潜の「インテリ」利用と山本懸蔵の「インテリ嫌い」から傍証してきた。

しかし、そのような視点でコミンテルン秘密資料「日本共産党ファイル」を精査すると、それは片山潜と山本懸蔵の個人的対立ではなく、また「インテリ対労働者」や「世代間対立」を含むがそれにとどまるものではなく、二〇世紀日本社会主義運動に内在する大きな対立の流れの一部であることがわかってきた。

それは、一九〇一年社会民主党宣言、二二年創立の(第一次)日本共産党創立と、二六年に再建された第二次日本共産党以降の流れの対立、あるいは日本社会主義の西欧近代に影響され国際的に開かれた流れと、ロシア革命とソ連邦と直結し西欧近代を媒介せずにロシア・ボルシェヴィズムと日本ナショナリズムを合体させる流れとの対立といいかえてもいい。

コミンテルンにとって、もともと日本支部=日本共産党は、片山潜・鈴木茂三郎・猪俣都南雄らアメリカ在住日本人共産主義者の流れと、国内の堺利彦、荒畑寒村、山川均ら後に「労農派」になる流れとの合体として始められた。この二つは、内部に直接行動派対議会政策派、アナーキズム対ボリシェヴィズムの対立を孕みつつ、かつての社会民主党、『平民新聞』、日本社会党、幸徳秋水らの大逆事件の経験を共有して、緩やかに結びついていた。

創立期の党綱領策定にあたっても、在米片山グループの草案と堺・山川グループの草案が各種作られ、二一年極東諸民族大会、二二年第一次共産党創設にあたっては、社会民主党宣言の流れを引く二二年九月の日本共産党綱領が国内で決定された。しかし山川均の山川イズムに率いられた第一次共産党は、度重なる弾圧と関東大震災によって解党し、二六年に福本和夫の福本イズムに強く影響された第二次共産党が作られた。

その第二次共産党にとって、初期社会主義の思想をひきずる片山潜がコミンテルンで日本共産党の象徴的位置にあるのは、山川イズムへの批判の中で育ったグループにとっては耐え難かった。

早くも一九二六年八月一五日の「エフ・山根」［佐野文夫］のコミンテルン東洋部担当幹部会員オットー・クーシネン宛手紙が「同志片山は老年であり且つ永年日本から離れてゐるので最近の日本無産階級運動の実状を熟知してゐないのは当然であるから、吾々は同志大村［高橋貞樹］をコミンテルンのエキセキューチヴ［執行委員会］に参加せしめ、同志片山を補佐して、実質的に代表たる仕事を分け持たす様取計らはれんことを要求する」と述べていた（f.495/op.127/d.149/33）。

しかしコミンテルン執行委員会にとっては、日本支部＝日本共産党は極東の一隅の頭でっかちな泡沫地下党で、山川イズムも福本イズムも「労働者階級の前衛党」以前だった。いわゆる「二七年テーゼ」はその双方を誤りとし、「君主制打倒」スローガンと非合法共産党名での宣伝煽動を強いたため、日本からの片山批判は認められることはなかった。

## 片山潜の棚上げと孤独、「インテリ」グループの不幸

一九二八年八月の「コミンテルン第六回大会日本代表団の大会幹部会への訴え」と題するコミンテ

ルン文書館の秘密文書では、佐野学、山本懸蔵、市川正一、高橋貞樹ら日本代表団の連名で、日本の労働運動に足場を失い高齢になった片山潜をコミンテルン執行委員から解任するよう公式に求めた。

コミンテルン第六回大会日本代表団の大会幹部会への訴え

一九二八年八月、モスクワ秘

第六回世界大会幹部会へ

同志諸君、われわれ日本代表は、たとえ個人的な形であれ同志片山をコミンテルン執行委員会に選出することにたいして断固たる抗議を表明する。われわれは、幹部会の事前の提案についてなにも知らなかった。なぜなら同志片山はわれわれに報告しなかったからである。そのような提案については昨夜はじめて偶然に知ったのである。

われわれはまえの手紙で、同志片山がなぜわれわれの党を代表しえないかについて論拠をのべた。ここでわれわれは、なぜ同志片山がたとえ個人的な資格であれコミンテルン執行委員会に入るのに不適切であるかを説明したいと思う。

同志諸君、コミンテルン執行委員会は世界の革命的労働者の間で実際に権威をもたなければならない。われわれがコミンテルン執行委員会に同志たちの中からだれかを個人的な資格で選ぶ場合、その同志はコミンテルンの一幹部として実際に活動するか、敬愛される人物として執行委員会に入るにふさわしい戦闘的ヴェテランでなければならない。

同志片山については、どちらの資質も見いだせない。かれの名は日本の労働者の間で権威をもっていない。日本の労働者が日本の労働運動の歴史を読むなら、そこに見いだすのは改良主義者としての――しかも臆病な改良主義者としての片山の名であろう。一九一四年に最終的に日本を去るまでに彼はしばしばアメリカとヨーロッパに出かけた。その頃でさえ、彼には日本のわれわれの労働運動との緊密な結びつきが欠けていた。「皇帝暗殺未遂事件」［大逆事件］のあと、かれは最終的にアメリカに移住した。同志片山は小著『日本の労働運動』などで、自分がマルクス主義者であったかのように書いている。しかし、それは不正確な紹介である。ともあれ彼は日本ではマルクス主義者でなかったし、革命家でもなかった。

日本の多くの社会改良主義者は、彼の過去をよく知っていて彼に軽蔑の念をいだいている。彼の現在の立場にかんしては、われわれは次のことを指摘しなければならない。この七年間、われわれは、彼が日本の共産主義運動の発展のためにせめてなにかを行いうるという期待をもちえなかった。しかし、彼はわれわれの運動を破壊した。彼はアメリカの友人に手紙を書き、そこでわれわれの指導的同志を攻撃した。その手紙は印刷物で公刊された。彼はわれわれの同志を批判したのだと主張している。しかし、それは事実上正しくない。その手紙で彼はわれわれの同志たちを攻撃し、「同志アサノ（わが党の中央委員会書記長［渡辺政之輔］）はわれわれの決議（一九二七年のコミンテルン執行委員会テーゼ）にきわめて反感をもっている」と、また彼が解党主義者の荒畑［寒村］に連帯していたと記してさえいる。同志アサノは去年、コミンテルン執行委員会への代表団に加わり、テーゼの具現化でだれよりも活発に活動した。われわれは、わが党の再編とその今日の英雄的闘争への同志アサノの貢献をきわめて高く評価している。われわれは、そのような誹謗とわれわれの隊列を乱す試みを見逃すわけにはいかない。

彼（片山）は日本ばかりでなく、朝鮮でも解党主義者を支援した。同志片山が朝鮮の共産主義運動の一グループを支援したこと、そのグループが明確に解党主義的な傾向をもっていたことは明らかである。朝鮮の共産主義者の相当数が彼を憤激と激怒をもって迎えたということは事実に合致している。その事情でわれわれの朝鮮党との結びつきが著しく困難になった。

同志諸君！　問題はきわめて重大である。われわれは、同志片山がコミンテルン執行委員会に席を占めているかぎり、その機関は日本の労働者と極東の勤労大衆にたいする指導を完全な形で実現することはできないと考えてさえいる。諸君がこの問題を熟慮し、かれをコミンテルン執行委員会に再選しないようにというわれわれの提案をうけいれるよう期待する。

共産主義者の挨拶とともに

署名　カトウ［佐野学］、タナカ［山本懸蔵］、ホソイ［市川正一］、オムラ［高橋貞樹］）
追伸　われわれは、この問題の審議にさいしてわれわれ代表団全員の列席を許すよう要請する
（和田春樹＝アジベーコフ編『コミンテルンと日本共産党』ロシア語版、モスクワ、二〇〇一年、文書三四二、四六九―四七〇頁、藤井一行仮訳、文書は英文タイプで二八年八月二三日印刷、審議経過不明）
その結果、コミンテルン第六回世界大会では、執行委員会に日本代表としてカトウ（佐野学）が新

たに選ばれた。ただしこの日本代表団決議の要求は通らず、片山潜も「個人」の資格で選出された幹部会員に残された。

翌一九二九年、佐野学が上海で捕まったために、山本懸蔵は、モスクワにおける反片山潜派の代表者となった。国崎定洞も勝野金政も、そんなことは知らずに片山潜に近づき、同時に日本共産党と関わる問題や連絡では、山本懸蔵の許可を得なければならなかった。

アメリカでキリスト教から社会主義に近づき、コミンテルンにより日本共産党のシンボルに祭り上げられた片山潜の晩年は、孤独で憂鬱なものであった。山本懸蔵の片山潜追い落としは、三三年一一月の片山潜の葬儀まではかなわなかった。しかし翌年、勝野金政日本脱出を奇貨として、山本懸蔵による、片山潜と結びついた「インテリ」派追い落としが始まった。国崎定洞や伊藤政之助は、その告発で生命を奪われた。アメリカにいた野坂参三は、そうした事実を知りながら、自己保身に終始した。

片山潜の伝記も、日本社会主義の歴史も、二一世紀の地平から書き換えられなければならない。

# 終章　現代ロシアの日本人残留遺児

## 1　山本正美遺児ヴィクトーリアの場合

モスクワの街を歩いていると、東洋系の、日本人かモンゴル人かと見まごう人々に、時々出会う。思わず日本語で、話しかけたくなる。

ヴィクトーリア・シャーリコワさんも、そんな一人である。父親は、戦前の日本共産党党委員長山本正美、一九〇六年生。いや、彼女の前半生ではずっと、アルクセーエフ・パーベル・ワシーリエヴィッチであった。母親は、ロシア人のアレクセーエヴァ・エフゲーニア・イワーノヴナ、一九〇七年生。ヴィクトーリアさん自身は、一九三二年六月二二日生まれである。

私は、日本人を父親に持つそんなロシア人を、何人か知っている。ミハイル・スドー・マサオヴィッチさん、一九三二年七月一七日生まれ。アラン・ササキ・サダミノヴィッチさん、一九三五年五月一日生まれ。皆、二〇世紀日本社会主義運動史に名を残す、すぐれた日本人共産主義者の子供たち、いわば残留孤児である。一九九四年にミハイル・スドーさんの、二〇〇二年にはアランさんの日本のご親族を探し出し、ロシア政府から資料を取り寄せて命日と埋葬地を確定し、ご親族との対面を助けてきた。

ヴィクトーリアさんの一九三二年六月二二日という誕生日は、特別の意味を持っている。コミンテルン（共産主義インターナショナル）のいわゆる「三二年テーゼ」が、ドイツ語版機関紙『インプレコール』に発表されたのは、一九三二年五月二〇日、五・一五事件の直後のことである。当時の交通通信事情では、それが日本に到着するには、ひと月近くかかる。ドイツで反ナチス、日本の満州侵略反対の闘争を続けていた元東京大学医学部助教授国崎定洞が、ドイツ共産党日本人部の責任者として、平野義太郎、小宮義孝、堀江邑一、河上左京など、当時の信頼できる連絡ルートの複数の宛先に、ベルリンから秘かに送り届けた。

おそらく実弟河上左京のもとに届いたドイツ語原文を、京大を追われた河上肇が、徹夜で翻訳した。それが、一九三二年六月二八日付日本共産党謄写版パンフレットに、日本語で初めて発表された。七月一〇日付の『赤旗』特別号にも収録された。村田陽一による加筆・修正を経た日本共産党の定訳は、『インタナショナル』一九三二年九月一日号に発表された。ドイツ語の「アブサルーテ・モナーキー」は、「絶対主義的天皇制」と訳された。

つまりヴィクトーリアさんは、「三二年テーゼ」と共に、この世に生を受けたのである。

## 2　一九九八年六月のモスクワにて

私がヴィクトーリアさんにモスクワでお会いしたのは、一九九八年六月、ちょうど彼女の六六歳の誕生日の頃だった。年齢よりもずっと、お若く見えた。その旅のことが、私の個人ホームページ「ネチズンカレッジ」に、日記風に掲載され、公開され、過去ログのなかに保存されている（http://members.jcom.home.ne.jp/07228671l/Living4.html）。

一九九八年六月二五日　しばらく更新なしで、ご無沙汰しました。そう、暑い暑いモスクワへ行ってきたのです。昨年クリスマスのモスクワは、零下二〇度で髭も凍りつきましたが、六月のロシアは、連日三〇度の猛暑でした。寒さには強くできていて、暖房はついているのに、外国人客多数のインツーリストホテルでさえ、客室にはクーラーなし。おまけにご存じ白夜で、夜一一時でも夕暮れの明るさ。クレムリン前の広場で、夜中まで夕涼みするモスクワっ子に仲間入りし寝不足気味ですが、楽しい毎日でした。モスクワに着いた日に藤田勇さん、帰国の日には和田春樹さんと、ホテルの食堂でばったりお会いしました。日本では滅多に会えないのに。地球は、本当に狭くなっていますね。……

かつての旧ソ連共産党中央委員会付属マルクス・レーニン主義研究所、現在のロシア現代史資料保存研究センター［九九年からまた名前を変え、ロシア国立社会政治史文書館＝ルガスピ］のアーカイフは、コンピュータ持ち込み可です。そこに、毎日一〇時―五時と通って、愛機のマック・パワーブックに、一九二〇年代日本社会運動資料を打ち込んできました。

私はロシア語ができないはずなのにどうして、とお思いでしょう。実は、そこには膨大な日本語・英語資料があるのです。戦前日本共産党がコミンテルンに送った報告書類や、東方勤労者共産主義大学（クートヴェ）の日本人学生資料などです。

感動的だったのは、昨冬も訪れたモスクワ郊外のブトボ刑場跡を再訪したさい、私たちを案内していた日本人粛清犠牲者遺児ミハイル・スドー・マサオヴィッチ博士の父である須藤政尾氏の埋葬地が、ほかならぬブトボであることが判明した一瞬でした。

一九三七年一〇月から一二月の二か月間で、罪なき政治犯二万人を銃殺したという刑場跡に、スターリン粛清犠牲者救援のボランティア組織「メモリアル」が建てた、小さな木造の教会が、あります。その売店で売っている埋葬者名簿のなかに、日本人「スドー・マサオ」の名が入っていたのです。その場でミハイルさんは、大声で泣き出し、動けなくなってしまいました。半世紀をかけて追求してきた父の足跡捜しの旅を、埋葬地を見つけて完成させたのです。

もう一つの感動のシーンは、そのミハイル・スドーさんと、ヴィクトーリア・ヤマモトさんの出会い。ヴィクトーリアさんは、先にアップロードした私の論文「『三二年テーゼ』と山本正美の周辺」（『山本正美裁判関係記録・論文集』「解説」）の主人公、戦前日本共産党の書記長山本正美氏のモスクワ滞在時に、ロシア人妻との間に生まれた遺児です。

生後三か月で父と別れ、一九六六年に初めて日本人の父山本正美の生存を知り、山本正美・菊代夫妻がモスクワを訪れるかたちで、再会しました。一九九四年夏に初めて、六〇年以上夢見てきた父の国日本を訪問しました。山本正美氏は、この娘との松戸での出会いの一か月後、静かに生涯を閉じました。

故山本正美氏の妻である山本菊代さんに頼まれて、モスクワでヴィクトーリアさんに連絡した際、ロシア語通訳を兼ねて、ミハイル・スドーさんにも同席してもらいました。奇しくも二人とも、一九三二年夏の生まれ、かたやスドーさんの父須藤政尾はモスクワで銃殺、こなた山本正美は日本で獄中のちがいはあれ、共に日本人共産主義者を父に持ち、そのためロシア人妻であった母は、不幸な目に遭いました、スドーさんの母はラーゲリへ、ヴィクトーリアさんの母は戦時中に寂しく死亡しました。

共に日本人の風貌をもちながら、ほとんど孤児として旧ソ連に育った二人は、紹介した私と藤井一行教授がいるのも忘れて、良く似た境遇、苦しかった日々、父を求めての長い長い旅の物語を、ロシア語で語り合っていました。

## 3　ミハイル須藤とヴィクトーリア山本が語り合ったこと

ヴィクトーリアさんの手記「第二次大戦前夜、日本人の国際共産主義運動家を父に持ったモスクワ女性の思いで――戦前、戦中、戦後のロシアに生きて」が、『労働運動研究』二〇〇〇年四月号―八月号に連載されたのは、私たちのモスクワでの出会いから、二年後のことだった。ヴィクトーリアさん自身が、九八年夏の私と藤井一行教授の紹介したスドーさんとの出会いを、手記のなかに記している（後に『山本正美治安維持法裁判陳述集』新泉社、二〇〇五年、所収）。

そこにあるように、私と藤井一行教授は、自分の生まれた当時の父のことを詳しく知りたいというヴィクトーリアさんに、家族なら申請できる旧マルクス・レーニン主義研究所コミンテルン史料館の「山本正美ファイル」の閲覧をお勧めし、ロシア人にとってはそれ自体長く苦しいたたかいである正規の官僚的申請手続きを助け、父須藤政尾粛清の一件記録を得て亡父の「名誉回復」を果たした経験者ミハイル・スドーさんを紹介したのだった。

一九三七年に「日本のスパイ」として粛清されたスドーさんの父須藤政尾は、北海道出身で、北樺太オハ鉱業所、ウラジオストック港で日本人漁民・船員に働きかけ組織した労働組合指導者だった。ちょうど「三二年テーゼ」の頃、ウラジオストックでプロフィンテルンの汎太平洋労働組合を指導していた山本懸蔵に招かれ、モスクワに移った。ソ連共産党員として活動していたが、ミハイル＝日本名ミノルさんが五歳の時に、「敵国日本人である」という理由だけで逮捕され、そのまま銃殺されて戻ることはなかった。ロシア人妻マリアさんも強制収容所（ラーゲリ）に入れられ、親戚に預けられたスドーさんは、孤児同様に育てられ、苦学して大学に進み、地質学の博士号までとった（ミハイル・スドー著・安井亮平訳「私はモスクワで銃殺された――『日本国酔夢譚』より」長縄光男、沢田和彦編『異郷に生きる――来日ロシア人の足跡』成文社、二〇〇一年、参照）。

手記を読むと、ヴィクトーリアさんの前半生も、ほとんどスドーさんと、変わるところはない。母イワーノヴナさんは第二次大戦まで生きていたとはいえ、父の背中どころか父が何ものかも知らず、学校の成績は優秀なのに、貧しくつつましやかな境遇で育った。物心ついて、自分のアイデンティティを求め、父の消息をソ連共産党中央委員会に訊ねるが、共産党にサボタージュされ、妨害され、ネグレクトされてきた。結婚して子供ができても、自分が何ものであるかを、子供に語りえないのである。

ヴィクトーリアさんの、ミハイル・スドーさんとは違った好運は、父山本正美が一九三二年末には日本に帰国したため、瞼の父との生きた再会がかなったことである。山本正美の党歴が、コミンテルンやソ連共産党・日本共産党の秘密記録にどのように記されていようとも、ともかく特高警察の拷問に耐えて、獄中・戦時も生きのびて、三〇年以上も経ってからではあるが、前半生の夢が実現できたのである。

だから、ヴィクトーリアさんは、書いている。「父、山本正美が一九三二年末に帰国せず、ソ連内にい続けたら、粛清に会わなかったとはいい得ないでしょうし、私自身どうなっていたかわかりません」と。

その再会にあたっては、山本正美の日本帰国後のたたかいで結ばれた妻、山本菊代の献身的努力が決定的だった。一九六六年に、最初にヴィクトーリアを訪ね、血のつながらない夫の実娘を捜し出したのも、山本菊代であった。そして、ヴィクトーリアは、父山本正美自身の口から、自分の出生の秘密と、その時父が賭けていた理想を聞くことができた。

## 4 山本正美にとっての「三二年テーゼ」と娘ヴィクトーリア

革命家山本正美にとっては、クートヴェ入学以来のソ連滞在七年の大きな所産が、「三二年テーゼ」と、娘のヴィクトーリアだった。だが、どちらが大切かと問われれば、戸惑ったことだろう。

山本正美死後に編まれた論文集『山本正美裁判資料論文集』(新泉社、一九九八年)、ヴィクトーリア手記を付録に収録した裁判記録『山本正美治安維持法裁判陳述集』(新泉社、二〇〇五年)のほとんどは、「三二年テーゼ」に捧げられている。

山本正美の自伝『激動の時代に生きて』(マルジュ社、一九八五年)も、ほとんどが革命運動と戦略・戦術についての叙述である。末尾に三頁だけ「私事にわたって」とあるが、それも、土佐の水平運動の話が中心で、もちろんヴィクトーリアのことは語らず、「同志である妻」への謝辞も、とってつけたかのようである。

その点、妻山本菊代の自伝『たたかいに生きて』(柘植書房、一九九二年)には、「共産主義者と人間性」の一章があり、「義理の娘、ビクトリアとの出会い」も、率直に書かれている。夫正美は「社会主義ソ連だから心配しない」と強がりをいっているが、「消息は知りたいだろう」と本心を汲み取った妻菊代が、「三二年テーゼ」とならぶ「もう一人の我が子」をソ連で見つけ出すのである。

ここには、当時の日本の家族や性についての通俗道徳、男性と女性の感性の違いと共に、二〇世紀共産主義者の「公事」と「私事」の使い分けがある。山本正美にとっては、モスクワで全精力を傾けた「三二年テーゼ」と湯本正夫の筆名で論じた戦後の革命路線こそ「公け」の我が子であり、ヴィクトーリアは「私事」の、そのまた私的な「癒し」の我が子だった。

だが、私の経験では、この「革命的」「マルクス・レーニン主義的」公私区分こそ、一九八九年に「ベルリンの壁」を崩壊させ、九一年にソ連に死亡宣告を下した、当のものの一つだった。

日本人では唯一山本正美のみが実質的策定に加わった「三二年テーゼ」を、ベルリン経由で日本に伝えたのは、国崎定洞だった。ドイツ留学中にドイツ共産党日本人部の指導者になり、そのままモスクワに亡命した国崎定洞にも、一九二八年一一月九日生まれの一人娘がいた。ドイツ人妻フリーダ・レートリヒとの間に生まれた、タツコ・レートリヒさんである。

そのタツコさんと、一九八〇年に初めてお目にかかったさい、教えられたことがある。こちらは運動史研究者として、一九三七年夏、国崎定洞粛清当時のモスクワでの記憶を聞き出したかった。しかし、十歳になる前に突然父がソ連の秘密警察に連れ去られ、「スパイ」の家族としてそのまま社会主義ソ連からナチス・ドイツに追放されて、西ベルリンで「日本人コミュニストの子」として差別され育ったタツコさんは、父が東京大学医学部社会衛生学の初代教授になるはずだったとか、一九三二年に日本の満州侵略とナチスに反対する「革命的アジア人連盟」を組織したといった話には、あまり興味を示さなかった。

幼い頃に父が書いてくれたという富士山の鉛筆画を持参して、その富士山と日本の山河、父の故郷九州の海について、しきりに知りたがった。父にとっては革命が「公事」で家族は「私事」であっても、父を奪われた娘にとっては、父の姿かたちの記憶、大きな手のぬくもり、父の話してくれた日本の海や山や住まいの情景こそ、まぎれもなく自分の存在と生き方をどうしようもなく拘束した「公事」だった。

ヴィクトーリアと同じく、タツコさんも、傍目には小柄で、日本人の顔をし、しかも日本語が全くわからないからこそ、もどかしく、切実なのである。

だから、一九八九年の自分の誕生日に「ベルリンの壁」が崩壊して後に再会した時、タツコさんは、部屋中に川上武医師から贈られた日本のカレンダー写真を貼りだして、父の国「日本」をなつかしんでいた。

ミハイル・スドーさんや、二〇〇二年に来日したアラン・ササキ・サダミノヴィッチさんの場合も、同じだった。

スドーさんのことは、拙著『国境を越えるユートピア』（平凡社ライブラリー、二〇〇二年）に詳述した。二〇〇一年にはミハイル・スドー著（安井亮平訳）「私はモスクワで銃殺された――『日本国酔夢譚』より」という手記も日本語になっている（長縄光男、沢田和彦編『異郷に生きる――来日ロシア人の足跡』成文社、二〇〇一年）。

アランさんの父は、岡山生まれの健物貞一。早稲田大学建設者同盟出身で渡米、一九二〇年代アメリカ西海岸で「第二の片山潜」といわれた、日系労働運動の輝けるリーダーであった。アメリカ共産党日本人部の理論的指導者だったが、アメリカの左派労働運動弾圧で国外追放になり、「労働者の祖国」ソ連に亡命した。いわゆる三〇年代ソ連在住「アメ亡組」の、中心メンバーだった。

アランさんは、二歳で父がスターリン粛清の犠牲になり生き別れ（一九四二年にラーゲリで死亡）、朝鮮人革命家の母リ・ボビャ（党名シェ・オク・スン）さんもラーゲリに奪われたため、「ササキ」という父のソ連での党名でしか、日本とのつながりを実感できなかった。だが、ソ連が崩壊し、娘のリュドミラさんの結婚に当たって自分の素性を娘に問いただされ、新生ロシア内務省に、おそるおそる父の探索の手紙を書いた。

それが、まわりまわってモスクワのミハイル・スドーさんに連絡がつき、私に日本での親族探索の依頼が来た。それを、例によって日本の新聞とインターネットに公開してよびかけて、出身地の町役場からの通報で、「アメ亡組」の健持貞一の遺児で、遺族が岡山で存命中と判明した。九〇歳を過ぎて生きていた岡山の叔母さんに辿り着いたのは、父の死後、実に六五年後のことである。

アランさんは、二〇〇二年五月に娘のリュドミラさんと共に来日し、ようやく父の墓前に、親族との再会を報告できた。その墓石には、「健物貞一、一九六二年没」と彫られてあった。その日付は、戦後も長く実兄貞一の生存を信じて消息を待ち続けた弟が、ついにあきらめて、町役場に死亡届を出した時だった。

健物貞一が初めて学問的にとりあげられたのは、二〇〇六年一〇月、在米日本語新聞を長く収集し研究してきた田村紀雄が、カリフォルニア大学ロスアンジェルス校所蔵「カール米田ペーパー」を探索して「新聞『階級戦』と剣持貞一——一九二〇年代サンフランシスコ・日本町」を論じたことによってであった。私の健物家ご遺族を伴ったアランさん一家との再会の旅と一緒だった（『東京経済大学人文自然科学論集』第一二二号、二〇〇六年一〇月、本書「あとがき」参照）。

## 5 「党の上に個人をおかず」の時代の公と私

ヴィクトーリアさんの手記は、自分の生きてきた道を、淡々と描いている。フルシチョフの生産力増強計画は出てくるが、日本の「三二年テーゼ」や日本共産党の話は、一言も出てこない。幼時の苦しかった想い出も、父山本正美と会えた時の喜びも、玩具や住宅や美味しいソーセージの日常些事にからめて、記憶を蘇らせている。

だが、私たちはこれを、「私事」として受けとめていいのだろうか。ヴィクトーリアさんにとっては、それが自分のたたかいそのものであり、その困難の多くは、父がソ連在住日本人共産主義者であったという、ただそれだけの理由で、その時代と環境から押しつけられたものであった。

その時代と環境の変革こそ革命であり「公事」であったという言い逃れは、ある時代のあるサークルの中では、可能であったろう。ただしそれは、「党員は、全党の利益を個人の利益の上におき、だれでも党の上に個人をおいてはならない」といった言説がまかり通った、二〇世紀のある時期の、ごくごく狭いセクトの中においてのみである。

ソ連崩壊後に初めて公開された、『レーニン全集』第五版にも隠匿され未収録だった、レーニンの書簡類がある。ヴォルコゴーノフ『レーニンの秘密』上下巻（NHK出版、一九九五年）に紹介された三七二四点の『レーニン全集』未収録資料の大きな部分は、内戦期のテロル指令と共に、妻クループスカヤを生涯悩ませた、イネッサ・アルマンドへの恋文の束であった。

最近刊行された分厚い『ポートレートで読むマルクス』（大村泉、窪俊、V・フォミチョフ、R・ヘッカー編、極東書店、二〇〇五年）の目玉は、カール・マルクスが家政婦に生ませた私生児のその後と、妻イエニーが真剣に離婚まで考えた事情の、公的ドキュメントによる証明である。かつて『人間マルクス』（岩波新書、一九七八年）で話題になった史実の、四半世紀遅れの学術的追認であった。

山本正美の生きて活動した時代には、それらは「私事」とみなされ、政治的評価に関わることはなかった。

ヴィクトーリアさんの世代は、そのことで、苦悩を強いられた。

それに続く、後に残された世代は、それを「公事」として引き受け、かつての「私事」がなぜ政治路線の選択や政治権力の獲得に影響をもつようになったのかを、山本正美が「三二年テーゼ」に立ち向かったように、真剣に解明する必要があるだろう。

## 6　人間山本正美の遺した言葉から

人間山本正美の名誉のために、菊代さんには生前お伝えしたが、これまで公けにしたことのない晩年の私的対話を、記録に残しておく。

一九九四年の初夏、私は夜中の二時頃に突然、山本正美さんから電話を受けた。一九七八年に「三二年テーゼ」について聞き取りして以来、そんなに頻繁にお会いしてきたわけではなかったが、ちょうど私が『モスクワで粛清された日本人』（青木書店）を公刊し、お送りしたばかりだったからだろう。

深夜の長い電話だった。山本正美さんは、途中で何度も声をつまらせて、号泣した。娘のヴィクトーリアさんをようやく日本に呼び寄せることができ、松戸の家はいま天国のようだ、と言っていた。

山本菊代さんから、正美さんの訃報が届いたのは、それからひと月もたたない、異国への旅の途上のことだった。正美さんも、悔いなき旅立ちだったろう。

山本正美は、やはり、「三二年テーゼ」の産みの親であると共に、まぎれもなくヴィクトーリア・シャーリコワさんの父親として、その生涯を全うしたのである。

# あとがき

二〇〇六年夏のロシア紀行は、元アメリカ西海岸日本人移民労働運動指導者でスターリン粛清の日本人犠牲者「ササキことケンモツ＝健物貞一」のロシア残留遺児アラン・ササキさんを、健物家のご遺族と共に訪ねる旅であった。

アランさん一家と会ったニジニ・ノヴゴルドは、ロシア第四の大都市とはいえ、モスクワから鉄道で五時間だった。作家マキシム・ゴーリキーの生まれ故郷で、旧ソ連の一九三二―九〇年は「ゴーリキー市」という名前で、外国人立入禁止の秘密都市だった。またソ連水爆の父だったサファロフ博士が、民主平和活動家に転じて後、モスクワでの活動を禁じられて「島流し」にされていた町である。

ニジニ・ノヴゴルドには、モスクワでは一五年前に引きづり下ろされたレーニン像が健在で、「ソ連」の雰囲気があちこちに残っていた。旅に持っていった二〇〇四年ピューリッツアー賞受賞作アン・アプルボーム『グラーグ　ソ連集中収容所の歴史』（白水社）には、晩年のゴーリキーがスターリン粛清合理化宣伝隊に動員された記録が出てくる。しかしニジニ・ノヴゴルド時代のゴーリキーは、「どん底」の舞台となったクレムリン＝要塞城壁下の貧民街を描いたヒューマンな作家だった。

何よりも、アランさんと健物家ご遺族の再会が感動的だった。日本人の顔をもちながら日本語がわからないアランさんと、ロシア語のわからないご遺族とを、日本から一緒に行ったロシア研究者と現地で日本語を学ぶ若い通訳が、懸命に引き合わせた。健物貞一のもう一人の遺児、アランさんの妹ジェニーが、健物貞一の一九三八年四月に逮捕されて後、すぐに両親と生き別れになり死亡したことが、七〇年近く立って判明した。

健物貞一の妻だった朝鮮人革命家リ・ボヒャさんは、健物貞一の逮捕時、ウクライナの原野に追放され、苦難の人生を送ったことも分かった。

モスクワでは、アランさんと健物家の出会いのきっかけを作った須藤政尾遺児ミハイル・スドーさんと、同じような苦難を味わった山本正美遺児ヴィクトーリア・ヤマモトさんと、健物貞一ご遺族・アラン家の、在露日本人残留遺児三家族の出会いの場もあった（「歴史の荒波を越え、三指導者の遺児ら対面」『朝日新聞』二〇〇六年八月一九日夕刊）。

須藤政尾が処刑されたブトヴォの森を再訪し、すっかり綺麗になった正教会の司教に歓迎された。修道院の図書館で、一九九八年の前回訪問後、須藤政尾以外に八人の日本人がブトヴォで処刑されたらしいのでその足跡を調べてほしいと、大部のロシア語資料（受刑者リスト）を受けとった。これらの解析が、新たな仕事になる。

ミハイル・スドーさんは、地質学者のかたわら、その後も日本語の勉強と民間の日本語学校を続けていた。ヴィクトーリアさんの二人のお孫さんも、そこで日本語を学んでいた。スドーさんは、ちょうど『子供のための日本語』というロシア語の本を出したばかりで、父の祖国への郷愁は、老いてますます強まっているように見えた。

現地の日本人ジャーナリストとも交流し、新興石油大国ロシアの最新事情も仕入れることもできた。

かつての常宿、クレムリン前のインツーリスト・ホテルが解体され、ホテル・モスクワもホテル・ロシアも建て直されていたのが、寂しかった。

本書は、そんな「国際歴史探偵」の旅を背景にした、二〇世紀の情報戦と在外日本人情報ネットワーク研究の成果の報告である。本年五月に花伝社から刊行した『情報戦の時代――インターネットと劇場政治』の姉妹編であり、現代史編である。もともと一書として刊行する予定だった原稿が、組み上げると膨大になって、政治編と歴史編に分けることにした。その怪我の功名のおかげで、本書は、平田勝さんの花伝社創立三〇〇冊目という、記念すべき栄誉を担うことになった。わがままを暖かく認めてくれた、花伝社平田勝社長のいつもながらのご配慮に、心から感謝したい。

本書に収めたのは、私の二〇世紀の見直しの記録であり、その原型のほとんどは、インターネット上の個人ホームページ「ネチズンカレッジ」に入っているものである(HYPERLINK "http://www.ff.iij4u.or.jp/~katote/Home.shtml" http://www.ff.iij4u.or.jp/~katote/Home.shtml)。すでに私のウェブサイトは、毎月一万人、累計百万人以上の人々がアクセスする時論とデータベースの巨大サイトになっているが、『情報戦の時代』でも触れたように、出版世界とインターネット世界の架け橋となることをめざして、本書を送り出すことにした。

ただし、本格的学術論文の体裁をとった「戦争と革命――ロシア、中国、ベトナムの革命と日本」(『岩波講座 アジア・太平洋戦争』第八巻『二〇世紀の中のアジア・太平洋戦争』)、「体制変革と情報戦――社会民主党宣言から象徴天皇制まで」(岩波講座『「帝国」日本の学知』第四巻『メディアのなかの「帝国」』岩波書店、二〇〇六年)、「『党創立記念日』の神話学」(加藤哲郎・伊藤晃・井上學編著『社会運動の昭和史——語られざる深層』白順社、二〇〇六年、及び「国家権力と情報戦」『情況』二〇〇六年六月号)などは、別著に収録することにし、むしろ「情報戦」に引きつけた口頭報告や雑誌論文・エッセイを、本書用にアレンジして編集した。

「初出一覧」にあたるものとして、以下に各章の出自を挙げておく。初出時にお世話になった関係者の皆様に、いつものメールに代えて、活字のかたちで御礼を述べておきたい。

はしがき「短い二〇世紀の脱神話化」には、岩波書店の『思想』誌一九九九年一月号の巻頭言「思想の言葉」に書いた同題の短文を下敷きに、本書の狙いと方法をまとめた。

序章「日本国憲法へのもうひとつの道」は、岩波書店から二〇〇七年三月に刊行された、二〇〇六年夏の慶應大学経済学部公開講座の記録、松村高夫・高草木光一編『連続講義　東アジア　日本が問われていること』に収録されている講演テープ起こし記録「天皇制民主主義論」の一部を下敷きに書き下ろしたもので、本書の中で「象徴天皇制」の問題を扱う根拠を略述した。右の書物には、元一水会代表鈴木邦男氏と「天皇制と民主主義」をめぐって対論した討論記録が入っているので、あわせて参照されたい。

第一部「日本国憲法と天皇制民主主義」は、序章で述べた「もうひとつの道」の、典拠となる新発見資料をもとにした具体的展開である。

「二一　社会民主党宣言から日本国憲法へ」は、「日本共産党二二年テーゼ、コミンテルン三二年テーゼ、米国ＯＳＳ四二年テーゼ」という長い副題付きで、社会主義理論学会第一六回研究・討論集会（二〇〇五年四月二九日、東京・全水道会館）で報告したさいの、テープ興し原稿である。『葦牙』第三一号（二〇〇五年七月）に掲載されたもので、通説とは大きく異なる日本社会主義史についての問題提起論文である。この報告とその後の反響を見たうえで、上述岩波講座『「帝国」日本の学知』第四巻『メディアのなかの「帝国」』収録論文が学術的に書かれているので、併せて参照していただきたい。

「二一　戦時米国の『天皇を平和の象徴とする』構想と東アジア」は、「二一世紀に日韓現代史を考える若干の問題——一九四二年の米国ＯＳＳから二〇〇四年の東アジアＯＳＳへ」と題して、第七回日韓歴史共同研究シンポジウム（二〇〇四年八月）に報告されたものである。シンポジウムの直前までメリーランドの米国国立公文書館でＯＳＳ資料と格闘し、「天皇を平和のシンボルとして利用する」と明記した「日本計画」原文発見の興奮さめやらぬ中で、まとめたものであった。本書に収めたのは、『第七回日韓歴史共同研究シンポジウム報告集』（二〇〇五年）に収録された報告である。

この時初めて、韓国と日本の歴史学者たちの前で公表したＯＳＳ「日本計画」の発見については、二〇〇四年一一月七日の共同通信配信で「天皇を『平和の象徴』に　米国機密文書で判明」と、『東京新聞』『日本経済新聞』ほか多くの新聞で大々的に報じられた。ちょうどメキシコで出席していた国際会議の議場でも英文報道が読み上げられ、同席していた占領史研究の碩学袖井林二郎教授、メキシコ大学院大学の佐野碩研究家田中道子教授らとの酒の肴となった。

その新資料の解読が、「新史料発見　一九四二年六月米国『日本プラン』と象徴天皇制」（『世界』

二〇〇四年一二月号）を経て、書き下ろしの拙著『象徴天皇制の起源　アメリカの心理戦「日本計画」』（平凡社新書、二〇〇五年）に結実したため、本書に収録した最初の発表原稿の資料紹介・解読部分は、『象徴天皇制の起源』と重複している。

「日本計画」自体は、二〇〇七年四—五月に衆議院憲政記念館で開かれた「日本国憲法施行六十周年記念展示」四八点の一つとして公式に重要資料として認められ、マッカーサー草案等と並ぶ英文日本国憲法関係資料として展示された。

「三　戦後天皇制をめぐる野坂参三、毛沢東、蒋介石の交錯」は、「『野坂参三・毛沢東・蒋介石』往復書簡」と題して『文藝春秋』二〇〇四年六月号に発表したものを、文藝春秋社の了承を得てインターネット版に拡張したデジタル原稿の活字化である。雑誌掲載の主旨である日本語訳往復書簡資料全文発表に加えて、雑誌では短縮せざるをえなかった資料発見の事情や解読上の意味について、やや詳しく展開している。

この資料発見も、記者会見で発表され、二〇〇四年二月一二日『東京新聞』などに共同通信から「天皇制早期廃止に消極的　野坂氏に毛主席が書簡」と配信され、二月一八日には『朝日新聞』で「毛沢東の直筆手紙発見　天皇制なくせぬ、野坂参三氏あて」と報道された。それは翻訳されて、『ジャパン・タイムズ』や『中文導報』等でも大きく報じられた。中国の中央党史編纂所、台湾の蒋介石伝記編纂室にも届けられ、以来、多くの中国人研究者の来訪を受けることになった。

第二部「ゾルゲ事件と情報戦」には、第二次世界大戦開戦前夜における、ソ連赤軍諜報員リヒアルト・ゾルゲと近衛内閣嘱託尾崎秀実らが関わった、いわゆる「ゾルゲ事件」に関係する三本の論文を収めた。

「一　岡繁樹の一九三六年来日と荒畑寒村の『転向』――ゾルゲ事件の知られざる背景」は、「反骨の在米ジャーナリスト岡繁樹の一九三六年来日と偽装転向」と題して早稲田大学山本武利教授の主宰する二〇世紀メディア研究所の雑誌『インテリジェンス』第四号（紀伊国屋書店、二〇〇四年五月）に寄せた報告を、以下のゾルゲ事件関係の論文につながるようにアレンジして収録した。

「二　ゾルゲ事件と米国共産党日本人部――反ファシズム連合国の情報戦」は、もともと「イラク戦争から見たゾルゲ事件」と題して、日露歴史研究センター主催ゾルゲ・尾崎秀実処刑六〇周年記念講演会（二〇〇四年一一月）で行った報告で、講演記録集『現代の情報戦とゾルゲ事件』（二〇〇五年四月、日露歴史研究センター）に収録されたものを、改稿したものである。

「三　ノモンハン事件期のゾルゲ＝尾崎グループ」は、「国際情報戦のなかのゾルゲ＝尾崎グループ――リュシコフ亡命、ノモンハン事件、シロトキン証言」と題して、第四回ゾルゲ事件国際シンポジウム「ノモンハン事件とゾルゲ事件」（二〇〇六年五月、ウランバートル）で報告したもので、『労働運動研究』復刊第一四号（二〇〇六年八月）に掲載された。

第三部「社会主義運動と情報戦」には、国家と国家、イデオロギーとイデオロギーの情報戦のはざまで翻弄された、戦前社会主義・共産主義運動と在外ネットワークに関わった日本人たちの記録と記憶を接合した諸論文を、編んでみた。

「一　ベルリン反帝グループと『三二年テーゼ』の流入」は、その遠い起源は、「政治と情報――旧ソ連秘密文書の場合」と題して年報『社会と情報』創刊号（一九九六年）に寄稿した小論であるが、本書収録にあたって大幅に加筆した。ただしベルリン社会科学研究会とベルリン反帝グループについては、本書と並行して別書を準備中である。

「二　ヒトラー政権樹立を見た日本人――島崎蓊助と竹久夢二の交点」の原型は、加藤哲郎・島崎爽助編『島崎蓊助自伝――父・藤村への抵抗と回帰』（平凡社、二〇〇二年）という、通常文学史のジャンルに属する領域で刊行された書物に寄せた解説文「島崎蓊助とベルリン日本人左翼グループ」である。島崎蓊助とは、作家島崎藤村の末子で父に反抗し左翼運動に走った画家であり、共編者の島崎爽助氏は、その長男でプロダクト・デザイナーである。この作業を通じて、およそ政治とは対極にある文学者・芸術家の方々と、貴重なネットワークを作ることができた。そのきっかけとなったのは、私のホームページ「ネチズンカレッジ」の「国際歴史探偵」欄をグーグル検索で見つけ、亡父の遺した手記・資料の存在を教えてくれた、島崎爽助氏の一通の電子メールだった。

その縁で、同書の刊行と一緒に開催された群馬県桐生市大川美術館の「描かざる幻の画家　島崎蓊助遺作展」の解説のいくつかを、並行して探求していた画家竹久夢二の「洋行」と関わらせて論じる機会を持った。大川美術館の館報『ガス燈』二〇〇二年七月号に寄せた「島崎蓊助のセピア色と『絵日記の伝説』」、『大川美術館・友の会ニュース』二〇〇二年八月号に寄せた「島崎蓊助と竹久夢二――ナチス体験の交錯」、それに『平出修研究』第三二号（二〇〇〇年六月）所収の「ドイツ・スイスでの竹久夢二探訪記」などを下敷きに、一本にした。実はこのネットワークの中心にいたのは演出家・

俳優千田是也であったが、その生涯と思想については別書が必要になる。

「三　勝野金政のラーゲリ体験と国崎定洞の粛清スターリン体制告発の先駆者」は、二〇〇一年一二月一五日に、勝野の母校である早稲田大学小野梓記念講堂で開かれた「勝野金政生誕百年記念シンポジウム」での基調講演「勝野金政にラーゲリ体験をもたらした魅力と権力——旧ソ連における日本人コミュニティ」をもとに、文化人類学者山口昌男氏が「日本のソルジェニツィン」と評し、故石堂清倫氏が「日本のメドベーデフ」と評した、元片山潜私設秘書勝野金政の生涯と思想を、私が長く探求してきた元東大医学部助教授国崎定洞との交点でまとめたものである。

終章「現代ロシアの日本人残留遺児」は、『山本正美治安維持法裁判陳述集』（新泉社、二〇〇五年七月刊）に解説として寄せた、「ヴィクトーリア手記が教えるもの」がもとになっている。


本書のもとになった「国際歴史探偵」の諸成果は、多くの先学、研究者、心あるジャーナリスト、インターネット情報提供者の方々の協力で可能になった。より直接には、一方で旧ソ連やアメリカ、日本の国立公文書館、外交史料館などの史資料公開・現地探索と共に、他方での歴史的証言者、そのご遺族、関係者の史資料提供・情報提供・証言とインタビューによって、はじめて得られたものである。

現在でもベルリンで健在の国崎定洞遺児タツコ・レートリヒさんをはじめとした国崎家の方々、日本人の亡父と引き裂かれてロシアに遺されたミハイル・スドー、アラン・ササキ、ヴィクトーリア・ヤマモトさん御一家、尾崎秀実ゆかりの今井清一教授、故人となった寺島儀蔵、須藤政尾、松田照子、片山潜、勝野金政、根本辰、健物貞一、永浜丸也、照屋忠盛、又吉淳、永井二一、小石濱蔵、安保由五郎、徹武彦、鵜飼宣道、鬼頭銀一、永田美秋、宮城与徳、千田是也、佐野碩、島崎蓊助、村山知義、藤森成吉、井上角太郎、川村金一郎、小栗喬太郎、八木誠三、蜷川虎三、山本勝市、岡田桑三、田中忠雄、ねずまさし、小林陽之助らのご遺族・ご親族の方々に、心から御礼したい。

なによりも、「国際歴史探偵」の前著『国境を越えるユートピア』(平凡社ライブラリー)刊行以後に逝った、喜多村浩、鳥居敏文、山脇道子、山根和子、安達重子、井上新之助、山本菊代、島崎君代、村山亜土、鵜飼勇、金澤幸雄、米原万里、田中真人、増山太助の皆さんの御霊前に、貴重な証言と資料、助言をいただいたまま、生前に成果のまとめができずにきた、著者の怠慢の許しを乞いたい。

資料と証言を求めて動き回る私の調査には、文部科学省及び日本学術振興会の平成七—九年度科学研究費補助金基盤研究(C)「一九三〇年代ソ連在住日本人の粛清の規模とメカニズムについての研究」(課題番号〇七六二〇〇五五)、平成一〇—一三年度科学研究費補助金基盤研究(C)「インターネットを活用したナチス台頭期在独日本人知識人グループの研究——ワイマール民主主義から戦後日本民主主義へ」(課題番号一〇六二〇〇六三)、及び平成一五—一八年度科学研究費補助金基盤研究(C)「戦間期『洋行インテリ』の情報共同体——インターネットを活用した情報政治学」(課題番号一五五三〇〇八七)が、大きな下支えになった。この点では、本書の延長線上で、現在インターネット上で「日独同盟に風穴をあけた日本人『崎村茂樹』探索」を日独連携で進めているので、ぜひとも「ネチズンカレッジ」を参照し、情報を寄せていただきたい( HYPERLINK "http://www.ff.iij4u.or.jp/~katote/sakimurashigeki.html" http://www.ff.iij4u.or.jp/~katote/sakimurashigeki.html)。

加藤　哲郎（かとう　てつろう）

1947年生まれ。1970年東京大学法学部卒業。

名古屋大学助手、一橋大学助教授 を経て1989年から同教授。

専門は政治学。インターネット上で「ネチズン・カレッジ」

http://www.ff.iij4u.or.jp/~katote/Home.html 主宰。法学博士。

英エセックス大学、米スタンフォード大学、ハーバード大学、
独ベルリン・フンボ ルト大学客員研究員、インド・デリー大学、
メキシコ大学院大学客員教授などを歴任。

著書は『東欧革命と社会主義』（1990年、花伝社）『コミンテルンの世界像』（1991年、青木書店）、『社会と国家』（1992年、岩波書店）、『モスクワで粛清された日本人』（1994年、青木書店）、『20世紀を超えて』（2001年、花伝社）、『国境を越えるユートピア』（2002年、平凡社ライブラリー）、『象徴天皇制の起源』（2005年、平凡社新書）、『情報戦の時代』（2007年、花伝社）など多数。

情報戦と現代史——日本国憲法へのもうひとつの道

2007年10月20日　　初版第1刷発行

著者　加藤哲郎
発行者　平田　勝
発行　花伝社
発売　共栄書房
〒101-0065 東京都千代田区西神田2-7-6 川合ビル
電話　03-3263-3813
FAX　03-3239-8272
E-mail　kadensha@muf.biglobe.ne.jp
URL　http://kadensha.net
振替　00140-6-59661
装幀　澤井洋紀
印刷・製本　中央精版印刷株式会社



ISBN978-4-7634-0503-6 C0036

# 若者たちに何が起こっているのか

中西新太郎　定価（本体2400円＋税）

●社会の隣人としての若者たち

これまでの理論や常識ではとらえきれない日本の若者・子ども現象についての大胆な試論。世界に類例のない世代間の断絶が、なぜ日本で生じたのか？　消費文化・情報社会の大海を生きる若者たちの喜びと困難を描く。